职业院校素质教育改革创新教材

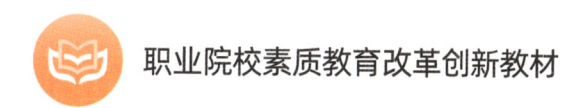

# 职业院校创新创业教育项目化教程

ZHIYE YUANXIAO CHUANGXIN CHUANGYE JIAOYU XIANGMUHUA JIAOCHENG

主　编　尹伟民

新形态教材

中国教育出版传媒集团
高等教育出版社·北京

## 内容提要

本书是职业院校素质教育改革创新教材。

本书的编写坚持以创业过程为主线，以实训任务为驱动，以学生学习为中心，注重收入较新的案例和政策，按照每个模块的学习目标设计任务，从浅显的案例入手，带动知识的学习和实训任务的完成，促进职业院校学生创新创业素养的提升。全书共分为七个项目，包括认识创新创业、开启创新创业之门、踏上创业之路、创业实战准备、创业项目运营、新创企业管理和参加创新创业大赛。本书是新形态教材，相关学习资源以二维码的形式置于页边，学生可扫码获取。

本书适合作为职业院校创新创业教育课程的教材，也可作为创新创业培训的教材。

### 图书在版编目(CIP)数据

职业院校创新创业教育项目化教程 / 尹伟民主编. —北京：高等教育出版社，2023.6（2025.1重印）
ISBN 978-7-04-060460-3

Ⅰ. ①职… Ⅱ. ①尹… Ⅲ. ①高等职业教育－创造教育－研究②高等职业教育－创业－研究 Ⅳ. ①G717.38

中国国家版本馆 CIP 数据核字（2023）第 079133 号

| 策划编辑 | 李光亮 周静妍 | 责任编辑 | 周静妍 | 封面设计 | 张文豪 | 责任印制 | 高忠富 |

| | | | |
|---|---|---|---|
| 出版发行 | 高等教育出版社 | 网　址 | http://www.hep.edu.cn |
| 社　址 | 北京市西城区德外大街 4 号 | | http://www.hep.com.cn |
| 邮政编码 | 100120 | 网上订购 | http://www.hepmall.com.cn |
| 印　刷 | 上海叶大印务发展有限公司 | | http://www.hepmall.com |
| 开　本 | 787mm×1092mm 1/16 | | http://www.hepmall.cn |
| 印　张 | 15 | | |
| 字　数 | 335 千字 | 版　次 | 2023 年 6 月第 1 版 |
| 购书热线 | 010-58581118 | 印　次 | 2025 年 1 月第 3 次印刷 |
| 咨询电话 | 400-810-0598 | 定　价 | 46.00 元 |

本书如有缺页、倒页、脱页等质量问题，请到所购图书销售部门联系调换

版权所有　侵权必究
物　料　号　60460-00

# 编 委 会

**主　任**　李振陆

**委　员**　郑立森　李东阳　赵降英　田　敏　都国雄　薛茂云
　　　　　张小军　周桂瑾　徐汉文　孙兴洋　沈士德　祝木伟
　　　　　眭碧霞　杨劲松　吴访升　苏士利　赵驰轩　刘　斑
　　　　　温贻芳　陆锦军　褚金星　陶书中　陈　洪　朱善元
　　　　　潘永圣　许朝山　李雄威　万　健　吴丽华　王洪法
　　　　　赵　赟　杨正民　余晓燕　崔　琪　蔡　军　滕道明
　　　　　林　春　卞勇平　万炜峰　丁　亮　何晨阳　顾卫国
　　　　　万　军　王慧勤　王广武　程永清　贾朝东　茆艾磊
　　　　　刘宗宝　周向峰　卞凌晶

**主　编**　尹伟民
**副主编**　李德方
**参　编**　颜正英　徐　锋　李淑娟　吴济慧

# 前 言

  党的二十大报告指出,要坚持创新在我国现代化建设全局中的核心地位,加快实施创新驱动发展战略,增强自主创新能力。落实党的二十大报告精神,建立创新型国家,培养一大批创新型青年人才,职业院校责任重大。

  改革开放后,特别是进入新时代以来,我国大力发展现代职业教育,为全面建成小康社会、昂首迈向社会主义现代化强国征程提供了有力的技术技能人才支撑。职业院校加强创新创业教育,充分发挥职业院校学生这一庞大群体的内在动力,激发其创新活力,点燃其创业激情,不仅事关广大职业院校学生的个人发展,而且事关建设创新型国家宏伟目标的实现,意义十分重大。近年来,对于创新创业教育,各职业院校均给予了高度重视,不仅纷纷开设了相关课程,而且尝试在实践中给学生提供更多实战的机会,相关组织和部门也适时举办各类竞赛、活动,一个上下结合、中高贯通、社校一体的职业院校创新创业教育体系正在逐步形成。

  江苏省职业技术教育学会(以下简称学会)成立于1992年,是由与职业教育相关的学校、企事业单位、研究机构等社会组织和个人自愿组成的学术性、非营利性社会组织。学会一直秉持"党建立会、理论建会、活动兴会、服务强会"的办会宗旨,积极履行组织会员学习国家法律法规,贯彻落实国家和江苏省关于职业技术教育改革与发展的方针、政策,开展围绕职业技术教育理论和改革实践中的重点、难点问题的群众性学术研究,编辑、出版、发行有关书刊和资料等工作职责。近年来,经过理事会和广大会员单位的共同努力,学会在组织规模、业务范围、服务水平等方面均有了长足的发展,在提供公共服务方面也取得了显著成效,其牵头组织的全省职业院校技能大赛、创新创业大赛、班主任能力比赛等已经成为江苏省职业教育的品牌和名片,产生了良好的社会效益,为推进全省职业教育的快速发展做出了应有的贡献。基于这样的工作基础和发展背景,为适应创新型国家建设和人才培养的要求,编写一本具有职教特色的、师生喜闻乐见的、体现最新发展动态的职业

## 前　言

院校创新创业教育教材成为我们近期思考的内容和工作的重点，这就是本书得以编写的由来。

本书由七个既相互独立又彼此关联的项目组成。项目一为认识创新创业，通过对创新创业内涵的介绍和对身边创新创业案例的描述，帮助学生揭开创新创业的神秘面纱。项目二为开启创新创业之门，通过创新创业思维的训练，引导学生立足专业开展创新创业实践。项目三为踏上创业之路，在识别创新创业机会、分析创业环境的基础上，指导学生选择适合自己的创新创业项目并展开论证。项目四为创业实战准备，指导学生经过周密论证后，完成组建创业团队、筹措创业资源、撰写创业计划书等必需的准备工作。项目五为创业项目运营，进行到这一步，实际上已经进入真正的创新创业实战，前面的努力已经开始"结果"。在这个阶段需要做的主要有了解新创企业注册流程并完成登记注册，初步建立新创企业运营管理体系及规章制度，加强对法律、财务、市场风险点的观测，识别和防范初创期的主要风险。项目六为新创企业管理，主要包括新创企业人力资源管理、财务管理和营销管理等。项目七为参加创新创业大赛，是为参加有关机构和部门组织开展的各类创新创业大赛单独设置的，旨在让学生了解各类创新创业大赛的种类、特点和要求，指导学生选择适合的赛事、项目并掌握参赛流程，熟练掌握创新创业大赛中的关键——创业计划书撰写和路演的技巧，进而帮助学生达到提升创新创业意识、提高创新创业水平，以及提升独立思考、团结协作和精益求精等素养的目的。

本书适合作为高职院校（含本科层次职业院校和五年一贯制高职院校）和中职学校创新创业教育课程的教科书，也可用作各类创新创业培训的教材。使用本书时，既可以依序进行项目教学，又可以根据实际需要灵活选用相应任务内容。为了起到良好效果，建议将创新创业的理论知识传授和实操训练有机地结合起来。为此，书中设置了诸多生动案例和实际项目，也有相应的思考与练习可供选择。

本书在编写过程中参考了大量创新创业的相关书籍，同时也借鉴了近年来在创新创业实践中取得佳绩的、以职业院校学生事例为主的生动案例，在此谨向相关作者、案例主人公及其团队表示诚挚的谢意。由于编者能力、视野和水平等方面的局限，书中难免存在各种问题，恳望广大读者，特别是使用本书的师生提出宝贵意见、建议，便于我们不断提升，并在将来的再版中力求做得更好。

编　者

2023 年 3 月

# 目 录

**项目一　认识创新创业 / 1**

　　任务一　揭开创新创业的神秘面纱 ……… 3
　　任务二　发现创新创业就在身边 ………… 13

**项目二　开启创新创业之门 / 25**

　　任务一　进行创新思维训练 ……………… 27
　　任务二　开展创新创业实践活动 ………… 39

**项目三　踏上创业之路 / 45**

　　任务一　识别创业机会 …………………… 47
　　任务二　认识创业环境 …………………… 56
　　任务三　选择创业项目与商业模式 ……… 66
　　任务四　开展创业项目市场调研与
　　　　　　分析 …………………………… 76

**项目四　创业实战准备 / 89**

　　任务一　组建创业团队 …………………… 91
　　任务二　筹措创业资源 …………………… 100
　　任务三　形成创业计划书 ………………… 111

**项目五　创业项目运营 / 121**

　　任务一　注册登记新企业 ………………… 123
　　任务二　建立初创企业管理体系 ………… 134
　　任务三　识别与防范初创期的风险 ……… 142

**项目六　新创企业管理 / 151**

　　任务一　新创企业人力资源管理 ………… 153
　　任务二　新创企业财务管理 ……………… 162

## 目录

　　　　　　　　　　　　　　　　任务三　新创企业营销管理 …………… 179

**项目七　参加创新创业大赛 / 191**　任务一　了解赛事与选择参赛项目 …… 193
　　　　　　　　　　　　　　　　任务二　组建参赛团队 ………………… 202
　　　　　　　　　　　　　　　　任务三　商业计划书撰写实务 ………… 209
　　　　　　　　　　　　　　　　任务四　路演实务 ……………………… 217

**主要参考文献 / 227**

**后记 / 229**

# 项目一
# 认识创新创业

## 学习目标

(1) 了解创造、创新与创意,微创新、微创业、企业内部团队创业与个体岗位创业。

(2) 能够发现工作生活中的不方便、不完美;能够找出现有产品的缺点、不足;能够运用缺点列举法分析现有产品的缺点、不足,并形成改进方案。

(3) 学习大国工匠、能工巧匠的创新创业精神,锤炼"执着专注、精益求精、一丝不苟、追求卓越"的工匠精神和品质。

# 认识创新创业

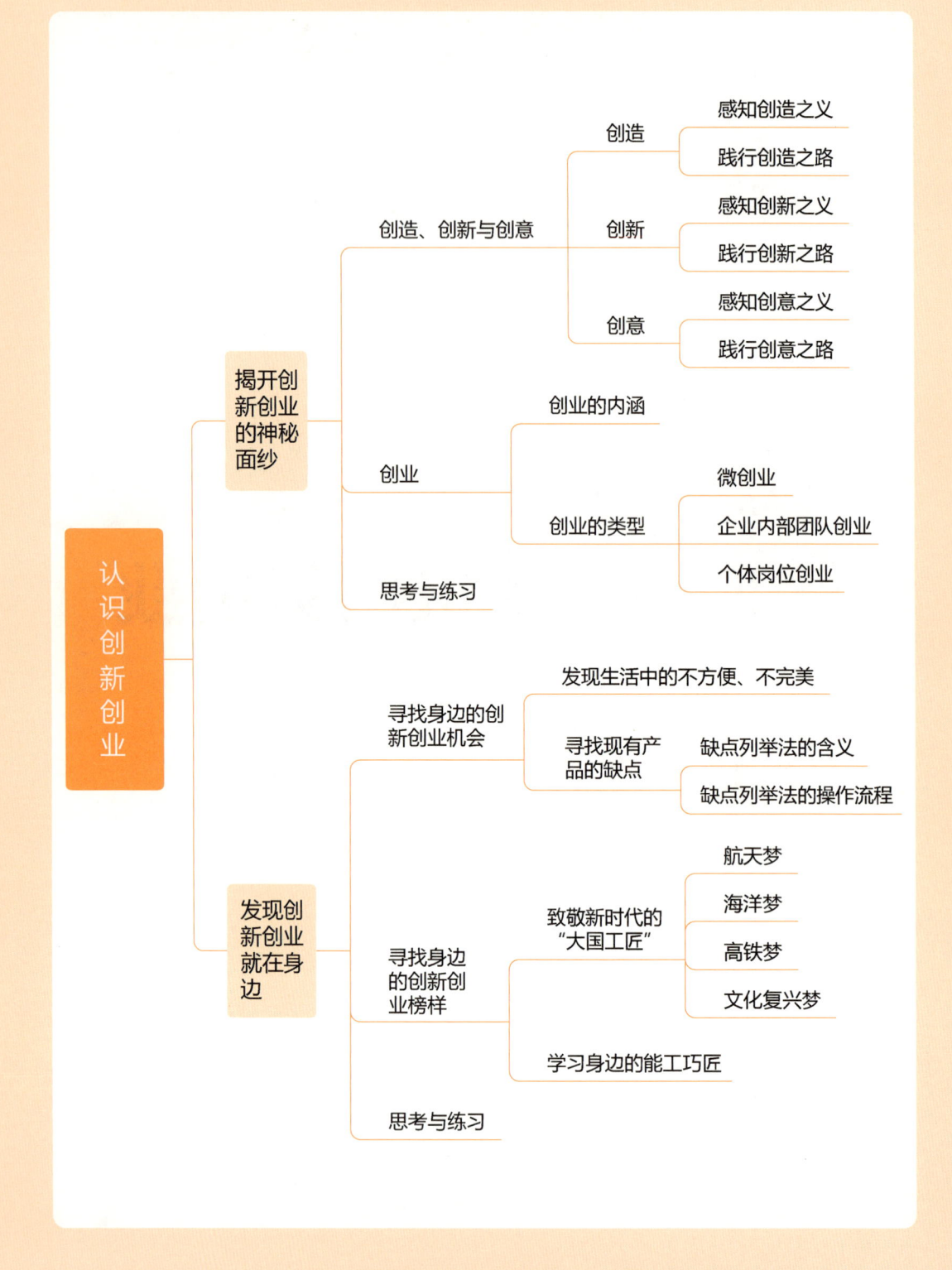

- 揭开创新创业的神秘面纱
  - 创造、创新与创意
    - 创造
      - 感知创造之义
      - 践行创造之路
    - 创新
      - 感知创新之义
      - 践行创新之路
    - 创意
      - 感知创意之义
      - 践行创意之路
  - 创业
    - 创业的内涵
    - 创业的类型
      - 微创业
      - 企业内部团队创业
      - 个体岗位创业
  - 思考与练习

- 发现创新创业就在身边
  - 寻找身边的创新创业机会
    - 发现生活中的不方便、不完美
    - 寻找现有产品的缺点
      - 缺点列举法的含义
      - 缺点列举法的操作流程
  - 寻找身边的创新创业榜样
    - 致敬新时代的"大国工匠"
      - 航天梦
      - 海洋梦
      - 高铁梦
      - 文化复兴梦
    - 学习身边的能工巧匠
  - 思考与练习

## 任务一　揭开创新创业的神秘面纱

### 导入案例

**小螺母，大学问：中国恒力防松螺母的开拓者**

螺母与螺栓被广泛应用于生产、生活的方方面面，它们之间是通过螺纹连接的。螺纹本身是自锁的，一般不会松动。但在振动大、温差大、变形大的复杂工况下，工作过程中的热变形、塑性变形会引起非旋转松动。高铁接触网、海洋工程、港口机械、重型机床设备等领域都存在螺纹非旋转松动的问题。目前在高端螺纹防松技术方面，日本、美国、瑞典等发达国家处于领先地位。

赵奕淳是扬州工业职业技术学院机电维修专业2022届毕业生。大一时他跟随专业导师到企业实训，发现该企业的4 000吨热模锻压机床存在螺纹松动问题，且长期难以解决。在学校导师和企业导师的指导下，赵奕淳带领6名学生组建了螺纹防松技术创新团队，经过3年的研究、实验与应用检验，最终发明了高性能防松螺母——智紧王恒力防松螺母。该产品创造性地将楔形增力结构和柔性补偿结构相结合，"刚柔并济"双重防松，实现了预紧力恒定的螺纹防松新突破，具有免维护的使用效果，并被成功应用于扬力集团的4 000吨热模锻压机床上。

目前，智紧王恒力防松螺母已被授权7项专利，并获得国家质量检测中心的权威认证，其防松性能核心指标超过国际优秀标准，经扬力集团等企业使用测试，复杂工况下的防松效果可替代同类进口产品。2021年，赵奕淳的创业项目"智紧王——中国恒力防松螺母的开拓者"参加第七届中国国际"互联网＋"大学生创新创业大赛并获金奖，获奖后产品也得到了更大范围的推广、应用。2022年，赵奕淳被共青团中央、人力资源和社会保障部授予"全国青年岗位能手"荣誉称号。

**案例点评**：螺纹松动是机械行业的常见问题，针对普通工况下的螺纹松动，目前有多种解决方案，技术已较为成熟。赵奕淳结合企业生产实际，发现了复杂工况下螺纹防松的行业难题，进而确定了专业研究方向。经过3年刻苦钻研，他开拓性地提出了自己的创新方案，解决了长期困扰企业的难题。可以看出，赵奕淳具有善于发现问题、分析问题和解决问题的综合能力，同时具有敢于迎难而上、挑战自我和开拓创新的优秀品质。

职业院校培养的是高素质技术技能人才，其未来普遍在一线岗位工作，有更多的机会发现生产、管理过程中的实际问题，在技术改造、工艺流程革新、应用创新、管理创新等方面具有先天优势。随着"大众创业、万众创新"的深入推进，一批批职业院校学生投身于创新创业浪潮，成为时代的弄潮儿，充分证明了职业院校学生在创新创业方面大有可为、大有作为。作为职业院校学生,我们要树立"我能创"的信心、"我敢创"的勇气和"我会创"的决心,争做"学技能、思创新、谋创业"的创新创业时代先锋。

## 一、创造、创新与创意

### (一) 创造

创造是人类智慧高度发展的结晶,也是打开成功的大门的钥匙。持续的创造推动了人类文明的不断发展。观察一下我们的身边,可以发现衣、食、住、行等各方面都有众多创造的成果:我们吃的是经过多代培育产生的食品,穿的是植物纤维或合成纤维制成的衣服,住的是现代技术建造的舒适空间,出行用的是车辆、飞机等便捷的代步工具。这些创造大到建筑、城市,小到一针一线,无不是人类通过创造获得的物质成果。

#### 1. 感知创造之义

"创"是"始"的意思,"造"是"产生"的意思,因此创造不是"后造",而是"始造"。创造与仿造相对,通常所说的创造,含有造出了前所未有的事物的意味。创造概念的内涵非常丰富。《辞海》将创造定义为"制造前所未有的事物";《现代汉语词典》则解释"创造是想出新方法、建立新理论、做出新的成绩或东西";《韦氏词典》解释,创造的含义是"赋予存在、无中生有或开创"。以上三种解释都含有开创、原创的意味,都含有创造出具有较大社会价值的成果,不是一般人可以为之的意思。

中国是四大文明古国之一,在漫长的人类文明发展进程中,我国的科技创新曾经领先世界。然而,在第一次工业革命之后,中国的科技发展开始落后。值得骄傲的是,中华人民共和国成立以后,我国很快扭转了这种局面,尤其是改革开放后的40多年来,中国的科技与经济快速腾飞,我国又一次在多个领域跻身世界一流水平,甚至引领世界。

#### 2. 践行创造之路

创造原指开创、原创,一般是指制造出具有较大社会价值的成果。创造是每个人与生俱来的本领,每个人都具有创造的潜能。陶行知在《创造宣言》中说:"处处是创造之地,天天是创造之时,人人是创造之人。"任何人都不应该妄自菲薄,或者找各种借口,推托自己缺乏创造能力。但创造不可能一蹴而就。作家格拉德威尔在其著作中提出了"一万小时定律",阐述人们眼中的天才之所以卓越非凡,并不是因为天资超人一等,而是因为付出了持续不断的努力,经历一万小时的锤炼是任何人从平凡变成超凡的必要条件。

苹果砸到牛顿头上,牛顿便发现了万有引力,这不是偶然,而是源于他对天体运动的长期观察、思考和研究。践行创造之路,成为创造之人,首先要专注于自己的工作领域,细心观察、深入思考、努力实践、刻苦钻研;其次要持之以恒,先做到突破自我、超越自我,然后才可能超越他人、超越众人。这样,即使产生不出创造性成果,也能成为工作领域的专家。

培养创造力和创造性思维,要注意以下两点。

一是提高自己的观察能力,为创造能力的发展找到突破口。要培养良好的观察习惯,乐于观察、勤于观察和精于观察。目的性是观察最显著的特征。有目的地观察,才会对自己的观察提出要求,获得具有一定广度和深度的思维训练。

二是提升自己的思考能力,为创造打下基础。爱因斯坦说:创造能力源于发现问题,提出一个问题往往比解决一个问题更重要。提出问题是思维活动的开始,有利于我们发挥创新潜质。我们要从所学知识中发现问题,敢于提出疑问,敢于提出不同凡响的见解。发散思维和聚合思维是创造性思维的两种基本形式。所谓发散思维就是不墨守成规、不走老路,从多方面去寻求答案、解决问题的一种思维方式。人的创造力主要依靠发散思维,它是创造性思维的主要成分。发散思维是以多端性和变通性为特点的创造思维。发散思维对问题从不同层面进行分析,从不同角度进行探索,从正反两面进行对比,因而能让人们视野开阔、思维活跃。训练自己的发散思维,有助于我们提升创造能力。

人的创造潜能是无限的,我们应该学会学习、学会观察、学会思考,专注于某个领域,努力提升创造力,开展创造性劳动,突破自我、超越自我,成为工作专家乃至创造专家。在未来,人们最重要的能力是创造力,而创造力的源头是想象力,未来的竞争是创造力和想象力的竞争,是学习能力的竞争,是独立思考能力的竞争,是创造性思维和创造力的竞争。我们青年学生要将成为创造之人作为目标,努力将自己培养成具有创造力和创造性思维的人,一直在创造的路上努力前行。

### 案例 1-1

#### "世上无难事,只要肯登攀"
——江苏省(杰出)青年岗位能手钱明高

钱明高(图1-1)2008年毕业于扬州工业职业技术学院建筑工程管理专业,毕业后进入江都工程质量检测中心工作,多次在全市检测技能竞赛中赢得桂冠,攻克了"高层建筑桩基检测"技术性新课题,其桩基检测经验做法也在全省检测行业中被推广。他十多年如一日,刻苦钻研桩基检测技术,先后荣获"江苏好青年百人榜"颁发的"最勤敬业奖",以及"江苏省(杰出)青年岗位能手""文明职工标兵"荣誉称号。2022年,他负责的项目获长三角优秀石材建设工程"金石奖"、上海市建设工程金属结构"金钢奖"。

图1-1 江苏省(杰出)青年岗位能手钱明高(左一)

"刻苦钻研技术,真正成为质检的行家高手。"这成为钱明高人生梦想的起跑线。

面对陌生的知识领域,他没有丝毫胆怯和彷徨,下定决心刻苦学习。为了不影响正常的检测工作,他总是提前一个小时来到单位,潜心苦读。白天,一有空闲,他就拖着同事们不放,问这问那;晚上,一丢下碗筷,他就一头扎进书房,挑灯夜战。功夫不负有心人,这位身材瘦小的年轻人用不到三个月的时间,就熟练地掌握了常人需要一年才能上手的检测方法,而且检测数据误差全部控制在标准范围之内。如此优异的成绩刷新了质检中心的纪录,为他赢得了同事们的刮目相看。

"质检部门是工程质量的'守护神'。每个质检人都应该做到'忠诚履职,铁腕把关'。"这成为钱明高人生梦想的最高境界。

　　在工作中,他经常提醒身边的同事,质检工作事情虽小,但责任重大,不能有丝毫的马虎、大意。15年来,经他检测的工程项目不计其数,却无一份错检,无一例投诉。15年间,他一人就完成了35 200多批次的土工试验,所用的泥土样品达300吨之多。钱明高已成为群众心目中真正的质量"守护神"。

　　"世上无难事,只要肯登攀。做质检工作要敢于探索,勇于创新。"这成为钱明高人生梦想的闪光点。

　　近年来,城市高层建筑迅速崛起和增多。2012年,钱明高第一次接下了高层建筑桩基检测的新任务。没有现成的经验可以借鉴、利用,一切必须从零开始。这对钱明高来说,无疑是个艰巨的考验。为了解决桩基检测难题,钱明高三下苏南,到相关科研院校拜师、取经;回来后,他吃住在工地,刻苦钻研,采集数据,一次次揣摩,一次次失败,都没有难倒这位年轻人。

　　古人云:天道酬勤。在勤奋者面前,没有攻克不了的难题。他发现:锤子小,敲出来的曲线比较难看,不能用;锤子大,敲出来的曲线误差比较大,不精准。在锤子的选用过程中,钱明高前后更换了八把锤子,最终发现对不同长度、不同类型的基桩,应选用不同规格的锤子,才能保证采集到的曲线准确,为桩身完整性判定提供依据。钱明高参与撰写的论文《基桩高应变实测曲线拟合法实例分析与讨论》被中科院《土工基础》杂志部分引用。小人物孕育着大智慧,钱明高在技术上的成就,引来了众多专家、学者的关注。

　　中国梦既是民族梦,又是个人梦。钱明高,一位质检战线上的追梦者,他执着于梦想,成就着梦想,用自己的青春年华,谱写着我们时代前进的华彩乐章!

### (二)创新

　　人类文明发展史,实际上就是一部人类不断创新的历史。近100年,科技发展速度超过了过去的几千年。今天,我们正处在人类科学技术大爆炸的时代,这是一个蓬勃发展的创新时代。

#### 1. 感知创新之义

　　一般说来,创新是指以现有的知识和物质,在特定的环境中改进或创造新的事物、方法、元素、路径等,并能获得一定有益效果的行为。

　　关于创新,《广雅》云"创,始也";新,与旧相对。顾名思义,创新即创造新的事物。在这个意义上,创新和创造的含义相同。英语中的innovation(创新)这个词起源于拉丁语,它有三层含义:第一,创造新的事物,就是创造出原来没有的东西;第二,改变,就是对原有的事物进行发展和改造;第三,革新,就是对原有的事物进行替换或以量变引起质变。

　　经济学对创新也有独特的定义。熊彼特的定义颇有代表性:"创新者将资源以不同的方式进行组合,为客户创造出新的价值。"它包括四种情况:引入一种新的产品;引入一种新的生产方法;开辟一个新的市场;获得原材料或半成品的新的供应来源。熊彼特的创新概念内涵广泛,包含技术性变化的创新及非技术性变化的组织创新等。按照经济学对创新的理解,一个事物被发明出来,我们可以称之为发明创造,但还不能称之为创新。只有这个事物实现了从产品到商品的转化,获得了利润,其发明才能叫创新。因此,经济学上的创新是指创造经济价值。

### 2. 践行创新之路

创新是每个人与生俱来的本领,每个人都具有创新潜能。很多人认为自己创新能力不足,难以踏上创新之路。这种错误的想法源于对创新概念理解的偏差,认为创新一定是科技创新、自主创新、颠覆性创新,要依赖于天赋。事实上,创新可以是创造出新颖的事物,也可以是对现有事物的改造,可以是从无到有,也可以是从有到优。对于职业院校学生而言,改变就是创新。从无到有难,但从有到优相对容易。

事物的发展是矛盾运动的结果。世界时时在变,问题处处存在,发现问题是创新的源泉。在工作、学习、生活中,我们总会遇到各种各样的问题。你是否曾经为解决某个问题提出过不同于他人的想法,哪怕只是做出了一点点改变?这其实就是创新。很多创新都是从改变开始的,这些微小的变化最终演变成了巨大的创新。

### 案例 1-2

#### 高职学生探索酒糟二次利用的新方向

白酒酒糟是高粱、大米、小麦等多谷物酿酒后的混合产物,其残余营养成分仍然丰富,有较高的二次利用价值。但酒糟混合物含有乙醇、杂醇、醛类化合物等物质,直接填埋和焚烧会间接污染空气和土壤,被分为一类固废或二类固废。近年来,国家着力推进酒糟无害化处理,普遍做法为先无害化处理,再焚烧、填埋,虽然保护了环境,但也造成了酒糟资源的浪费。

崔天昊来自中国酒乡宿迁双沟,其父母经营的广盛坊酒业是双沟酿酒厂的发起单位之一。他家酒厂每年产生的酒糟多达数万吨,处理酒糟需要额外花费人力、物力。于是,在高考之后,他选择报考扬州工业职业技术学院化工专业,进入所在学院的纳米材料工程中心埋头实验,潜心研究酒糟高价值利用的新方向。经过三年研究,他发现白酒酒糟营养成分丰富,价值较高,除粗纤维超标外,其他成分均符合家禽饲料行业标准。在学院老师的指导下,崔天昊带领团队成员完成了上万条实验数据的整理与分析,研发出了酒糟纤维水解的新技术,改良了真空冻干技术和纳米球磨技术,最终将白酒酒糟成功制备成饲料原料,填补了我国酒糟家禽饲料原料化领域的空白。

家禽饲料的主原料是玉米和大豆(豆粕),主要依赖进口。2019 年以来,玉米和大豆价格持续上涨,年均涨幅超过 15%,给饲料加工和家禽养殖两大行业带来了巨大的压力。当前,全球粮食产业供应链不确定性风险增加,保障国内粮食等重要农产品有效供给面临严峻形势。中国是酿酒大国,年产白酒酒糟 1.1 亿吨。如果能够将白酒酒糟充分利用,可以在很大程度上缓解我国家禽饲料原料的进口压力,对保障国家粮食安全具有重要意义。

### (三) 创意

在工作、生活中,创意是天马行空的想法,是令人称赞的设计,是新颖便捷的产品。创意是为了让生活变得更便捷、更美好,让工作变得更轻松、更高效。生活中那些灵光乍现的想法、微不足道的事物,总能带给我们意外的惊喜,点缀着我们的生活。

#### 1. 感知创意之义

创意就是创出新意,也就是好的想法和巧妙的构思,现在主要指具有新意的点子、想法、主意,也被扩展为"策划""设计""技术研发""艺术创作"和"文化创意"等。

在学术领域,创意是创造意识或创新意识的简称,有三层含义。一是创造、创新的主动意识,从这个层面讲,创意是创造、创新的起点。二是创造、创新所产生的具有新颖性的想法,不同于寻常的解决问题的方法。在这个层面上,创意是创造、创新的阶段性成果。三是通过创造、创新所产生的物化成果,一般指具有实用价值的小发明、小创造。

生活中,创意无处不在。处在迅速变化、充满不确定性的现代社会,创意可以带给我们惊喜,让生活更加美好,也是我们在竞争中生存和胜出的关键。

#### 2. 践行创意之路

创意的激发需要保持对事物的好奇,忘我地投入工作、学习、生活,观察别人难以注意到的地方,并将偶然得来的灵感记录下来,进行思考和扩展。创意往往来源于对生活的细微观察。一个有创意的人,往往是爱生活、爱观察、爱思考的人。

创意为美好生活而生。有趣的创意想法或创意之物,会给工作生活带来较大的方便。比如在学校,下课后发现下大雨,回不了宿舍,就有同学提出了共享雨伞的创意;同学们进教室总是忘记关门,室外的热气、冷气会进入室内,就有同学用矿泉水瓶制作了自动关门神器。同学们如此有趣的创意,点亮了我们的校园生活。

### 案例 1-3

#### 身边的创意作品

随着人们生活水平的提高,家中家用电器的数量越来越多,显露在外的电源线也愈发杂乱,不仅影响居住环境整洁,而且会产生安全隐患。某职业院校学生利用废弃包装纸盒设计了一款电器集线器(图 1-2),可以将杂乱的电源线收纳、隐藏于背后,让居住环境变得更整洁,同时也变废为宝。同学们,你们是不是也想尝试一下,制作一个纸壳集线器,让自己的宿舍更美观、更安全呢?如果我们进一步优化它的造型,添加卡通图案,是不是可以将之作为一款创新产品去推广、销售呢?这时它已成为一件为环保事业做贡献的创意商品。

口香糖可以清除口腔异味、保持口气清新,深受人们喜爱。但是口香糖如果不慎粘到衣服上、落到地上,清理起来会很麻烦。设计师创新设计出口香糖的新包装盒(图 1-3),巧妙地解决了这一问题。相比普通的口香糖包装盒,这款包装盒在瓶底增加了存放废弃口香糖的空间,并且设计了方便废弃物投入的橡胶材质开口。这样的创意让废弃口香糖有了安身之处,且使用方便。

图 1-2　纸壳集线器

图 1-3　创意口香糖包装

使用传统的淘米箩时,为了冲干净米里的漂浮物,也会冲掉一些米。为了解决这一问题,某职业院校学生设计了一种U型的淘米箩(图1-4),延长了一侧的长度,并将底部的漏水孔移到侧面,让靠近底部的孔小,远离底部的孔大。这样,淘米时不仅洗得更干净,而且不会把米冲掉,节约了粮食。

图 1-4　U型淘米箩

## 二、创业

创新和创业是相辅相成、无法割裂的关系。创新是创业的基础和手段,而创业是创新的载体和创新成果的转化。创业者只有通过创新,才能使所开拓的事业得以发展并保持持久的生命力。

### (一) 创业的内涵

"创业"一词最早出现于《孟子·梁惠王下》:"君子创业垂统,为可继也。"《辞海》将"创业"解释为"开创基业",《汉语成语词典》则将"创业"解释为"创办事业"。

在经济学领域,创业是指创业者和创业团队发现、利用和创造适当的机会,整合、优化所拥有的或通过努力能够拥有的资源,借助有效的商业模式来组合生产要素,创立与运营新的企业以获得商业利润,并创造出更大社会价值的实践过程。从这一定义中可以看出,创业者及创业团队、创业机会、创业资源、商业模式、生产要素、新办企业、运营管理、商业利润和社会价值等这些要素是构成创业概念的主要要素。简而言之,经济学领域的创业就是创业团队抓住机会,整合资源,以一定的方式组合生产要素,创办企业,以创造经济价值和社会价值的过程。

综上可知,创业有广义和狭义之分。广义的创业是指开创事业,涉及的范围非常广,个体或组织为了实现某个目标而付出努力的实践活动都可称为创业。狭义的创业是指创办企业,主要指创业者的生产经营活动。

### (二) 创业的类型

创业活动涉及各行各业,创业动机千差万别,创业项目多种多样,创业类型也因此呈现多样化趋势,可以从不同角度做出分类。创业基于创业动机,可分为生存型创业与机会型创业;基于创业起点,可分为创建新企业和企业内部创业;基于创业者数量,可分为独立创业和合伙创业;基于创业项目性质,可分为传统技能型创业、高新技术型创业和知识服务型创业;基于创业方向或风险,可分为依附型创业、尾随型创业、独创型创业和对抗型创业;基于创新内容,可分为基于产品创新的创业、基于营销模式创新的创业和基于组织管理体系创新的创业;等等。

#### 1. 微创业

微创业是指不拘泥于当前资源的约束,用微小的成本或者在细微(细分)的领域进行价值创造的行为过程。它是国家经济活力的象征,在推动科技创新、促进经济发展、增加就业岗位等方面发挥着十分重要的作用。

微创业比较完整的概念最早出现于 2011 年 1 月发起的"中国互联网微创业计划"中,该计划首次提出了比较完整的微创业的运营模式,并提出了微创业的原则,即微创业项目应与互联网、移动互联网等先进技术和营销手段相结合,以实现成效最大化。例如,职业院校学生从事电商创业、新媒体创业,就属于微创业范畴。微创业被认为是优化就业形势的有益探索和尝试,同时对低收入者和有创业想法的工薪阶层的创业思路具有指导意义。

利用微创新成果进行的创业也属于微创业,又称微创新创业。中国众多的 IT 企业、互联网企业是微创新的热捧者和实践者。企业产品可以不完美,但是只要能触及用户心里最重要的那个点,把一个问题解决好,就可以起到四两拨千斤的作用。微创新不同于革命性、颠覆式的创新,微创新一般就是充分利用已有的资源和能力,针对某一两个用户使用中存在的"痛点"做具体的快速迭代和改进。与转化周期长的颠覆式技术创新不同,微创新能够迅速得到推进,从而为企业带来爆发式的增长。

2. 企业内部团队创业

企业内部团队创业是由一些有创业意向的企业员工发起,在企业的支持下承担企业内部的某些业务内容或工作项目,进行创业并与企业共享成果的创业模式。这种激励方式不仅可以满足员工的创业欲望,而且能激发企业内部活力,改善内部分配机制,是一种员工和企业双赢的方式。

相对于自力更生的独立创业方式,企业内部团队创业在资金、设备、人才等各方面资源利用上的优势显而易见。创业者对于企业环境非常熟悉,在创业时一般不存在资金、管理和营销网络等方面的困扰,可以集中精力进行新市场领域的开发与拓展。同时,由于企业内部的创业环境较为宽松,即使是创业失败,创业者所需承担的责任也小得多,从而大大减轻了他们的心理负担,成功的概率大了许多。对企业来说,建立企业内部团队创业机制,不仅可以满足精英员工在更高层次上的成就感需求,留住优秀人才,而且有利于企业采取多种经营方式,扩大市场领域,节约成本,延长企业的发展周期。

## 案例 1-4

### 华为:中国企业内部团队创业鼻祖

华为是中国最早引入并鼓励内部团队创业的企业。华为推行内部团队创业主要有两个原因。其一,从1995年开始,华为发展驶入快车道,1994年营业收入不足10亿元,到1999年,华为的营业收入已突破100亿元。随之而来的是人员过多、组织架构臃肿等问题。华为因此推出了内部团队创业计划,以减轻核心管理层的负担。其二,当时很多华为创始员工拿着价值不菲的股票分红,工作的干劲和激情却丧失了,鼓励内部创业,也是二次激发这些老员工奋斗热情的举措。

《财富》杂志的一项调查表明,世界500强企业的前100名中,有65%的企业采用内部团队创业机制进行产品和业务的创新。国内很多具有划时代意义的产品和富有创造性的企业,也都源于企业内部团队创业的尝试。可以预见,企业内部团队创业将成为一种新的创业浪潮。

3. 个体岗位创业

个体岗位创业区别于组织创业、企业内部团队创业,它是指组织内的个体立足于本职岗位,在将本职工作做好的前提下,创造性地开展工作,助力所在组织的创新发展的创业活动。在企业的生产经营活动中,广大职工立足于本职岗位,通过模仿、引进、独创、改进等方式,在生产、管理、服务等方面形成了具有新颖性、独创性和效益性的制度、措施、方法、工艺和技术等,使得生产效率提高、成本减少、利润增加,从而推动企业的发展。这就是广大职工的个体岗位创业。

近年来，国家表彰了一批"大国工匠"，他们都是个体岗位创业的典型，其中不乏职业院校毕业的优秀学生，如知识型产业工人邓建军、磨削技术精进者洪家光、新时代高级焊工杜钧，他们都在自己的工作岗位上兢兢业业、锐意创新，为行业做出了巨大贡献。他们都是引领行业创新的掌舵人，是个体岗位创业的典范。

### 思考与练习

1. 试分析创造、创新、创意的区别。
2. 你认为新时代职业院校学生应如何投身创新创业浪潮？
3. 根据广义的创业概念的内涵，判断图1-5至图1-8中的内容是否属于创业范畴，并说明理由。

图1-5　桃园三结义

图1-6　中国女排获得冠军

图1-7　"铁人"王进喜的劳模事迹

图1-8　组建美满家庭

4. 重新发现生活——搜集身边的零星创意。

（1）任务目的：寻找身边可供学习、借鉴、模仿的创意事物，进一步感知创新、创意。

（2）任务内容：分析你找到的创意事物，首先发掘同类事物中存在的问题，然后找出创意事物的创新之处及创新产生的价值，并说说你受到的启发。

（3）任务要求：① 使用PPT或者活页挂纸汇报；② 汇报内容包括同类事物的基本特征、功能介绍及存在的问题，新事物的创新点、创新价值，所受启发及由此引发的创造性设想。

## 任务二　发现创新创业就在身边

### 导入案例

#### "神机妙收"：秧草自动收割机

多茬叶菜的收割周期短，收割茬数多。秧草是一种典型的多茬叶菜，在长江中下游地区广泛种植。秧草是江苏镇江扬中市的特产，长期以来，难收割、损耗大的问题一直困扰着当地农民。

扬州工业职业学院智能机械设计兴趣小组中，来自扬中的多名同学深刻体会到父辈收割秧草的辛苦，于是萌生了发明秧草自动收割机的想法。他们深入田间地头调研发现：秧草鲜嫩，使用镰刀人工扫割容易损伤叶片，影响品相；其叶片轻细，扫拨落筐时容易掉落在地上，产生损耗；秧草生长周期短，几乎七天一茬，长期弯腰作业，农民容易腰肌劳损，家乡的种植户普遍患有这类职业病。团队又多次深入农户和农机生产企业调研，发现现有机械在收割秧草时存在不少不足：一是割刀高度不能自调，割得浅会导致漏割或割伤叶片，割得深又影响再生长，造成损耗；二是设备集成化程度不高，切割、输送、收集无法实现一体化；三是燃油驱动，油气会污染叶面，影响品相；四是通用性差，一机无法收割多种叶菜。

团队在老师的指导下，历时三年，解决了秧草收割中的一个个难题，成功发明了秧草智能收割机。2022年，"神机妙收——叶菜全自动收获机行业的新变革"获第八届中国国际"互联网+"大学生创新创业大赛金奖。

**案例点评**：这是一个典型的专创融合案例。"学而优则创"，项目体现了团队将专业知识与商业知识有效结合并产生商业价值和社会价值的创新创业基本过程和基本逻辑。秧草自动收割机团队从身边农户的需求出发，多次深入田间地头和农机生产企业，开展了认真细致的调研，发现了秧草人工收割的"痛点"和现有秧草收割机械的缺点，进一步以用户需求为驱动，结合专业学习开展创新创业实践，既提升了自身的专业实践能力，又解决了秧草种植户的收割难题，推动了农业机械自动化，以实际行动助力了乡村振兴。

心理学家将影响人类文明的创造力称为大C（creativity），将日常工作、生活中所展现出来的创造力称为小C，如产品的改进、营销的创意、工作的高效方式。创新未必是伟大的发明创造，生活中每个人都在解决着问题，有时候小创新可以化解大危机。产生于日常工作、生活中的创新创造是个人创新潜力的最佳表现。我们要从学习、生活中的不便，现有产品的不足出发去思考和实践，向身边的创新创业典型人物学习。只要我们多观察、多思考，创新创业就在我们身边。

## 一、寻找身边的创新创业机会

任何时代都不缺少创新创业的机会,而是缺少发现机会的慧眼。工作、生活中总会有这样那样的问题。创业者需要具备一双锐利的眼睛,时刻去寻找生活中未被满足的需求。只有善于发现和体会自己和他人的需求,才能洞察身边的创新创业机会。

### (一)发现生活中的不方便、不完美

在生活中我们享受的种种方便,很多都是从曾经的不方便演变过来的。由于步行的不方便,人们发明了汽车和飞机;由于手写的不方便,人们发明了打字机;由于交流的不方便,人们发明了电话和网络……对于生活中司空见惯的不方便,我们可能已经习以为常,但其背后蕴藏着巨大的创新创业机会。细心观察、用心思考,就能发现其中的机会。寻找创新创业机会,从发现生活中的不方便、不完美开始。

微课02:创业的步骤

**案例 1-5**

### 直角造型的楼梯扶手

常见的楼梯扶手都是一条笔直的斜线,为了美观等原因,还会尽可能地做得光滑。但是,这样的扶手对于某些人群而言并不安全。如何解决这个问题?设计师给出的方案是把扶手变成直角造型,如图1-9所示。

图1-9 直角造型的楼梯扶手　　　　图1-10 老年人易于抓握

设计师认为,这种改变有三个好处。其一,老年人有了更容易抓握的着力点,上下楼梯更安全(图1-10)。其二,抱着重物上下楼时,直角结构可以提供临时支点(图1-11)。其三,孕妇不容易看到脚下的位置,直角扶手与台阶一一对应,可以为孕妇提供清晰的参考(图1-12)。

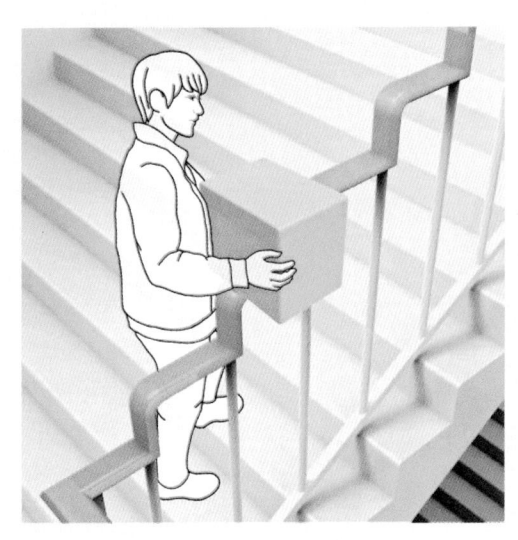

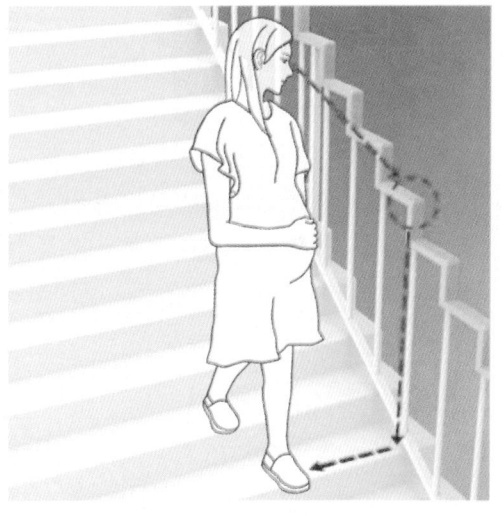

图 1-11　提供临时支点　　　　　图 1-12　为孕妇提供位置参考

为了避免直角结构带来伤害,每个直角面都需要做圆滑处理,最后的结构是直角圆滑结构,区别于常见的斜线圆滑结构。这样的创新来源于设计师对生活的观察和思考。

(二) 寻找现有产品的缺点

每个人都有缺点,产品也一样。几乎所有的产品进入市场后,都会暴露出这样那样的缺点。所以,创新是无止境的。缺点列举法可以帮助我们发现现有产品的不足。

### 案例 1-6

## 油壶的改进

油壶是家家户户最常用的物品,它虽然小巧轻便,使用中却也有很多令人烦恼的问题。平日里我们使用油壶的时候,经常把握不好用量,倒多了,菜肴变得油腻、不健康;倒少了,容易糊锅且不美味。除此之外,普通油壶最大的缺点是容易滴油、挂油、漏油,每次使用完,不仅油壶的外壁上挂满了油,使用者的手上也会沾满油,令人很不舒适。

设计师对传统油壶进行创新设计,巧妙地解决了这两个问题。相比普通的油壶,这款油壶(图 1-13)使用了高压外置喷嘴和密封圈,它可以将油以雾状形式喷出,不挂油,不漏油。

图 1-13　改进后的油壶

同时，高压雾状喷嘴能够精准控制油的使用量，每按一次喷出的量约为0.5克，这就巧妙地解决了普通油壶难以定量的问题。

## 1. 缺点列举法的含义

缺点列举法是针对现有产品或事物，列出其缺点和问题，想方设法对其加以改进，从而实现创新的一种方法。缺点列举法就是为了发现问题。只有不断发现问题，才能不断解决问题，人类社会才能不断发展和进步。天下没有完美的产品，比如，在百叶窗使用过程中绳子容易打结，戴口罩容易在面部留下勒痕，钥匙、U盘等物品容易丢失。如果我们忽视其缺点，产品就失去了升级迭代的机会。相反，若重视它，缺点就能转化成改进、创新的动力。所以，缺点列举法是广泛应用、简便有效的一种发明方法。

产品的缺点往往是用户的"痛点"，是好产品的必要条件，但是缺点并不等同于"痒点"，因为消除"痒点"不是刚需。所以对于创新设计来说，应首先解决产品缺点或用户"痛点"，然后想办法去制造"痒点"，从而创造产品的市场机会缺口。其运行逻辑如图1-14所示。

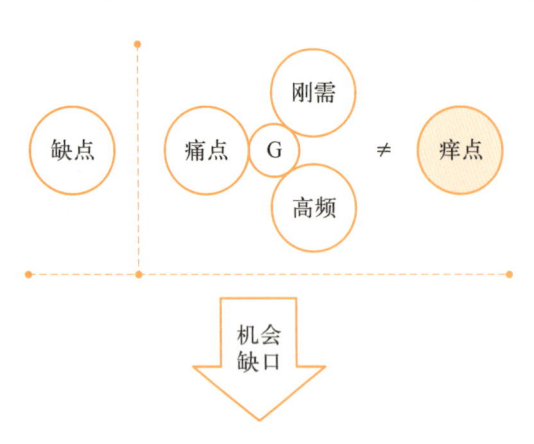

图1-14 创造市场机会的逻辑

### 案例1-7

**不会割伤手的台锯**

台锯是木工行业必不可少的工具之一。自1906年台锯被发明以来，木工们的工作效率直线上升，不过事故数量也随之上升。调查显示，每年台锯导致的事故超过6万件，平均每9分钟就会出现一例意外伤害。

某厂家对台锯做了改进（图1-15），利用人体与木材不同的电气属性，给锯片加上微弱的电流，当手接触到锯片的刹那，电信号会触发火药爆炸，弹开锯片，

图1-15 不会割伤手的台锯

从而保护木工的人身安全，整个触发过程仅需5毫秒。这种巧妙的设计既保留了电锯原有的工作效率，又最大限度地提升了操作的安全性，虽然是技术上的小改进，却是安全方面的大进步。

2. 缺点列举法的操作流程

(1) 确定革新对象。

召开缺点列举会,会议由5～10人参加。会前由主持人介绍需要革新的事物,并确定会议时间与议题。议题范围不宜过大,对于复杂的问题,需要将其拆解为更小的议题。一次会议的时长以大约一个小时为宜。

(2) 列举革新对象的缺点。

主持人发动与会者列举革新对象的各种缺点,愈多愈好。主持人把与会者提出的缺点记在小卡片上,一张卡片只能写一个缺点,方便进行集中、归纳、分类,将其予以组织、统合。

在列举缺点时可以从以下方向进行思考:① 明确事物的定位及意义,所有的事物都有优缺点,一定要明确事物存在的主要矛盾;② 从受众的角度寻找缺点,比如功能、用户体验、价格等方面的问题;③ 从提供方的角度寻找缺点,比如生产成本、人力成本、工艺、运输等方面的问题;④ 从研发、创意者的角度寻找缺点,比如生产原理问题等;⑤ 从社会第三方的角度寻找缺点,比如对室内环境的影响等。

(3) 归纳整理。

主持人将卡片贴在墙上或桌上,按照缺点的类型、性质等对其加以集中分类、整合,再从这些缺点中鉴别出有价值的主要缺点。

(4) 提出革新方案。

在主持人的引导下,参会者围绕主要缺点进行讨论,提出有针对性的改良意见,并形成切实可行的革新方案。

## 二、寻找身边的创新创业榜样

随着我国创新驱动发展战略的深入推进,"大国工匠"在创新型国家建设中的作用越发突出。2015年以来,中央电视台每年都要在劳动节前后推出大型纪录片《大国工匠》,讲述不同岗位劳动者用自己的灵巧双手匠心筑梦的故事。这些"大国工匠"在各自平凡的岗位上追求技能的完美与极致,成为所在行业、领域不可或缺的杰出人才。近年来,在职业院校毕业生中涌现出了一批技艺精湛的工匠,他们凭借高超的技能、顽强的精神,成为自己所在的企业、行业中不可或缺的能工巧匠。

(一) 致敬新时代的"大国工匠"

"大国工匠"是默默坚持、孜孜以求,在平凡的岗位上追求职业技能的极致的"国宝级"人才。这些不平凡劳动者的成功之路,集中体现在我国对航天梦、海洋梦、高铁梦、文化复兴梦等的深入追求中。

1. 航天梦

探索宇宙曾是我们遥不可及的梦。今天,"嫦娥"奔月,"祝融"号火星探测车成功登陆火星,我们的祖国正迈入航天强国行列。近几十年来,中国航天事业发展突飞猛进,在北斗导航、载人航天、深空探测、运载系统等诸多工程领域异军突起,取得了一系列重大科技成果。这些举世瞩目的成就就是"中国航天之父"钱学森,"中国航天四老"任新民、黄纬禄、屠守锷、梁守盘,以及一代代航天科学家持续努力的结果,也离不开众多高精尖航天技能人才的支撑。高凤林、徐立平、曹玉玺、王曙群等一批具备精湛的专业技能的新时代"大国工匠",在航空工业生产一线的关键环节发挥了重要作用。

### 案例1-8

## 高凤林：为火箭焊接"心脏"的人

焊接技术千变万化,为火箭发动机焊接就更不是一般人能胜任的了。高凤林(图1-16)就是一个为火箭焊接"心脏"的人。

高凤林,中国航天科技集团公司第一研究院211厂特种熔融焊接工、发动机零部件焊接车间班组长,特级技师。三十多年来,高凤林先后参与了北斗导航、嫦娥探月、载人航天等国家重点工程及长征五号新一代运载火箭的研制工作,一次次攻克发动机喷管焊接技术世界级难关,出色地完成了亚洲最大的全箭振动试验塔的焊接攻关,修复了苏制图154飞机的发动机,还被丁肇中教授

图1-16 "大国工匠"高凤林

"钦点",成功解决反物质探测器项目难题。高凤林先后荣获国家科技进步二等奖、全军科技进步二等奖等二十多个奖项。

绝活不是凭空得,功夫还得练出来。高凤林吃饭时用筷子练送丝,喝水时端着盛满水的水杯练稳定性,休息时举着铁块练耐力,冒着高温观察铁水的流动规律。为了保证一次大型科学实验成功,他的双手至今还留有被严重烫伤的疤痕。为了攻克国家某重点攻关项目,近半年的时间,他天天趴在冰冷的产品上,关节麻木、青紫。他甚至被戏称为"和产品结婚的人"。2015年,高凤林获得全国劳动模范称号。

高凤林以卓尔不群的技艺和劳模特有的人格魅力、优良品质,成为新时代高技能工人的优秀代表。

#### 2. 海洋梦

我国是一个海洋大国,拥有漫长的海岸线和广阔的领海。海洋事业关系到民族生存、发展状态,关系到国家的兴衰、安危。为追赶世界先进水平、为中国赢得海洋科学话语权,中国科学家和高精尖技能人才一直在不懈奋斗。2012年,我国首台载人潜水器"蛟龙"号在马里亚纳海沟成功突破7 000米深度。10年来,我国深海事业持续发展,"蛟龙"号圆满完成了5个试验性应用航次和整体性能技术升级改造,新母船"深海一号"建造成功,多航次实现新的突破……我国已经站在深海前沿科学研究、深海资源勘查、深海环境调查等的国际前沿。

为了推动海洋科技发展,实现高水平自立自强,加强原创性、引领性科技攻关,周皓、顾秋亮、韩超、陈兆海等一批"大国工匠"肩负着海洋事业发展的重担,见证并亲历了国家建设海洋强国的发展历程。

### 案例 1-9

#### 顾秋亮：深海"蛟龙"守护者

"蛟龙"号载人潜水器是目前世界上潜深最深的载人潜水器，其研制难度不亚于建设航天工程的难度。在这个高精尖的重大技术攻关中，有一个普通钳工技师的身影，他就是顾秋亮——中国船舶重工集团公司第七〇二研究所水下工程研究开发部职工，"蛟龙"号载人潜水器（图 1-17）首席装配钳工技师。十多年来，顾秋亮带领全组成员，保质保量地完成了"蛟龙"号的总装集成，以及数十次水池试验和海试过程中的"蛟龙"号部件拆装与维护，还和科技人员一道攻关，解决了海上试验中遇到的技术难题，用实际行动表达着对祖国载人深潜事业的忠诚与热爱。

图 1-17 乘风破浪的"蛟龙"号

作为首席装配钳工技师，在工作中面对技术难题是常有的事。而每次顾秋亮都能见招拆招，靠的就是工作四十余年来养成的"螺丝钉"精神。他爱琢磨、善钻研，喜欢啃工作中的"硬骨头"。他总是绞尽脑汁，想着如何改进安装方法和工具、提高安装精度，确保高质量地完成安装任务。正是凭着这股爱钻研的劲头，顾秋亮在工作中练就了较强的创新和解决技术难题的能力，出色完成了各项高技术、高难度、高水平的工程安装与调试任务。

3. 高铁梦

我国地域辽阔、人口众多，伴随着经济的快速发展，人们对于出行速度、出行安全、出行便利的要求越来越高。交通强国，铁路先行。十多年来，从渤海之滨到西部戈壁，从中部平原到西南群山，从东北雪原到江南水乡，中国高铁串珠成线、连线成网，运营里程超过 2.5 万千米，占全球高铁运营总里程的三分之二，我国成为世界上高速铁路系统技术最全、集成能力最强、运营里程最长、运行速度最高、在建规模最大的国家。

从"中国制造"到"中国创造"，飞驰在神州大地上的高速铁路列车使我国实现了由"追赶者"到"领跑者"的伟大跨越。而在这场跨越中，作为铁路技术工人的"大国工匠"是当仁不让的创新主角之一。青年"大国工匠"郝铎先后 5 次创造了高铁铺架施工领域的全国纪录，为世界高铁桥梁架设提供了"中国标准"和"中国速度"；高铁焊接大师李万君从一名普通焊工成长为我国高铁焊接专家，被誉为高铁战线的"杰出工匠""工人院士"……一批批高铁"大国工匠"擦亮了中国高铁的"金字招牌"。

### 案例 1-10

### 宁允展：高铁上的"中国精度"

宁允展（图 1-18）是南车青岛四方机车车辆股份有限公司车辆钳工，高级技师，高铁首席研磨师。他是国内第一个从事高铁转向架定位臂研磨的工人，也是这道工序最高技能水平的代表。他研磨的定位臂已经创造了连续十年无次品的纪录。他和他的团队研磨的转向架被安装在 673 列高速动车组上，该动车组已奔驰 9 亿多千米，相当于绕地球 2 万多圈。

转向架技术是高速动车组九大关键技术之一，转向架上有个定位臂，是关键中的关键。在高速动车组运行时速达 200 多千米的情况下，定位臂和轮对节点必须有 75% 以上的接触面间隙小于 0.05 毫米，否则会直接影响行车安全。宁允展的工作就是确保这个间隙小于 0.05 毫米。他的风动砂轮纯手工研磨操作法将研磨效率提高了一倍多，接触面的贴合率也从原来的 75% 提高到了 90% 以上。他发明了精加工表面缺陷焊修方法，修复精度最高可达到 0.01 毫米，相当于一根细头发丝的 1/5。他执着于创新研究，主持了多项课题攻关，发明了多种工装，其中有 2 项获得了国家专利，每年为公司节约创效近 300 万元。

图 1-18 宁允展在进行研磨操作

一心一意做手艺，不当班长不当官，扎根一线二十余年，宁允展与很多人有着不同的追求："我不是完人，但我的产品一定是完美的。做到这一点，需要一辈子踏踏实实做手艺。"

#### 4. 文化复兴梦

中国传统文化源远流长、博大精深，是世界上历经数千年传承到今天的唯一连续而完整的文化，在世界文化历史上具有显赫地位。随着时代的发展，人们的生活习惯正在发生改变，很多传统文化由于缺乏传承与保护逐渐式微。值得欣喜的是，近年来，一批热爱中国传统文化的年轻人开始接手老一辈的手艺，坚持古为今用、推陈出新，实现中华优秀传统文化的创造性转化、创新性发展。

职业院校教师曹锴兼职成为传统珐琅技艺手艺人，将珐琅与琵琶、月琴融合，为中国传统乐器赋予美学新元素；张慧大学毕业后成为黄河澄泥砚第六代传人，创新设计出多彩的澄泥砚文创产品，让黄河文化焕发新颜；陈泽锟为了学习木匠技艺报读职业院校，潜心研究传统木艺，最终斩获世界技能大赛奖项……以他们为代表的文化传承人将传统文化与时代潮流相结合，助力中华优秀传统文化走向复兴。

### 案例 1-11

#### 孟剑锋：匠人精神制国礼

2014 年北京 APEC 会议期间，古老的中国錾刻技术给各国领导人开了一个小小的玩笑：在送给他们的国礼中，有一件是金色的果盘里放了一块柔软的丝巾，看到的人都会情不自禁地伸手去抓，结果没有一个人能抓得起来，原来这块丝巾是用纯银錾刻出来的（图 1-19）。

这份国礼的主要制作者錾刻工艺师孟剑锋已在工艺美术行业中奋斗了二十余年。他是一个能够沉下心来做精细活的手艺人。他勤练基本功，几个枯燥的动作能重复练习一年。他大胆改进工艺技术，尝试改变铸造的焙烧温度、化料温度和倒料时的浇铸速度，经过反复试验、对比和推算，攻克了纯银铸造的工艺难题，使成品率提高了近 50 个百分点。他

图 1-19 国礼"纯银錾刻丝巾果盘"

还先后制作了 2008 年北京奥运会优秀志愿者奖章、"5·12"抗震英雄奖章、全国道德模范奖章、中国海军航母辽宁舰舰徽等作品模具，为中国传统文化的传播和工艺美术事业的发展做出了贡献。

孟剑锋是一位坚守传承、勇于创新的工美匠人，他用最朴实的劳动践行着一名普通劳动者的责任和一个共产党员的坚守。

#### （二）学习身边的能工巧匠

党的二十大报告指出，必须坚持科技是第一生产力、人才是第一资源、创新是第一动力。高技能创新人才是我国创新型人才体系的重要组成部分，是技能人才队伍中的优秀代表，是将高新科技成果转化成现实生产力的骨干力量。近年来，从广大职业院校中涌现出一批杰出代表，他们在工作岗位上善于发现问题，敢于尝试、探索，努力解决企业在发展过程中遇到的技术与管理问题，已经成为推动企业高质量发展的重要人才资源。

### 案例 1-12

#### "江苏大工匠"陈亮：20 年淬炼"一微米"

陈亮（图 1-20）是"江苏大工匠"、全国"最美职工"、全国五一劳动奖章获得者。自小，父母便期望他可以学一门手艺。1998 年，年仅 14 岁的陈亮来到江苏信息职业技术学院求学。2002 年，陈亮进入无锡微研股份有限公司，成为一名工业模具粗加工学徒。

为了能尽快"入行",陈亮下班后总会主动留下来多干一些,甚至砸下9 000元"重金"购买了一台电脑,自学起工业自动化知识。车、铣、刨、磨、线切割……陈亮用一年半跟着老师傅熟悉工序上的各个流程,最后留在了铣加工车间。这是模具加工的第一道工序,也是最复杂的工序,工作中铁屑飞溅,烫到手是家常便饭。他不怕吃苦,希望可以掌握一门过硬的本领,靠奋斗和努力改变命运。

2007年,他所在的公司接到了一个电视机高精度定位组件订单,要求把精度控制在2微米内。当时,国内多用传统刀具加工,精度仅达4微米。老师傅们多番尝试未果,便想到了爱动脑筋、能钻研的陈亮。陈亮临危受命,打破常规思维,创新性地将"铣"和"磨"两道原本完全不同的工序组合,在刀具上加上精密砂轮,在不断尝试中,成功把精度提高到1~2微米。这也让陈亮"一战成名",同行们尊敬地称呼他"微米大师"。

工业模具加工是一门"显微镜下的艺术",分毫之差决定了产品的品质。近年来,陈亮和团队不断精进加工技艺,精加工工艺技术水平突飞猛进。清华大学慕名而来,与他开展校企合作,共同承接国家863重点课题,帮助科技团队突破了因产品性能不稳定,高端柴油机高精密微喷孔加工装备无法进行量产的"卡脖子"技术难题,还成功提高了喷油嘴精度,更加省油、环保。

图1-20 陈亮获得"江苏大工匠"称号

## 案例1-13

### 朱萍:让老师傅刮目相看的"女状元"

朱萍(图1-21)是扬州工业职业技术学院数控技术专业2012届毕业生。她于2009年考入机械设计与制造专业,后经过校内选拔,转入校内中石化拔尖技能人才班数控技术专业。2012年毕业后,朱萍进入中石化石油工程机械有限公司第四机械厂管件分厂,成为一名数控车工。

当时,刚工作半年的她就干了一件让厂子里很多老师傅都刮目相看的事情。原来,工厂师傅们在车球面时,走刀的顺序都是从右往左。用这种方式车出的球面存在尺寸不稳定现象。虽然这点误差在质量控制范围之内,但是,每次师傅们车球面时,她都在一旁看,琢磨着也许有更好的办法。后来,通过对6个批次720件球面产品的尺寸测量,她发现尺寸不稳定是走刀顺序造成的。于是朱萍大胆提出从中心往两边走刀的设想,尝试重新编写程序。最终,实践证明了她的猜想是对的。在运用新工艺后,误差频率大幅下降。这项工艺目前已在行业中得到推广。

在湖北省第四届技能状元大赛中,朱萍荣获"数控车状元"称号。次年,她晋升为高级技师,荣获湖北省五一劳动奖章,成为湖北省最年轻的劳模。

图1-21 "技能女状元"朱萍

### 思考与练习

1. 从大国工匠、能工巧匠身上,我们可以学到哪些精神和品质?

2. 寻访身边的技能大师、能工巧匠,了解他们的事迹,制作一个不少于2分钟的短视频,向大家进行简要介绍。

3. 分组讨论,列举出现有的雨衣有哪些缺点,并提出改进方案。具体要求如下。

(1) 首先观察雨衣的结构、外观、作用、功能,找出它的特点;再回忆使用经验,初步找出它的不足。

(2) 集体讨论。主持人明确议题的关键点,设定思考的具体维度、方向,引导参会者讨论,用卡片记录讨论结果。

(3) 整理分析。主持人引导参会者按照缺点的类型、根源问题等对其加以集中、分类、整合,再从这些缺点中鉴别出有价值的主要缺点。

(4) 提出方案。思考、讨论,针对有价值的缺点、不足,提出各种解决方案。

(5) 结构设计。评估各方案的可行性,画出最佳方案的结构草图。

# 项目二 开启创新创业之门

## 学习目标

（1）了解聚敛思维、发散思维、侧向思维与逆向思维的内涵、特点。

（2）掌握发散思维、侧向思维与逆向思维等创新思维方式的运用规则或要求，能够运用创新思维方式解决实际问题；掌握头脑风暴、检核表法等创新思维工具、发明创造技法的运用规则或要求，能够运用创新思维工具、发明创造技法创造性地解决实际问题。

（3）养成创新性思维方式、习惯和品质，提升思维的流畅性、变通性、独特性，在解决问题的过程中感受创新创业的乐趣，获得成就感。

# 开启创新创业之门

- 进行创新思维训练
  - 创新思维方式
    - 常规思维方式：聚敛思维
      - 聚敛思维的内涵
      - 聚敛思维的过程
    - 发散思维
      - 发散思维的内涵
      - 发散思维的特点
      - 发散思维的过程
      - 发散思维的维度分析法
    - 侧向思维
      - 侧向思维的含义
      - 侧向思维的应用
    - 逆向思维
      - 逆向思维的含义
      - 逆向思维的类型
  - 创新思考工具
    - 头脑风暴法
      - 头脑风暴法的内涵
      - 头脑风暴法的规则
      - 头脑风暴法的准备工作
      - 头脑风暴法的流程
    - 检核表法
  - 思考与练习

- 开展创新创业实践活动
  - 职业院校学生参加创新创业实践活动的意义
    - 国家层面
      - 建设创新型国家的需要
      - 推动产业转型升级的需要
    - 学校层面
      - 提升人才培养质量的需要
      - 提升就业创业质量的需要
    - 学生层面
      - 面向未来生活的需要
      - 适应未来工作的需要
  - 职业院校创新创业实践活动
    - 参加创新创业类社团
    - 聆听创新创业讲座
    - 申报创新创业训练或研究类项目
    - 撰写学术论文或申请专利
    - 参加创新创业类大赛
  - 获取创新创业信息、服务与资源的途径
    - 创新创业教育主管部门
    - 教学管理部门
    - 科研管理部门
    - 校企合作部门
    - 院系团学部门
    - 其他途径
  - 思考与练习

## 任务一  进行创新思维训练

### 导入案例

**三个和尚担水新篇**

大家都知道"一个和尚挑水喝,二个和尚抬水喝,三个和尚没水喝"的谚语故事。那之后又发生了什么呢?

老和尚对三个和尚说,我们得想出一些办法,让大家都可以喝到水。最后大家经过激烈的讨论,挑出了三个比较实际的方法。

一是每人挑一段,第一个和尚从河边挑到路上,停下来休息。第二个和尚继续挑,一段路后传给第三个和尚。这样进行接力赛,大家都不累,缸也很快就被装满了。这是协作的方法,叫作"机制创新"。

二是引进竞争机制。三个和尚都去挑水,谁水挑得多,晚上吃饭时就加一道菜;谁水挑得少,就吃白饭,没菜。三个和尚拼命去挑,一会儿缸就满了,这个办法叫"管理创新"。

三是把竹子砍下来连在一起,做成引水管道,然后买一个辘轳。三个人轮流换班,一会儿水就灌满了。这就叫"技术创新"。

**案例点评:**创新性思维具有新颖性、独特性、突破常规和灵活变通的特征。人的可贵就在于能创新性思考。一方面,思维本身是抽象的,看不见、摸不着的,但思维的成果是具象的、可寻迹的。人们可以通过结果去把握思维的规律。另一方面,创新的知识、技能是可以传授的,通过大量的学习和训练,可以把握创新思考的脉络,提升创新创业能力。

思维决定思路,思路决定出路。在工作、生活中,当你遇到无法用常规方法解决的问题时,多些思考,换个角度,换种方法,也许问题会迎刃而解。运用创新思维是打破思维束缚、突破思维局限、化解问题和困难的有效手段。

### 一、常规思维方式:聚敛思维

聚敛思维又称收敛性思维,是我们在日常生活中解决问题的常规思维方式。

#### (一)聚敛思维的内涵

聚敛思维是指从问题出发,利用已有的知识和经验,遵循解题的逻辑规则,为问题推导出最常见或最佳的正确答案,答案往往具有唯一性,不会产生歧义,因此聚敛思维又叫求同思维。它不要求思考者具有较强的创造力,而注重以已有知识与经验为思考依据,按部就班地去获得正确答案。

聚敛思维强调思维的速度、准确性和逻辑性,它专注于识别熟悉的知识和技术,往往只需要通过决策策略召回已有知识和技术就可解决问题。聚敛思维是由左脑主导的思考方式,是最高效的解决问题方式。在工作和生活中,我们习惯于聚敛思维,即问题与答案对应、因与果对应。这种思维方式最常用,因果关系清楚,逻辑性强。

### (二)聚敛思维的过程

聚敛思维是从问题出发,按照一定的方向和路线开展的,讲求条理,按部就班,朝着明确的目标行进;只有当采用最优方法遇到困难时,才转换方向或路线,尽管这些方向或路线具有差异性,但它们都朝着那个明确的答案集中收敛,直到求解出标准答案。

聚敛思维的过程一般为:从问题出发—分析问题—明确方向—遵守逻辑规则—成功求解(图2-1)。

从问题出发 → 分析问题 → 明确方向 → 遵守逻辑规则 → 成功求解

**图2-1 聚敛思维的过程**

从这一过程可以看出,聚敛思维讲究条理,以导出标准答案为中心。它比较高效,不浪费时间在已知的事物上,但囿于定见,难以有所创新。过度依赖聚敛性思维,很容易落入窠臼、错失良机。

## 二、创新思维方式

创新思维是指突破思维定式,以新的思路去寻求解决问题的思维方式,本质上是一种求新、求异思维。创新思维与创造性活动相关联,包括发散思维、逆向思维、侧向思维等。

*微课03:什么是创新思维*

### (一)发散思维

#### 1. 发散思维的内涵

发散思维,又称辐射思维、放射思维、扩散思维,是在思考时呈扩散状态的思维模式。它表现为思维开阔,呈现多维发散状,如"一题多解""一事多写""一物多用"等。思维的发散性是创造性思维最主要的特点,是测定创造力水平的主要标准之一。

发散思维的求解思路要求打破惯性思维的束缚,从多个角度思考问题,并指向不同的答案。这些发散性的思路不一定相关,每种答案也无所谓对错,但往往独具创意、别具巧思。聚敛性思维注重解题的逻辑性、答案的规范性,而发散思维追求的是思维的灵活性、答案的创造性。发散思维是由右脑主导的思维方式。

#### 2. 发散思维的特点

发散思维本质上是一种求多、求新、求异思维。为了解决某一问题,从这个问题出发,想的办法、途径越多越好。它总是追求更多、更好、更新奇的想法。

发散思维具有三个特点。

(1)流畅性(发散的量):追求在尽可能短的时间内生成并表达出尽可能多的思维观念,并较快地适应、消化新的思想观念。

(2) 变通性(发散的灵活性)：克服人们头脑中僵化的思维框架，朝新的方向来思考问题。通过横向类比、跨域转化、触类旁通，发散思维沿着不同的方面和方向扩散，使思维素材更加多样和全面。

(3) 独特性(发散的新奇性)：发散思维可以促使人们提出不同寻常的、异于他人的新观点，这是发散思维到达最高点的表现。

发散思维是创新的思维方式，而聚敛思维是高效的思维方式。二者无所谓好坏，可根据求解问题的性质选择合适的思维方式。如果问题的答案较明确，适合采用聚敛思维方式；反之，如果问题的答案是开放的，则宜采用发散思维方式。发散思维没有逻辑规则限制，可以天马行空、无拘无束，常有别出心裁、超乎预期之处。

### 3. 发散思维的过程

发散思维具有灵活的优点，但也有其不足之处，即易过度发散。发散思维通常以自发的、自由流动的方式发生，但思维过度发散容易脱离目标、偏离方向，容易渗入主观因素而产生不合理的观念和想法。因此，运用发散思维，首先要锁定问题，以确保发散思维不偏离目标；其次要打开思路，尝试灵活多样的解题方向；最后要评估各种方案的合理性，寻求可行解、最佳或最创新的解。

发散思维通常要与聚敛思维结合起来运用。在开始解决问题时，运用发散思维来生成多种可能的想法，一旦产生足够多的想法后，就需要依靠聚敛思维的逻辑性来评估每种方案的合理性，以便获得多种可行性方案，在此基础上进一步产生最佳方案。

发散思维的基本过程为：锁定问题—发散思考—评估可行解—寻求最佳或最创新的解(图2-2)。对于涉及情感、喜好等主观意识特别强或只追求答案数量的问题，无须评估答案可行性。

锁定问题 → 发散思考 → 评估可行解 → 寻求最佳或最创新的解

**图2-2 发散思维的过程**

### 4. 发散思维的维度分析法

运用发散思维时，最为关键的过程是发散思考的环节。在这一环节，我们经常绞尽脑汁，但还是思路枯竭，想法不多、僵化、无新意。我们长期以来形成的思维框架制约了思维的广度、宽度和新奇度。如何打破这种思维框架，使思维沿着不同的方面和方向扩散，产生别出心裁的想法？在长期实践中，人们发现，维度分析法是行之有效的方法。

维度分析法是指从问题的不同维度进行分析的方法。将要解决的问题分解成不同的维度，进一步梳理各维度的组成要素，然后分别以每个维度的不同要素为思考方向展开思考。

发散思维可分为无序发散思维和有序发散思维。无序发散思维是指事先没有对思考维度及其要素进行梳理，在围绕主题的情况下自由畅想的思维方式。无序发散思维因其发散思考环节的无序性，会导致想法不多、思路枯竭。无序发散状态下思维是受限的。有序发散思维是指事先梳理出思考的维度及其要素，开展一维多向(要素)或多维多向(要素)的思维的方式。维度分析法属于有序发散思维方法,多被运用于发散思维过程中的发散思考环节。

### 案例 2-1

#### 曲别针的用途

1983年7月,中国创造学第一届学术讨论会在南宁召开。除了诸多国内学者,主办方还邀请了日本专家村上幸雄与会。村上幸雄给大家做了精彩的演讲,演讲中,他突然拿出一把曲别针说:"请大家尽量放开思路来想,曲别针有多少种用途?"

与会代表七嘴八舌议论开了:"曲别针可用来别东西——别相片、别稿纸、别床单、别衣物。"有人想得要奇特一点:"可以将曲别针拉长,用来连接东西。""可以将曲别针磨尖,去钓鱼。"归纳起来,大家说出了20多种用途。

一名代表问村上幸雄:"您能讲出多少种?"村上幸雄莞尔一笑,然后伸出三个指头。代表问:"30种?"村上幸雄自豪地说:"不!300种!"人们一下子愣住了。随后,村上幸雄拿出早已准备好的幻灯片,展示了曲别针的诸种用途。

与会代表许国泰听完演讲,向村上幸雄说:"对曲别针的用途,我能说出3 000种、30 000种!"人们更惊诧了:"这不是吹牛吗?"闻言,许国泰向各位代表进行了展示。他先确定了曲别针的事物基本属性和人类实践领域两个维度,又进一步对它们的组成要素进行了分解,前者包括材质、重量、体积、长度、截面、韧性、颜色、弹性等,后者包括数学、物理、化学、音乐、美术等,然后分别在两个维度上进行发散思考,答案自然就层出不穷了。

不难发现,许国泰首先运用聚敛思维,分析了曲别针的两个维度及其相关要素;紧接着分别就每个维度的不同要素进行有序发散思考,形成了多方位、多路线下的结果。这便是运用发散思维形成灵活多样的答案的表现。而其他与会者只是随意地、无方向地自由畅想,因此最终只得到了20多种无序发散的答案。

维度分析法的基本步骤是先运用聚敛思维确定问题维度及其要素,再运用发散思维按维度及其要素进行多方位、多路线的思考。对于职业院校学生来说,由于知识积累和实践经验不足,我们很难直接确定对待解决问题的思考维度和方向,建议首先通过无序发散思考,进行多方面想象,以便加深对问题的认识,再在此基础上整理、归纳问题的思考维度及其要素。具体步骤如下。

(1) 无序发散思考。首先需要努力扩大自己思考的范围,尽可能地自由想象,将自己所有能想到的情况、方法全部记录下来。

(2) 整理归纳维度。对所有记录下来的想法进行归纳、分类,确定思考维度。在各维度上还需进一步进行要素联想。

(3) 有序发散思考。最后,分别从每个维度及其要素出发,再次发散思考,产生多方位、多路线下的结果,从而打破无序发散思维的局限。

信息交合法,又称为要素标的发明法,或信息反应场法,是指把两个维度中的各类要素的信息分别用坐标法连成信息坐标 X 轴与 Y 轴,两轴垂直相交,构成"信息反应场"。一轴上的各信息可以依次与另一轴上的信息相交和组合,从而产生新的信息。它是一种在信息交合中进行创新的思维方法。信息交合法是在维度分析法的基础上改进而成的。

## (二) 侧向思维

侧向思维又称横向思维、旁通思维,是一种常见的非常规思维形式,往往被应用于创新构想产生前的阶段。

### 1. 侧向思维的含义

侧向思维是在解决问题的总体方向不变的基础上,脱离经验、常识,从侧面甚至迂回地解决问题的思维方式。这种思维是方向不同于正向思维,但又是沿着正向思维的旁侧开拓新思路的创造性思维,可被看作正向思维的分支,属于非常规思维。"侧向"主要包括两个含义:一是从正向思维的非常规角度思考;二是利用其他领域的知识迂回地解决问题,甚至可以借鉴表面上看起来与问题无关的信息。当找不到很好的问题解决方案时,不如避开问题的关键点,尝试从侧向解决问题。

### 2. 侧向思维的应用

侧向思维的常见应用方式有侧向移入、侧向转换、侧向移出等。

(1) 侧向移入。侧向移入是指跳出本专业、本行业的范围,摆脱惯性思维,将注意力引向更广阔的领域,或者将其他领域已成熟的、较好的技术方法、原理等直接移植过来加以利用,再或者从其他领域事物的特征、属性、机理中得到启发,产生对原来思考问题的创新设想。如为了减少轴承的摩擦,不采用简单地改变滚珠形状、轴承结构或润滑剂等方式,而是根据高压空气可以使气垫船漂浮的现象,发明以高压空气使旋转轴呈悬浮状的空气轴承。侧向移入是用以解决技术难题或进行管理创新、产品创新的最基本的思维方式。

(2) 侧向转换。侧向转换是指不按最初设想或常规方法直接解决问题,而是将问题转换成为它的侧面的其他问题,或将解决问题的手段转为侧面的其他手段等。

(3) 侧向移出。与侧向移入相反,侧向移出是指将现有的设想、已取得的发明、已有的技术和产品从现有的使用领域移出,将其外推到其他领域或对象上。这也是一种立足于跳出本领域、克服线性思维的思考方式。

### 案例 2-3

## 圆珠笔的改进

圆珠笔是如今广泛使用的文具之一,它刚被发明不久时却差点被淘汰。过去圆珠笔的笔珠非常容易受磨损,无论笔珠改为何种材质,用到一定时间仍会出现漏油的情况。直到后来,一位制造商发现漏油的情况基本是在书写到 2.5 万字以后出现的,于是找到了这个难题巧妙的解决办法:只要让笔油在笔珠被磨损之前用完,就完全可以避免漏油的问题。从此以后,新生产出的圆珠笔油墨量被精准控制在能在笔珠磨损之前用完。

各大圆珠笔厂商为了解决笔尖漏油的问题,试图改变笔珠的材质,却始终没有成功。这位制造商从侧向出发,转换研究角度,放弃一味地加强笔珠质量,转而研究油墨的容量,从而巧妙地将难题转化,使漏油问题轻松地得以解决,这就是侧向思考的魅力。

### 案例 2-3

#### 植 物 探 矿

我国古代著作中曾有"草茎赤秀,下有铅""草茎黄秀,下有铜"等论述,比国外的植物探矿理论早几百年。人们在挖矿的过程中发现,金属矿的存在能给地面上的植物染上特殊的颜色,例如,铜元素可使植物的花朵呈现蓝色,锰元素可使植物的花朵呈现红色,铀元素可使紫云英的花朵变为浅红色,锌元素可使三色堇的花朵变得更加鲜艳。这样,我们在寻找矿物的过程中,就可以根据植物花朵的颜色找到相应的矿藏,这些植物就是专业领域内常说的"指示植物"。

常规勘探金属矿的方法是对地层进行描述、分析、钻探,这些常规方法不仅工程量大,而且效率极低,耗费大量人力、物力去勘测,却时常一无所获。植物探矿理论运用植物学领域的知识,通过分析地表的植物颜色去判断藏在地下的矿物,将侧向思维运用在勘探中,峰回路转地解决了勘探难题,对中国地质勘探做出了极大贡献。

(三)逆向思维

敢于"反其道而行之",让思维向对立面的方向发展,从问题的反面展开探索,往往有助于树立新观念、创立新形象。逆向思维是重要的创新思维方式。

1. 逆向思维的含义

逆向思维是指不按常规思路,对司空见惯的、似乎已成定论的事物或观点反过来思考的思维方式。逆向思维是相对于正向思维(常规思维)而言的,看似有悖情理、不合传统,但也要有客观依据和客观原型。逆向思维的特点是不按常规、悖于正向、反向思考。

与常规思维不同,逆向思维是反过来,用绝大多数人没有想到的思维方式去思考问题的。当运用常规方法解决不了问题时,应考虑转换思考角度,运用逆向思维去思考和处理问题。逆向思维,实际上就是以"出奇"达到"制胜"的目的的思维。因此,逆向思维产生的结果常常会令人大吃一惊、喜出望外、别有所得。

2. 逆向思维的类型

按照思维发散的维度及其元素,逆向思维包括原理逆向、属性逆向、结构逆向、功能逆向、过程逆向、对象逆向、缺点逆用、方法逆向、因果逆向、序位逆向、问题逆向等。下面介绍几种常见的逆向思维。

(1)原理逆向。

原理逆向是指从事物基本原理的相反方向进行思考,寻求产生新的原理、新的方法、新的认识和新的成果的一种思维方法。例如,制冷与制热、吹尘与吸尘、压缩与鼓风都是利用相反的工作原理产生的。

## 案例 2-4

### 发电机的发明

发电机是将机械能转换成电能的机械设备,在工农业生产、国防、科技及日常生活中有广泛的用途。发电机的发明就是通过原理逆向产生的成果。1819年,物理学家奥斯特发现电可以产生磁,由此发明了电动机。这引发了物理学家法拉第的思考:电可以产生磁,那么磁可以产生电吗?于是,法拉第开始做各种实验。经过9年的艰苦探索,他终于成功发现了电磁感应现象,并由此创造了世界上第一台发电机,为人类进入电气时代开辟了道路。

(2) 属性逆向。

属性逆向是指从事物属性的相反方向进行思考,有意地利用事物某一相反的属性去尝试取代原有的属性,进而产生创造性想法的一种思维方法。例如对软与硬、高与低、快与慢、干与湿、冷与热、柔与刚、空心与实心等的替换。

## 案例 2-5

### "以柔克刚"的隔震思路

传统建筑的抗震理念是硬碰硬、"以刚克刚",主要手段是提高构件的物理强度,但这样会导致建筑的上部结构受地震伤害更大。而目前隔震技术的核心理念是"以柔克刚",在建筑物的下部结构同上部结构之间设置隔震装置,如橡胶隔震支座(图2-3)、阻尼器等,减少传递到上部结构的地震能量,这样可以把地震的影响降低到原来的1/8到1/4。

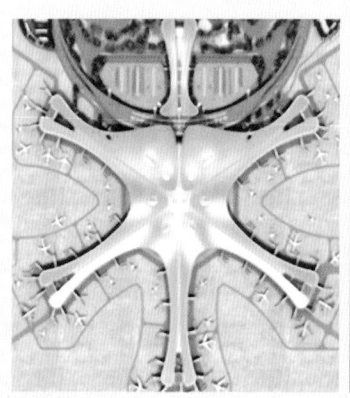

图 2-3 橡胶隔震支座

北京大兴机场是目前世界上最大的单体隔震建筑,航站楼总共使用了1 152套隔震装置,皆采用橡胶隔震支座。"以柔克刚"的技术理念极大地减轻了地震能量对建筑本身的影响,是属性逆向的成功运用。

（3）结构逆向。

结构逆向是指从事物的结构位置、结构材料及结构类型等方面进行逆向思考,以寻求解决问题的新途径的一种思维方法。例如对结构位置的上下、左右、前后、里外、头尾等的调换。

### 案例 2-6

#### 电烤箱的智慧

生活中煮饭、做菜时,都是将锅架在火的上方。最初被开发出来的电烤箱同样是热源在下面,需烤制的鱼、肉等放在上面。但这种结构在加热过程中会产生这样的问题:鱼、肉等经烘烤而析出的油脂会不断下滴,掉在电热丝上,产生大量焦烟。技术人员经过思考后进行了简单的结构变换,将加热用的电热丝装在烤箱上部,所烤食品置于下方（图 2-4）,成功地解决了这个问题。

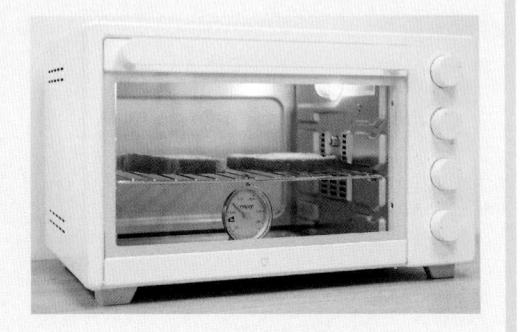

图 2-4　改良后的电烤箱

（4）功能逆向。

功能逆向是指从事物原有功能的相反方向去思考,以寻求解决问题的新途径的一种思维方法。例如保热与保冷、放音与留声等功能的转化。

### 案例 2-7

#### 电话与留声机

1877年,爱迪生在试验改进电话时,发现传话器里的音膜能随着声音的发出而发生有规律的振动。那么,能不能将振动转换成声音呢？依据功能逆向的思路,爱迪生发明出了人类历史上第一台会说话的机器——留声机（图 2-5）。

图 2-5　留声机

(5) 过程逆向。

过程逆向是指人们对事物从某一状态向另一状态的转变过程进行逆向思考,引发创造发明的一种思维方法。例如对动与静、正与反、吸风与吹风等的转化。

### 案例 2-8

#### 吸风式笔记本电脑散热器

对于相对密封的笔记本电脑来说,散热是一个很重要的问题。以人们过去的经验,起初的笔记本电脑的设计都是通过吹进冷空气消散来自热源体的热量。后来,人们逐渐发现吹风会带来很多不利的情况,如会将空气中的灰尘等吹进机体内部,从而降低电脑寿命。于是,工程师们转而采用吸风的方式,抽出笔记本电脑封闭空间中的热空气,同样达到了降温的目的(图 2-6)。

图 2-6　吸风式笔记本电脑散热器

(6) 对象逆向。

对象逆向是站在常规思维对象的对立面来研究和解决问题的一种思维方式。例如司马光砸缸的故事中的人离水与水离人等。

### 案例 2-9

#### 旋 转 焊 枪

在常规的焊接过程中,大多数情况是使焊接对象保持静止,焊工手持焊枪进行焊接作业。但针对管道等焊接对象作业时,由于管道呈圆形,焊接其下半部分时需要操作者仰视焊接,焊接质量不易控制。经过改进,工程师们采用变位机等装置,发明了旋转焊枪,使管道可以进行旋转(图 2-7),使焊工在焊枪保持不动的情况下,可以实现高质量焊接作业。

图 2-7　旋转焊枪

(7) 缺点逆用。

缺点逆用是指人们在发现某一事物的缺点后,不对缺点进行改进,而是从反面考虑如何利用这些缺点,做到"变害为利"的一种思维方法。例如将煤焦油从工业废料变为化工原料,将台风带来的雨水蓄积入水库等。

## 三、创新思考工具

创新思考工具可以帮助我们启迪思路,提出新设想。常见的创新思考工具有头脑风暴法、检核表法等。

### (一)头脑风暴法

#### 1. 头脑风暴法的内涵

头脑风暴法又称智力激励法、自由思考法,是由美国创造学家奥斯本提出的一种激发性思维方法。1939 年,美国 BBDO 广告公司创始人奥斯本为了激励员工表达多元意见,借以提升广告妙点子的数量,特别设计了"头脑风暴会议",把一群人聚集在一起,每个人都提供自己的想法,将其整合成"粗模"后,再不断加以修改、增减,直到产生大家都满意的成品。

头脑风暴法是指一群人围绕一个特定的话题进行无限制的自由讨论的方法,其目的在于激发出新观念和新设想。它体现了一种集体式的发散思维,是诱发与会者创新思考的工具。头脑风暴法是通过小型会议的组织形式,诱发集体智慧,相互启发,最终产生创造性思维成果的方法。此法经各国研究者的实践和发展,已经形成了一个发明技法群,包括奥斯本智力激励法、默写式智力激励法、卡片式智力激励法等。

#### 2. 头脑风暴法的规则

头脑风暴法是一个在短时间内,由一群人激发出大量构想的方法。其人数以 5 到 10 人最适当。产生的大量构想从充满巧思到愚蠢荒谬、稀奇古怪,应有尽有。采用头脑风暴法务必遵守四大规则。

(1) 畅所欲言。头脑风暴法倡导畅所欲言,但求量多,不求质优。任何意见都占有一席之地,包括好的、坏的、荒谬的、违反逻辑的或没有意义的,多多益善。

(2) 延迟批判。不管别人提出什么意见,都不加以批评或纠正,以免"把婴儿和洗澡水一起倒掉"。因此,要尽量避免对他人意见使用负面的评价语句。

(3) 相互启发。可以"搭顺风车",改良别人的意见。特别是当找不到新点子时,可根据他人的意见,顺水推舟,对其加以模仿、改良、联结。

(4) 愈奇愈妙。提出观点时可以天马行空,但求新奇,不求合理。敞开心胸,尽量"小题大做""语不惊人死不休"。因为观点愈多,就愈有挑选的空间,也就愈容易从中找到令人拍案叫绝的妙点子。

#### 3. 头脑风暴法的准备工作

(1) 角色分工。头脑风暴的有效开展依赖主持人、记录者和参会者的高效合作。主持人应事先产生,可视情况由具有决策权力者担任或由参会者共同推选。但应尽量排除具有过度权威或不苟言笑者。记录者可由主持人指定或由相关职位者担任,也可由参会者共同推选。参会者尽量包括专业及非专业人士。

(2) 会议内容准备。通常,主持人应事先做好会议的各项准备工作,包括准备好议题、预期目标、内容情境、讨论思路(根据问题维度及其要素预设讨论问题)、学习资料等。为了让参会者事先对议题有所了解,主持人应向大家提供经相关专家认可的学习材料。材料宜简短、不离题,避免详论细节,禁锢参与者的思维。

(3) 设备、文件准备。应选择安静、舒适的场所,以避免干扰。准备好电脑、投影仪等视听设备,以便及时记录和展示每一个意见。准备好会议所需的相关文件材料。

#### 4. 头脑风暴法的流程

(1) 厘清关键点。为避免议题流于空泛,可在会议正式开始前再次厘清议题的关键点,确认最终议题和讨论思路,以便对要解决的问题达成共识。例如对"如何让毕业典礼变得生动有趣"议题,应先厘清"毕业典礼"及"生动有趣"等关键词所指为何,然后重新表述关键词,确定最终议题和讨论思路。

(2) 开始头脑风暴。头脑风暴会议正式开始后,主持人首先要对所有参会者强调规则,然后按顺序引导参会者对问题进行逐个讨论。在会议过程中,主持人要设法鼓励大家围绕议题畅所欲言。如果有成员违反规则或表现欲、控制欲特强,主持人应及时制止。

会议过程中如果出现冷场,往往是气氛过于严肃所致,主持人应想办法让大家放松。设计一些互动环节及适时提问,可起到"暖场"作用。如针对"如何改变消费者习惯"这一议题,主持人可在一片沉寂时向大家提问:"什么产品能让人心动?""什么产品能让人大吃一惊?""什么产品会吸引人的注意力?""什么产品会让人失去信心?"暂时脱离议题,讨论一些似乎无关的事情,也是让会议氛围"解冻"的妙方。主持人可请参会者闲聊其他话题,让大家无压力发言,伺机激发联想。

(3) 建立清单。这是观念或设想的"收割"阶段,也是头脑风暴的目的所在。主持人首先对会议产生的所有观念、设想或方案进行整理、归类;然后引导参与者重新审视所有意见,并依序(如"列入考量""有待改善""暂时搁置")对其再次分类;建立清单,然后人手一张清单,对其加以评估后产生可行性方案。如果会上不能对清单中的设想或方案形成决议,可暂时休会。休会期间,参会者对清单上的内容再次审视、论证,并伺机召开第二次头脑风暴会议。

(4) 评估。重新启会后,由主持人引导,请参会者(可以是先前的所有参会者或另选出的专职小组)遵循已经拟定的评估原则(如成本区间、时间期限、合法性等)评估清单(可依"采用""修改""放弃"等分类),做出决议,并拟定策略,交付执行。

### (二) 检核表法

检核表法是利用一系列提问引导创新者围绕研究对象不断地进行多角度、大范围思考,以便产生大量设想,最终形成新方案的一种发明创造技法。首先要根据研究对象的特点列出规定问题,形成检核表;其次要对问题逐个核对讨论,从而形成解决问题的大量设想;最后通过评估形成新的解决方案。

奥斯本检核表法是最典型的一种检核表法。它规定了要检核的九个方面问题,如表2-1所示。

表 2-1 奥斯本检核表

| 序号 | 问题 | 发散思考 |
| --- | --- | --- |
| 1 | 能否他用 | 有无新的用途？有无新的使用方式？能否改变现有的使用方式？ |
| 2 | 能否借用 | 有无类似的东西？利用类比能否产生新观念？过去有无类似的东西？能否模仿？能否超过？ |
| 3 | 能否扩大 | 能否增加些什么？能否附加些什么？能否增加使用时间？能否增大频率、尺寸、强度？能否提高性能？能否增加新成分？能否加倍？能否扩大若干倍？能否放大？能否夸大？ |
| 4 | 能否缩小 | 能否减少些什么？能否密集、压缩、浓缩？能否微型化？能否缩短、变窄、去掉、分割、减轻？能否变成流线型？ |
| 5 | 能否改变 | 能否改变功能、颜色、形状、运动、气味、声音？是否还有其他改变的可能性？ |
| 6 | 能否代用 | 能否被代替？用什么代替？有何别的排列、成分、材料、过程、能源、音响、颜色、照明选择？ |
| 7 | 能否调整 | 能否变换？有无能互换的成分？能否变换模式、布置顺序、操作工序、因果关系、速度或频率、工作规范？ |
| 8 | 能否颠倒 | 能否颠倒正负、正反、头尾、上下？ |
| 9 | 能否组合 | 能否重新组合？能否尝试混合、合成、配合、协调、配套？能否把物体、目的、特性、观念加以组合？ |

检核表法几乎适用于一切领域的创造活动，被称为"创造技法之母"。检核表实际上是一张人为制定的从各个角度来启迪思路的分类提问表，它在很大程度上简化了我们的思维，并提高了思维的效率，是帮助人们提高思维灵活性和概括能力的有效方法，是发散思维的维度分析法的具体运用。它把众多创造性技法囊括于一体，既是提问法的发展，又是对以往发明创造经验的总结。

运用检核表法时要仔细、重复、深刻，不走过场。不必每问必答，也无须每答必用。检核表法既可用于个人研究，又可用于集体讨论。不过，检核表仅能提供一个大概的思路，还需与其他技法相结合，才能产生出好的想法。

利用检核表法，从检核项目的各个角度逐一思考、分析问题，会使人的思维更有条理，有利于比较系统和周密地思考问题，也有利于人们更为深入地分析问题，进而有针对性地提出更多有价值的设想。

微课06：创新方法之六项思考帽法

### 思考与练习

1. 说说头脑风暴法、检核表法与发散思维三者之间的关系。

2. 头脑风暴练习。

（1）任务名称：如何更好地开展贫困助学金的认定工作？

（2）任务内容：贫困生认定工作是高校开展贫困生资助的前提和基础。家庭收入认定、消费水平认定、学生讲、评议小组评等认定方法都存在可信度、有效度的问题，班级民主评议、公示审核、走访调查、违规惩罚及动态监控管理制度等存在缺乏连续性、多维性、全面性，评审模式不够完整、系统的问题。围绕如何更好地开展贫困助学金的认定工作，开展头脑风暴。

（3）任务要求：按照头脑风暴的四大规则和步骤要求完成任务。

# 任务二　开展创新创业实践活动

## 导入案例

### "全周期"创新创业训练助力项目结硕果

扬州工业职业技术学院构建了"全周期"的创新创业训练体系，旨在培养学生的创新创业实践能力，孵化创新创业团队。学校依托专创融合课程、"双创月"和创新社团等载体实施"种子计划"，让学生在感知、体验中生成创新创业的"种子"，选出优秀项目参加"发明杯"大赛；依托专业创新工作坊和创客空间等载体实施"青苗计划"，让学生在创新训练中将"种子"培育成"青苗"，选出优秀项目参加"挑战杯"大赛；依托"一园四区多空间"大学生创业园和"百万创业雏鹰基金"等载体实施"硕果计划"等，支持创业项目孵化，让"青苗"结出"硕果"，选出优秀项目参加"互联网+"创新创业大赛。

智紧王防松螺母创新团队经历了机械创新社团兴趣的培养、大学生创新创业训练计划的培育、专业创新工作坊的样品成型、大学生创业园的孵化等创新创业实践过程，项目持续优化，团队不断成长，最终获得全国高职院校"发明杯"创新大赛、全国大学生"挑战杯"创新创业大赛、中国国际"互联网+"大学生创新创业大赛一等奖，并实现了落地孵化。项目负责人赵奕淳同学被人社部授予"全国青年岗位能手"称号。

案例点评：创新创业教育是一种面向未来的教育，其核心是让我们拥有创造性解决问题的能力。这意味着创新创业教育本质上是实践教育，我们要在实践中培养创新意识、创新精神和创新创业能力。离开了实践，创新创业教育无异于纸上谈兵。扬州工业职业技术学院把创新创业实践作为创新创业教育的重要延伸，构建了"种子—青苗—硕果"的创新创业实践体系，在每个环节建载体、设平台，让创新创业教育落到实处，让创新创业的种子生根发芽、开花结果。

我们正处在一个"乌卡"（vuca）时代，易变性（volatility）、不确定性（uncertainty）、复杂性（complexity）、模糊性（ambiguity）是这个时代的特征。科技革命、互联网浪潮、经济危机、地区冲突、全球化带来的社会变化等因素的共同作用形成了"乌卡"的时代特征。

以创新为核心的创业教育被联合国教科文组织称为"第三本教育护照",被赋予了与学术教育、职业教育同等重要的地位。第一本是学术性的"教育护照"——反映其学术能力;第二本是职业性的"教育护照"——反映其职业能力;第三本是创业性的"教育护照"——证明其事业心和开拓技能。创业教育并不等于创建企业的教育。面对未来的不确定性,我们要做的就是"变化"。创新创业教育是面向未来的教育,培养的是适应未来世界需要的创新型人才。

"纸上得来终觉浅,绝知此事要躬行。"作为新时代青年,让我们现在就行动起来吧!

## 一、职业院校学生参加创新创业实践活动的意义

在这个时代,机遇处处都是,竞争无比激烈。21世纪是一个靠脑力决胜负的时代,一个国家、一个人若要拥有强大的竞争力,想要在激烈的竞争中脱颖而出,最需要仰仗的就是强大的创造力和强烈的开拓精神。创新创业教育是培养面向未来的创新型人才的教育。职业院校学生应积极投身创新创业实践,将个人成长融入国家发展,将个人梦想融入祖国梦想,做新时代的筑梦人。职业学校学生参加创新创业实践活动,对国家、学校和个人都有重大意义。

### (一) 国家层面

#### 1. 建设创新型国家的需要

职业院校学生参加创新创业实践活动是将个人梦想融入中国梦的途径。党的二十大报告指出:"教育、科技、人才是全面建设社会主义现代化国家的基础性、战略性支撑。必须坚持科技是第一生产力、人才是第一资源、创新是第一动力,深入实施科教兴国战略、人才强国战略、创新驱动发展战略,开辟发展新领域新赛道,不断塑造发展新动能新优势。"

#### 2. 推动产业转型升级的需要

职业院校学生参加创新创业实践活动是将个人发展融入产业发展的途径。党的二十大报告指出:"当前,世界百年未有之大变局加速演进,新一轮科技革命和产业变革深入发展,国际力量对比深刻调整,我国发展面临新的战略机遇。""加强企业主导的产学研深度融合,强化目标导向,提高科技成果转化和产业化水平。"让享誉全球的"中国制造"从"合格制造"走向"优质制造""精品制造",需要以科技创新为支撑,需要以技能型创新人才的培养为基础。

### (二) 学校层面

#### 1. 提升人才培养质量的需要

高技能人才是推动企业高质量发展、技术革新和创新成果转化不可缺少的重要力量。创新精神与创新能力已成为新时代高技能人才的必备素质。职业院校面向市场和产业办学,是培养技能型创新人才的"主阵地"。技能型创新人才是创新人才链的重要组成部分,是支撑中国制造、中国创造的重要力量,是连接技术创新与生产实践最核心、最基础的劳动要素。

#### 2. 提升就业创业质量的需要

职业院校重点培养岗位创新创业人才,兼顾培养实体创业者,为学生未来在工作岗位

上创新创业赋能,为学生高质量实体创新创业赋能,从而促进毕业生高质量就业和创业。引导学生结合专业,开展师生共创,催生出一大批科技创新企业,发挥高质量创业对就业的倍增效应和带动作用。

### (三) 学生层面

#### 1. 面向未来生活的需要

科技日新月异,社会瞬息万变,问题层出不穷,只有不断更新观念,创造性学习和工作,才能迎接未来不确定性的挑战。职业院校开展创新创业教育,并不是要让每个学生都能够开发出一种新技术、推出一种新产品、创造一种新模式,而是以想象力和创造力开发为核心,培养学生的创新思维,提升学生的创新能力,最终使学生具有创造性解决问题的能力,成为有创意的生活专家。

微课07:创业者应具备的素质和能力

#### 2. 适应未来工作的需要

创新创业教育是一种素质教育,它以培养具有创业基本素质和开创性个性的人才为目标。创新创业实践是一种复杂的社会劳动,几乎囊括了未来人才需要的所有素养,其核心素养是自主学习能力和开拓创新能力。在高速发展的21世纪,信息量呈指数增长,新技术不断革新,社会挑战复杂多变。面对未来的不确定性,创新创业教育可以培养学生适应未来社会发展的必备素质。

21世纪的工作、学习和公民责任要求人人具备思考能力,能推理、分析、判断、解决问题,并能和别人有效沟通。这些已经不只是社会精英才需要掌握的能力,而是所有人必备的基本生存能力。这些能力都能通过创新创业学习和实践获得。

## 二、职业院校创新创业实践活动

### (一) 参加创新创业类社团

创新创业类社团是培养学生创新意识、创新精神、创新创业能力的群团组织。在学生社团分类中,创新创业类社团多数属于学术科技类社团,主要包括:① 专业类创新社团,如机器人社团、无人机社团、人工智能社团、ERP沙盘社团等;② 社会实践类创新社团,如老龄化研究社团、大运河保护社团、乡村振兴社团等;③ 发明创造类社团,如创新发明社团、TRIZ创新方法研究社团等;④ 创业训练或实践类社团,如KAB俱乐部、电商创业社团、新媒体创业社团等;⑤ 创业服务类社团,如知识产权服务社团、初创企业财务服务社团等。大学生创新创业协会一般直属于学校创新创业管理部门,是学校中最大的创新创业综合服务社团,协助学校开展各类创新创业活动和指导服务工作。

创新创业类社团依托学校专业平台、科研平台、创新创业平台、产学研合作平台等载体和资源,为学生开展创新研究、创业实践提供重要支持。建议职业院校学生在校学习期间,至少参加一个创新创业类社团,积极参与社团活动,提升自身的专业实践能力和创新创业实践能力。

### (二) 聆听创新创业讲座

创新创业讲座主要以报告会、沙龙、训练营、线上会议等方式进行,主讲专家包括成功企业家、优秀创业校友、技能技艺大师、学术专家、创新创业教育专家等。学校的创新创业讲座内容丰富、类型多样,从内容上可分为创新、创业启蒙类,发明创造指导、训练类,项目、大赛辅导类,团队、企业管理类等。

建议职业院校学生在校学习期间,每学期至少聆听一次创新创业讲座,从讲座中了解科技前沿、学术动态、行业发展、创新创业知识、成功经验等,在讲座中体会思想的火花式碰撞,达到学习知识、拓宽视野、发散思维的目的。

### (三) 申报创新创业训练或研究类项目

职业院校创新创业训练或研究类项目一般是省、市教育主管部门立项或由学校自筹设立的,旨在推动职业院校学生开展创新创业实践。其一般可分为三类。

(1) 创新(研究)训练项目。学生个人或团队在教师指导下,完成研究项目设计、研究条件准备、项目实施、报告撰写、成果交流等工作。研究项目来源包括专业学习拓展、个人兴趣延伸、教师科研(子)项目、产学研合作项目等。

(2) 创业训练项目。在教师指导下,团队中每名学生在项目实施过程中扮演一个或多个角色,完成可行性研究、商业计划书编制、企业模拟运行、创业报告撰写等环节的工作。

(3) 创业实践(实战)项目。创业团队在教师指导下,根据专业研究、创新训练等过程中产生的研究成果,创造出具有市场前景的创新性产品或服务,并以此为基础开展创业实践活动。

建议职业院校学生在校学习期间至少参与一个创新(研究)训练项目,在教师指导下,参与技术改进、产品开发、工艺革新、模式创新、社会调研、公益实践等活动,其中发明创造团队完成项目设计、社会调研、作品制作、应用测试、材料撰写等环节工作,社会调研或公益实践团队完成项目设计、社会调研、实践锻炼、报告或论文撰写等环节工作,在实践中学新知、长才干、增本领。

### (四) 撰写学术论文或申请专利

对职业院校学生来说,学术论文或专利文件是对专业研究、创新训练、创业实践等过程中所产生成果的书面固化。学术论文是对某一学术课题在实验性、理论性、预测性等方面产生的新的科学研究成果或创新见解和知识的科学记录,或是对将某种已知原理应用于实际取得新进展的科学总结。专利是发明创造的首创者所拥有的受保护的独享权益,分为发明专利、实用新型专利和外观设计专利三种类型。

建议职业院校学生在校学习期间,在参与专业研究、创新创业实践活动的基础上,撰写学术论文、申请专利,进一步固化研究成果。通过撰写学术论文,提升理论水平和研究能力;通过申请专利,树立知识产品保护意识,掌握专利申请的相关知识。

### (五) 参加创新创业类大赛

对职业院校学生来说,创新创业类大赛是展示创新创业实践成果的平台,是推动项目成果落地转化的平台,参加大赛是响应"大众创业、万众创新"时代号召的重要举措。职业院校学生可以参加的创新创业类大赛有:全国高等职业院校"发明杯"大学生创新创业大赛,该大赛旨在培养学生的专业创新实践能力和发明创造能力;"挑战杯"全国大学生课外学术科技作品竞赛,该竞赛旨在培养学生的学术科研能力;"挑战杯"全国大学生创业计划竞赛,该竞赛旨在推动有创新创业想法的学生制订创新创业计划并投身创新创业实践;中国国际"互联网+"大学生创新创业大赛,这是国内规格最高的大学生创新创业赛事;等等。

建议职业院校学生在校学习期间，至少参加一次校级创新创业类大赛，以赛促学，在创新创业实践和大赛中增长智慧才干，坚定执着追理想，实事求是闯新路，把激昂的青春梦融入伟大的中国梦，努力成长为德才兼备的有为人才。

### 三、获取创新创业信息、服务与资源的途径

#### （一）创新创业教育主管部门

职业院校的创新创业教育工作一般由学工处、招生就业处、团委等部门兼管，或由专门的创新创业部门牵头负责。创新创业教育主管部门会面向学生开展丰富多彩的创新创业实践，如举办创新创业培训、指导创新创业社团、开展创新创业活动、遴选创新创业项目、建设创新创业园区、发布创新创业政策、设立创新创业基金、做好咨询辅导、对接创业资源、举办创新创业大赛等。

#### （二）教学管理部门

学校有相应的教学管理部门，如教务处负责创新创业教育教学改革，主要包括创新创业教学管理、课程教材管理、创新创业实训建设等。

#### （三）科研管理部门

科研管理部门，如科技产业处负责师生的学术论文、发明专利和科研项目管理，负责制定政策，支持师生的科技成果转化和科技项目孵化等。

#### （四）校企合作部门

校企合作部门，如校企合作处负责协调学校的对外联络、交流与合作，负责开拓校地、校企合作资源，搭建合作平台，为师生的创新创业实践提供资源和平台保障。

#### （五）院系团学部门

院系团学部门负责落实学校创新创业教育的各项任务，院系创新创业社团的日常管理，院系创新创业活动、社会实践的组织开展，院系创新创业项目的培育和遴选，院系创新创业大赛的报名、组织工作，是学校创新创业活动发布、对接与咨询的基层窗口。

#### （六）其他途径

学生可直接从上述部门获取创新创业服务，也可通过其他途径获取创新创业信息，如学校创新创业服务窗口、创新创业主管及相关部门网站、创新创业微信公众号、校内公告栏等，还可以主动与学校创新创业管理人员、院系团学部门老师、班主任及专业课教师等联系，以便获取更多的创新创业信息、服务与资源。

## 思考与练习

1. 为自己制订在校学习期间参加创新创业实践活动的总体计划。
2. 参加百元创新创业体验活动。
（1）活动主题：打破常规思维，挑战无限可能。
（2）活动内容：进行分组，每4～5人一组，教师给每组一个装有100元的信封作为启动资金，各组需要在4个小时之内，利用这100元赚到尽量多的钱。

（3）活动流程：① 每个小组都有几天时间思考如何完成挑战，完成活动方案，并发送至教师邮箱；② 挑战完成后，各小组将本组的挑战过程与成果整理成文档，发送至教师邮箱；③ 开展项目路演，每个小组用三分钟向全班同学展示他们的创业成果和执行细节。

（4）注意事项：① 各小组应以合理、正当的形式开展活动，获得盈利，不得有虚假交易、恶意竞争等不正当行为；② 不得额外增加启动资金；③ 比赛结束后，教师收回100元本金，剩余盈利及物资归参赛队伍所有。

# 项目三

# 踏上创业之路

## 学习目标

（1）了解创业机会的特征、类型和来源，认知创业环境，认识商业模式及其设计工具，以及职业院校学生可以选择的创业模式。

（2）能够识别、建构、评估创业机会并做出恰当选择，熟练运用 PEST 模型、波特五力模型、SWOT 模型及精益创业画布等工具进行科学决策，提高把握创业机会的能力。

（3）在日常学习、生活中不断磨炼创业的悟性、灵感和警觉性，养成运用工具科学分析影响创业机会的因素的习惯，养成在做出决策前开展市场调研的习惯，提高个人的创业素养。

# 踏上创业之路

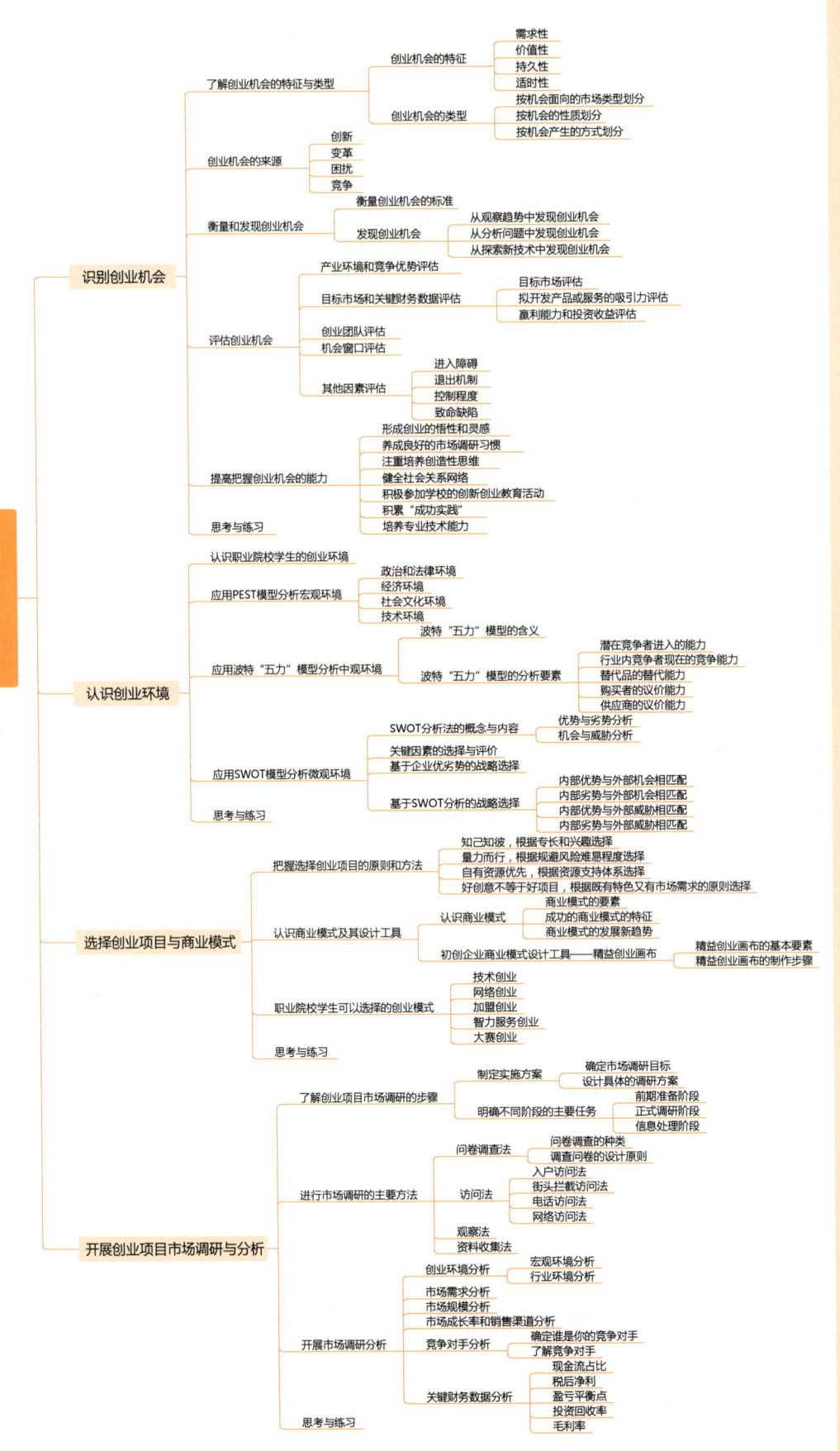

- 识别创业机会
  - 了解创业机会的特征与类型
    - 创业机会的特征
      - 需求性
      - 价值性
      - 持久性
      - 适时性
    - 创业机会的类型
      - 按机会面向的市场类型划分
      - 按机会的性质划分
      - 按机会产生的方式划分
  - 创业机会的来源
    - 创新
    - 变革
    - 困扰
    - 竞争
  - 衡量和发现创业机会
    - 衡量创业机会的标准
    - 发现创业机会
      - 从观察趋势中发现创业机会
      - 从分析问题中发现创业机会
      - 从探索新技术中发现创业机会
  - 评估创业机会
    - 产业环境和竞争优势评估
    - 目标市场和关键财务数据评估
      - 目标市场评估
      - 拟开发产品或服务的吸引力评估
      - 赢利能力和投资收益评估
    - 创业团队评估
    - 机会窗口评估
    - 其他因素评估
      - 进入障碍
      - 退出机制
      - 控制程度
      - 致命缺陷
  - 提高把握创业机会的能力
    - 形成创业的悟性和灵感
    - 养成良好的市场调研习惯
    - 注重培养创造性思维
    - 健全社会关系网络
    - 积极参加学校的创新创业教育活动
    - 积累"成功实践"
    - 培养专业技术能力
  - 思考与练习

- 认识创业环境
  - 认识职业院校学生的创业环境
  - 应用PEST模型分析宏观环境
    - 政治和法律环境
    - 经济环境
    - 社会文化环境
    - 技术环境
  - 应用波特"五力"模型分析中观环境
    - 波特"五力"模型的含义
    - 波特"五力"模型的分析要素
      - 潜在竞争者进入的能力
      - 行业内竞争者现在的竞争能力
      - 替代品的替代能力
      - 购买者的议价能力
      - 供应商的议价能力
  - 应用SWOT模型分析微观环境
    - SWOT分析法的概念与内容
      - 优势与劣势分析
      - 机会与威胁分析
    - 关键因素的选择与评价
    - 基于企业优劣势的战略选择
    - 基于SWOT分析的战略选择
      - 内部优势与外部机会相匹配
      - 内部劣势与外部机会相匹配
      - 内部优势与外部威胁相匹配
      - 内部劣势与外部威胁相匹配
  - 思考与练习

- 选择创业项目与商业模式
  - 把握选择创业项目的原则和方法
    - 知己知彼,根据专长和兴趣选择
    - 量力而行,根据规避风险难易程度选择
    - 自有资源优先,根据资源支持体系选择
    - 好创意不等于好项目,根据既有特色又有市场需求的原则选择
  - 认识商业模式及其设计工具
    - 认识商业模式
      - 商业模式的要素
      - 成功的商业模式的特征
      - 商业模式的发展新趋势
    - 初创企业商业模式设计工具——精益创业画布
      - 精益创业画布的基本要素
      - 精益创业画布的制作步骤
  - 职业院校学生可以选择的创业模式
    - 技术创业
    - 网络创业
    - 加盟创业
    - 智力服务创业
    - 大赛创业
  - 思考与练习

- 开展创业项目市场调研与分析
  - 了解创业项目市场调研的步骤
    - 制定实施方案
      - 确定市场调研目标
      - 设计具体的调研方案
    - 明确不同阶段的主要任务
      - 前期准备阶段
      - 正式调研阶段
      - 信息处理阶段
  - 进行市场调研的主要方法
    - 问卷调查法
      - 问卷调查的种类
      - 调查问卷的设计原则
    - 访问法
      - 入户访问法
      - 街头拦截访问法
      - 电话访问法
      - 网络访问法
    - 观察法
    - 资料收集法
  - 开展市场调研分析
    - 创业环境分析
      - 宏观环境分析
      - 行业环境分析
    - 市场需求分析
    - 市场规模分析
    - 市场成长率和销售渠道分析
    - 竞争对手分析
      - 确定谁是你的竞争对手
      - 了解竞争对手
    - 关键财务数据分析
      - 现金流占比
      - 税后净利
      - 盈亏平衡点
      - 投资回收率
      - 毛利率
  - 思考与练习

## 任务一　识别创业机会

### 导入案例

**全锐科技:"专创融合"开启创业路**

苏州经贸职业技术学院服装设计专业毕业生卜飞全曾获得第八届中国国际"互联网+"大学生创新创业大赛金奖,获评2021年度苏州市十大"青年创业标兵"。在校学习期间,他热爱所学专业,练就突出技能,综合表现优秀。他积极参加学校组织的创新创业课程和活动,逐渐表现出了对创业的兴趣。毕业前的岗位实习阶段,他选择在苏州虎丘婚纱城公司服装助理岗位上实习,不断提升产品质量把控能力,熟悉了服装的生产与制造。毕业后,他选择了一家服装制造软件设备公司工作,始终瞄准纺织服装行业发展,围绕个人和企业发展需求拓展自己的专业知识,积累经验,不断寻找创业机会。他积极研发适合国内服装企业的智能设备,生产出了性价比高的智能服装裁剪设备。2017年,他创建了全锐智能科技发展(苏州)有限公司,集研发、生产、销售于一体,并装备了全自动智能裁剪柔性生产线。

案例点评:卜飞全在校期间通过参加校内活动培养自己结合专业开展创新创业的意识,初步具备了识别创新创业机会的能力,并在岗位实习期间和毕业后的工作中提高这种能力。他在毕业之后并没有急着创业,而是选择在自己熟悉的专业领域边工作边学习,同时观察产业结构的变化、行业发展的趋势,评估了商机、创意、资源、能力要素后,才走上了成功创业的道路。

### 一、了解创业机会的特征与类型

创业是基于市场需求的市场驱动行为。创业机会就是因亟待满足的市场需求而形成的,推出为购买者或使用者创造或增加使用价值的产品或服务,满足市场需求以获取经济收益的商业机会。创业机会、创业团队和创业资源被称为创业的三大关键要素。创业机会是创业活动的基础,商机、创意、资源、能力等条件的成熟与否直接影响创业者的机会识别活动,当其处于匹配的状态时,对特定的创业团队而言,相应的商机才能够被称为创业机会。

#### (一)创业机会的特征

**1. 需求性**

创业机会存在的前提是存在现实或潜在的市场需求。对顾客而言,创业机会能满足其未得到有效满足的需求或能解决其普遍遇到的问题。当产品或服务推出后,目标消费者就会购买。

### 2. 价值性

对创业者而言，在满足顾客需求的同时能够为自己带来经济收益的创业机会才具有商业价值。选择符合社会发展趋势的有价值的创业机会容易获得创业的成功。

### 3. 持久性

只有市场需求具备持久性、成长性，才有相对足够的时间供创业者完成从商业创意的产生到具体产品和服务面市的转变，否则，市场需求在机会开发期已被其他企业的产品、服务所满足，创业可能会面临失败。

### 4. 适时性

创业机会是一组有利条件的组合，存在于一定的时间段内，并随着市场供需、竞争对手、市场环境和政策环境等产生创业机会的客观条件的变化而消逝。把握创业的最佳时机，即在"机会窗口"时间内率先开发出相应的产品或服务并推向市场，才能抢占先机。

## （二）创业机会的类型

创业机会的类型划分可以从机会面向的市场类型、机会的性质和机会产生的方式三个角度来进行。

### 1. 按机会面向的市场类型划分

按机会面向的市场类型，可将机会划分为以下类型。

（1）表面市场机会与潜在市场机会。由那些明显没有被满足的市场需求产生的机会是表面市场机会，而由隐藏在现有需求后面的未被满足的市场需求产生的机会是潜在市场机会。

（2）行业市场机会与边缘市场机会。出现在企业特定经营领域内的市场机会称为行业市场机会。在不同企业的交叉与结合部分出现的市场机会称为边缘市场机会。例如，药膳食品是把医疗同食品结合起来产生的市场机会，属于边缘市场机会。

（3）目前市场机会与未来市场机会。目前市场机会是那些在目前的环境变化中出现的机会。未来市场机会是那些在目前的市场上并未表现为大量需求，仅仅表现为一部分人的消费意愿，但市场研究和预测分析显示它将在未来某一时期内实现的市场机会。二者的差异在于时间先后顺序和从可能转变为现实的客观条件是否具备。如果有企业提前预测到未来市场机会将在某一时间出现，从而早做准备，就缩短了从发现有利的市场机会到使产品进入市场的时间，可以在这种市场机会到来时将产品及时推向市场，获得领先优势。

（4）全面市场机会与局部市场机会。全面市场机会是在大范围市场（如国际市场、全国市场）中出现的未被满足的需求。局部市场机会是在局部市场（如某个省或某个特定地区）中出现的未被满足的需求。对于一个企业来说，区分这两种市场机会非常有必要。一个企业所处的外部环境，既受到作用于整个市场的一般因素的影响，又受到只作用于该区域的相关因素的影响。因此，这种区分可以使企业少犯教条主义或主观主义的错误。

### 2. 按机会的性质划分

（1）问题型机会是由于一些问题的存在而产生的机会。大量机会的产生都是由问题引发的，如消费者买不到好产品的问题，为那些能生产优质产品的企业提供了机会；现有企业生产效率低的问题,为那些能高效率生产的新创企业提供了机会。

(2)趋势型机会是指通过观察、分析未来的发展趋势而找到的机会。未来的发展趋势中蕴藏着大量的机会。例如,很多创业者意识到我国的老龄人口将不断增多,并且老年人越来越重视生活品质,从而专注于高品质养老产品的研究与开发。

(3)组合型机会是指通过组合不同的技术、产品或服务等要素而产生的机会。有时,通过组合不同的要素可以产生更好的效果,从而萌生出新的机会。例如,瑞士军刀是组合了剪刀、平口刀、开罐器、镊子和圆珠笔等众多产品而形成的。

#### 3. 按机会产生的方式划分

(1)发现型机会是指创业者通过系统搜寻或意外发现而找到的机会。

(2)建构型机会是指创业者在充分分析市场、消费者等要素的基础上建构出来的机会。

(3)发现+建构型机会则兼具发现和建构的成分。

## 二、创业机会的来源

创业机会无处不在、无时不在,不妨从以下四个方面去寻找它的踪迹。

### (一)创新

世界产业发展的历史告诉我们,几乎每一个新兴产业的形成和发展都是技术创新的结果。产业的变更和产品的迭代升级既满足了顾客需求,又带来了前所未有的创业机会。创业者如果能够跟踪产业发展和产品迭代升级的轨迹,进行技术创新,就能够不断找到新的发展机会。

首先是创造新产品、新技术。技术变革和新技术的出现可以让创业者去做之前不可能做到的事情,或者以更加有效的方式去做之前想做而受当时技术局限而做不成的事情,更好地满足了顾客的需求,也改变了企业之间的竞争模式,使得创办新企业的机会大大增加。例如,网络电话协议技术的出现使得传统的资本密集型的电话业务转化成为一种只需要少量资金就可开展的业务,以让创业者的信息获取更加及时,沟通更加便捷、有效,成本更加低廉。

其次是追随新趋势、新潮流。例如,伴随着电子商务、绿色食品、环保科技等新趋势、新潮流的发展,会出现很多待开发的创业机会。

最后是创造新服务和新的消费习惯等,如开发新的服务体系和培训体系。即使你不是创新者,你也可以成为推广新产品和提供新服务的人,从而给自己带来新的商机。

### (二)变革

变化中常常蕴藏着商机,许多创业机会产生于不断变化的市场环境中。这种变化可能是政府政策的变化、社会和人口结构变革、产业结构调整等,也可能是消费结构升级、城市化加速,甚至是人们思想观念的变化。

(1)政治和制度变革。政治和制度变革破除了过去的禁区和障碍,将价值进行转移,或者创造了更大的价值。新政策的出台往往会引发新的商机,如果创业者善于研究和利用政策,就能抓住商机,站在潮头。如国家实施乡村振兴战略,涉及农村、农业、农民的产业板块必定成为创业首选;环境保护和治理政策出台,会将那些污染严重、对环境破坏大

微课08:创业机会的来源

的企业的资源转移到推进生态文明建设的企业手中。创业者还可以在产业链上下游的延伸中寻找商机。

(2) 社会和人口结构变革。社会和人口结构的变革意味着市场需求、消费结构等方面的变化，可以通过改变人们的偏好和创造以前并不存在的需求来创造大量的机会。例如，随着经济发展水平的不断提高，人们越来越追求生活的质量，将更多的收入投入到旅游、娱乐等方面，这极大地促进了旅游、娱乐等事业的发展。

(3) 产业结构变革。企业的消亡或企业间的吞并等原因使行业结构发生变化，会改变产业中的竞争状态，进而形成或消灭创业机会。例如，垄断企业的消亡可能为小微企业的发展带来机遇。另外，产业融合、新兴产业的出现也会为创业者带来大量创业机会。例如，通信业和IT业的融合催生了大批新企业。个人计算机产业出现时，曾产生大量的上下游产品与服务的相关创业机会。

(4) 消费结构升级。例如，随着居民消费水平的提高，私人轿车的拥有量不断增加，派生出了汽车销售、维修、配件、装潢、二手车交易、陪驾等诸多上下游的创业机会。

### (三) 困扰

寻找创业机会的一个重要途径是发现和体会自己和他人在需求方面的问题或生活中的难处。例如，双职工家庭没时间买菜，就有了送菜的公司和生产净菜的公司；没时间搞卫生，但又没有多余的房间给保姆住，就有了家政公司；等等。这些都是把困扰转化为创业机会的成功案例。

### (四) 竞争

竞争看似残酷，却也蕴含着无限商机。有时候，我们不妨看看我们的竞争对手，你能比他们更快、更可靠、更便宜地提供产品或服务吗？你能做得更好吗？若能，也许你就找到了机会。

## 三、衡量和发现创业机会

识别创业机会是一个不断调整、反复、均衡的过程。机会的识别过程中，机会的潜在预期价值及创业者的自身能力得到反复的权衡，创业者对创业机会的战略定位也越来越明确。

### (一) 衡量创业机会的标准

一个好的创业机会必须是能够实现的，需符合以下标准。

(1) 真实的需求。那些具有购买力和购买欲望的消费者有未被满足的需求。

(2) 能够收回投资。通过合适地定价，在承担风险和努力工作之后，机会可以带来回报和收益，确保企业的可持续发展。

(3) 具有竞争力。消费者认为购买你的产品或服务能够比购买其他产品或服务获得更多的价值(可能是物质上的，也可能是精神上的)。

(4) 能实现目标。该机会能满足创业者对于自我的期望和抱负，包括在物质利益上的期望。

(5) 具备资源和能力。创业者已经具备了必要的资源和能力，同时，此创业机会是现行的法律法规所允许的。

### （二）发现创业机会

创业难，发现和识别创业机会更难。通过总结创业者的创业实践和经历，他们的一些发掘创业机会的做法，可以为我们提供参考和借鉴。

微课09：创业机会的挖掘方法

#### 案例 3－1

#### "卖故事"的农产品店

上海信息技术学校学生小张毕业后开了家农产品店，继而又开办了"绿悠悠"电子商务网站，这是首批蔬菜农作物"网上超市"之一。

小张学的是计算机专业。毕业那年，他集结同学中的"电脑高手"组建了学校第一间"设计工作室"，当时接洽了几宗"大生意"，帮索尼等企业制作官方网站。毕业后，他开了家IT公司，从事广告设计。在和朋友"思想碰撞"后，小张做了小型的市场调查，发现当时在淘宝等电子商务网站上，农产品还是个空白点，因为它的网上购物人群还没形成。家庭中买菜的多以老人为主，他们不是网络购物的主力消费者。于是，小张把创业范围缩小到有机蔬菜领域，将客户定位为白领家庭。小张投资30万元，开了一家"绿悠悠"农产品店。

一次市场考察中，江西农业局一位负责人向他介绍，他们那儿的鸡蛋壳是绿色的，更有营养。土鸡中极少有产绿壳蛋的，人们多将其留给孩子和老人食用，认为它能提高小孩的免疫力，治疗老人的头晕目眩等疾病。小张听后顿受启发：现在卖东西都是卖商品，我能不能"卖故事"？

返回后，小张将店里的几十种商品一一归类，从网上搜集了从产地到用途等各种信息，编成一个个"产品故事"，教消费者怎样从颜色、大小、形状等细节上分辨农产品的好坏。赋予商品故事后，消费者的认可度马上提高了不少，两个月后销售额就突破了40万元。在小张的店里，商品旁边有五颜六色的"故事牌"，方便消费者挑选适合自己的种类。

（资料来源：王涛，严光玉，刘丽华.创新创业实践能力训练[M].上海：上海交通大学出版社，2016）

创业，是"创新"，也是"创心"，心境决定眼界和未来。只要我们留心观察生活中被人忽略的细节，善于思考，就能发现身边的创业机会。

**1. 从观察趋势中发现创业机会**

趋势变化是创业机会的重要来源。观察、分析趋势变化，有助于创业者识别和把握创业机会。只有符合经济发展、社会力量发展、技术进步和政治体制变革趋势的机会，才是我们需要的创业机会。顺应经济社会发展的趋势有助于保证创业方向的正确性，迎合变革，有助于创业者找到新的突破点。

（1）在产业与市场结构变迁的趋势中发现市场机会。可以通过观察、分析经济发展状况、人们的可支配收入、消费者的消费方式等发现机会。例如，在国营事业民营化并与公共部门产业的开放市场主体自由竞争的趋势中，我们可以在交通、电信、能源产业中发掘出极多的创业机会。

（2）在社会发展趋势中发现社会机会。可以通过观察、分析社会与文化发展趋势、人口统计变化趋势、人们的流行观点变化趋势等发现和识别机会。例如，分析人口统计资料的变化趋势可以发现，我国人口老龄化的趋势十分明显，预示着未来我国养老产业的发展充满机会。

（3）在新知识、新技术的进步趋势中发现技术机会。可以通过观察、跟踪新技术的出现和商业化、新兴技术的发展、原有技术的新用途的出现等发现机会。例如，当人类基因图像问题获得解决，必然会在生物科技与医疗服务等领域带来极多的机会。

（4）在政治和体制变革趋势中发现政策机会。通过观察、分析，可以发现因政策变化产生的机会。比如国家倡导新兴产业发展、加强环保和生态保护等都会带来机会。

#### 2. 从分析问题中发现创业机会

> **案例 3－2**
>
> ### 在与客户交流中发现市场需求
>
> 苏州经贸职业技术学院毕业生卜飞全在创业之初的3年内，通过与大量国内服装客户交流发现，在服装定制领域最为关键的裁剪步骤中，存在因原材料裁剪、样板尺寸修改而产生大量人工浪费，导致效率低下的困境。他又调研了现有服装企业裁剪设备的市场现状，发现大型服装企业使用的国外设备非常昂贵，但在行业内，中小型服装企业居多，无法承受购买设备的巨额开支。于是他瞄准研发适合国内服装企业的智能设备，最终提出了产品设备和软件匹配的一体化服装裁剪解决方案。卜飞全找准了行业发展的"痛点"和客户的真实需求，选择了大企业不在意的细分市场，挖掘智能裁剪市场的空白，发现了自己的创业机会。

解决社会、经济发展中的问题，是发现创业机会的重要方式。进行问题分析，首先要找出个人或组织所面临的问题，这些问题既可以是消费者的需求没有得到很好的满足，又可以是市面上的产品存在缺陷；其次，针对这些问题提出有效的解决方案，只有问题，没有合适的解决方案，就不能形成机会。

（1）在分析矛盾现象中发现创业机会。例如，金融机构提供的服务与产品大多只针对专业投资大户，占有市场七成资金的一般投资大众却未受到应有的重视。这样的矛盾显示，提供为一般大众投资服务的产品必将极具市场潜力。

（2）在分析特殊事件中发现创业机会。可以分析特殊事件，发现市场结构产生的变化，改变投资重点以快速适应市场需求。

（3）在分析业务程序中发现创业机会。例如，在全球生产与运筹体系流程中，可以发掘出极多的信息服务与软件开发的创业机会。

（4）在收集顾客建议中发现创业机会。在使用产品或服务的过程中，当产品或服务水平低于顾客的心理预期时，顾客往往会对产品或服务提出一些建议或抱怨，创业者应积极听取、认真对待并及时做出反应。

（5）在弥补对手缺陷中发现创业机会。如果能及时抓住竞争对手策略中的漏洞而大做文章，或许就能比竞争对手更快、更可靠、更便宜地提供产品或服务。为此，创业者应追踪、分析和评价竞争对手的产品和服务，找出现有产品存在的缺陷，有针对性地提出改进方法，形成创意，开发出具有潜力的新产品或新功能，成功创业。

### 3. 从探索新技术中发现创业机会

（1）在产生创造与创意中发现创业机会。创造在新技术行业中最为常见。它可能始于拟满足的市场需求，也可能始于新技术发明。通过创造获得机会比其他方法的难度更高，风险也更大，但如果成功，其回报也更大。创意也是创业机会的主要来源。从创意中寻找创业机会，看到机会、产生创意并发展出清晰的商业概念意味着创业者识别出了机会，并把创意发展为可以在市场上进行检验的商业概念。

（2）在改变产品功能中发现创业机会。可以通过扩展产品功能、组合不同的功能、细化产品功能、重新定义产品功能等方法获得创业机会。例如，多功能消防锤不仅具有敲击的功能，而且具有割绳、警示、手电筒、磁力和鸣笛等众多功能，强调功能的合理配置和结构的节约性。

## 四、评估创业机会

完整的机会识别过程还包括对发现的机会进行评估，如果缺乏对机会的有效评估，未对风险进行充分认识，那么围绕这一机会开展的创业活动可能会遭受重大损失。因此，对创业机会进行评估是无论如何都不能忽略的。

### （一）产业环境和竞争优势评估

你周围的政治、法律、经济、社会和技术环境是否有利于创业？你的产品或服务是否符合国情及政府所倡导的方向？谁是你的竞争对手？你是否拥有一些你的竞争对手没有的优势？机会的商业价值受产业环境的影响，创业者在筛选与评估机会时首先需要分析产业环境，并在对环境的评估中找到自己的竞争优势。

微课 10：评估创业机会的方法

### （二）目标市场和关键财务数据评估

#### 1. 目标市场评估

机会的商业价值能否最终实现取决于消费者是否愿意购买根据该机会开发出来的产品或服务。如果潜在消费群体规模小、购买力差并且购买意愿低，那么势必会影响企业的赢利能力。因此，分析目标市场的状况具有十分重要的意义。为了获取潜在消费群体状况的信息，可以针对目标市场中的潜在消费群体开展市场调查活动，有目的地获取一手信息资料。另外，还可以通过各种方式查询最新的各类统计年鉴、报告，以及相关产业的期刊、数据库，以获得潜在消费群体的收入、支出情况等资料。

#### 2. 拟开发产品或服务的吸引力评估

在评估拟开发产品或服务的吸引力时，需要不断深入了解潜在消费者，挖掘他们的需求和面临的困境。在分析消费者的基础上，把拟开发的产品或服务与消费者的需求和困境相匹配，以考察将推出的产品或服务能否满足他们的需求。另外，还需与市面上已有的产品或服务进行比较，分析自己的产品或服务是否有比较大的优势、亮点，能否为消费者提供独特的价值。

### 3. 赢利能力和投资收益评估

评估机会的赢利能力，需要创业者评估开发机会的资本需求量、同类企业的赢利能力及财务吸引力。创业者往往只关心顾客是否会买自己的产品或服务，而不在意销售是如何带来利润的。一家刚起步的企业当然必须能够吸引顾客，但是企业要生存下去，还必须拥有比竞争对手更高的价格与更低的成本，这样收益才可能超过费用。

### （三）创业团队评估

在所有生产要素中，人居于核心地位，是推动其他生产要素发挥作用的关键。在高风险、变化多端的市场和激烈的竞争中，团队管理水平是一个重要的衡量尺度。团队是否在相同或相关行业和市场中具备技能和经验，常常决定了企业的成败。风险投资者都非常强调管理因素。创业团队的评估可从团队的互补性、凝聚力、稳定性等方面来开展，越是富有互补性、凝聚力和稳定性的团队，越能在机会开发过程中取得好的效果。

### （四）机会窗口评估

机会经常被比作窗户，也就是说，它是真实存在的，但是它不是永远敞开的，要能在窗户关闭之前把握住机会。随着时间的推移，市场以不同的速度在增长，市场变得更大，确定市场的难度就更大。因此适时性很重要。比如，一项新技术的开发若于年初完成，则可能足以打败竞争对手，但若延迟到年底，将变得毫无价值。当时机尚未来临，再好的创新构想也很难引发投资者的兴趣。

纵然在机会窗口打开之际投资，如果其打开的时间短暂，恐怕尚未收回投资，市场利润空间就已经消失。一项对创业投资的研究发现，当机会窗口存在的时间短于3年，新事业投资失败率高达80%以上；如果机会窗口存在的时间超过7年，则几乎所有投资的新企业都会获得丰厚的回报。

机会窗口开启的时间长短取决于很多因素，比如你的产品或服务是否有限制其他创业者模仿的机制（专利等），或者你是否具有其他人无法获取的稀有资源等。

### （五）其他因素评估

#### 1. 进入障碍

如果创业机会面临着进入市场的障碍，那么它就不是一个好的创业机会。但是，对于进入障碍要进行辩证的分析。如果创业者进入以后，不能阻止其他企业进入市场，那么不存在进入障碍的机会也不是一个好的创业机会。

#### 2. 退出机制

有吸引力的创业机会应该有比较理想的退出机制。没有退出机制的创业企业和创业机会是没有太大吸引力的。

#### 3. 控制程度

如果能够对渠道、成本或者价格有较强的控制，创业机会会比较有价值。如果竞争对手已有较强的控制能力，如独占了销售渠道、取得了较大的市场份额、对于价格有较大的决定权，新创企业的发展空间就很小。除非这个市场的容量足够大，而且主要竞争者在创新方面行动迟缓，时常损害客户的利益，才有进入的价值。

#### 4. 致命缺陷

创业机会不应该有致命的缺陷。如果有致命的缺陷，将使创业机会变得没有价值。

## 五、提高把握创业机会的能力

一位优秀的创业者往往能够在市场空白中捕捉到需求,并注意到政策、技术等变化,更快、更及时地识别创业机会。创业者在不断接触新事物、识别机会的过程中,要注重提高创业素养,在日常生活中有意识地加强实践和锻炼,培养和提高这种能力。

### (一)形成创业的悟性和灵感

悟性即对事物理解、分析、感悟、觉悟的能力,也指触类旁通的思维方式。悟性的基本功能即直接认识因果关系。灵感体现了知识、经验、思索与智慧等方面综合的心理能力,是人们在探索过程中由于某种机缘的启发而突然出现的豁然开朗、取得突破的心理现象,具有突然性、短暂性、亢奋性和突破性等特征。创业者要想借助悟性和灵感更为恰当地识别创业机会,就需要在相关商业实践中有意识地多看、多听、多思考,培养信息收集和处理的能力,提高自己的创业警觉性,汲取别人的经验和教训,从而提高自己发现、识别与筛选创业机会的能力。

### (二)养成良好的市场调研习惯

发现创业机会最有效的方法是深入市场进行调研。我们可以从了解市场供求状况、变化情况出发来分析市场趋势和前景。另外,我们还应该考虑顾客需求是否被满足,了解竞争对手的优势、不足在哪里,我们企业的对策是什么。从调研分析到想办法解决问题,发现创业机会的能力不经意间就得到了提高。

### (三)注重培养创造性思维

从某种意义上讲,机会识别的过程是一个创造过程,是不断反复的创造性思维过程。具有创造性思维的人更容易发现创业机会。我们要想办法克服从众心理和传统的思维习惯,不受其束缚,有独到的见解;不人云亦云,相信自己;不为别人的评头论足、闲言碎语所左右,这样才能发现和抓住被别人忽视或遗忘的机会。

### (四)健全社会关系网络

一项调查显示,超过半数的调查者是通过社会关系网络得到创意的,社会关系网络的水平会影响创业者识别机会,社会关系的异质性越强,创业者越可能得到新想法、新创意,进而实现对创业机会的识别。社会网络单薄的学生创业者应该弥补劣势,丰富人脉,扩大交际面,重视社交型媒体在扩大社交网络中的作用,以此不断健全社会关系网络,丰富创业信息来源渠道,从而提升个人的创业机会识别能力。

### (五)积极参加学校的创新创业教育活动

应认真参加关于学生创新创业管理课程的学习,培养新时代的创新创业新观念,实现从提高创业机会识别能力到提高创业管理能力的顺利过渡。积极参加交互性创业模拟演练、创新型创业实习比赛等来培养个人创业素质与技能。积极参加学校聘请的企业家和创业成功人士来校开展的讲座等活动,学习他们创业的理念和方法,最终实现创新创业知识与实践、经验交互的良性发展。

### (六)积累"成功实践"

一般而言,创业者的商业实践越丰富,越能从创业的商机、创意、资源、能力四要素的匹配上理解、考察和认识创业机会。如果创业者先前有诸多"成功实践",这通常有助于他恰当地认识和分析新的商机。面对新的创业机会,创业者多会抱有积极的心态,在理性分析的基础上选择适合自己的创业机会。如果创业者先前有诸多"受挫实践",这通常会使他看不到新的商机,甚至面对很恰当的创业机会也多会抱有难以作为的心态,进而很可能放弃原本适合自己的创业机会。在后一种情况下,创业者可以选择先加入他人的创业团队积累"成功实践",以提高把握创业机会的能力。

### (七)培养专业技术能力

面对日新月异、层出不穷的新知识、新技术、新产品,做出正确的选择,需要创业者不断培养自己的专业技术能力,做某一个专业领域的行家里手。专业技术能力是创新创业最基础的能力,它是指掌握和运用一定的专业技术知识、专业技巧、专业能力去解决创业实践中遇到的问题的能力,是体现在创业者行为之中的专业素质和专业能力。学生的创业在很大程度上是建立在专业技术能力上的创业。因此,决定在某领域创业的创业者需要不断了解、学习相关领域的知识,更应该在自己有相关专业领域知识的细分行业中发现创业机会,因为在某个领域拥有更多知识的人,比其他人对该领域内的机会更警觉,也更能把握住机会。

## 思 考 与 练 习

1. 发现和识别创业机会的方式和方法有哪些?
2. 如何提高识别创业机会的能力?
3. 发现和识别创业机会实训。
(1) 实训目标:通过本次实训活动,提高发现市场机会的能力。
(2) 实训任务:以小组为单位,搜寻身边的创业市场机会,并写在白纸上,分组展示。
(3) 实训要求:① 全班采用随机的方式分成若干小组,每组6~8人,每组设组长一名、副组长一名;② 明确比赛规则,每个小组以老师手中的茶杯为对象,运用头脑风暴法寻找尽可能多的创业市场机会,并写在纸上,老师做比赛裁判,要排除明显不具有可行性的市场机会,发现最多的为胜者,并给予奖励;③ 比赛过程中,各组要注意商业信息的保密。

## 任务二　认识创业环境

### 导 入 案 例

**"大国小酱——哈尼炸鸡":善用模型分析创业环境**

滨海小而美餐饮管理有限公司是一家"互联网+"餐饮管理公司,"大国小酱"项目是以公司旗下知名品牌"哈尼炸鸡"为核心重点打造的明星项目,其创业愿景是不仅要成为专业的小微餐饮品牌供应商,更要成为小微餐饮生态系统的构建者。创业之初,其团队运用PEST模型分析了政治环境、经济环境、社会环境和技术环境,做出了宏观环境有利于企业发展的判断。团队运用SWOT模型分析了"哈尼炸鸡"在开拓市场时所面临的外部机会、威胁,以及内部现有的优势、劣势,结合餐饮统计大数据,得出快餐正在成为中国当前餐饮业最大的赛道,而炸鸡更有要"起飞"的种种迹象的结论,最终取得了创业的成功。

案例点评:"大国小酱——哈尼炸鸡"创业团队围绕实现自己的创业目标,特别重视分析企业发展的宏观环境、中观环境和微观环境,并科学运用PEST模型、SWOT模型等工具进行定性分析,将自己的优势与外部的机遇有机地结合起来,取得了创业的成功。

## 一、认识职业院校学生的创业环境

职业院校学生的创业活动同时受内部环境和外部环境两方面的影响。内部环境是创业组织内部各种创业要素和资源的总称,包括人员、资金、设施、技术、产品、生产、管理、运行等。内部环境是创业活动的根基,创业者要在创业团队、资金及其来源、产品竞争力、技术开发水平、生产工艺、市场渠道能力、货源等方面找出自身的优势和劣势。外部环境由一个国家或地区的市场开发程度,政府的国际地位、信誉和工作效率,金融市场的有效性,劳动力市场完善与否,法律制度健全与否等因素形成。外部创业环境对大学生的创新创业活动有着强大的制约作用,是一切创新创业活动赖以生存的客观土壤。

职业院校学生从事创业活动时要特别注重审视外部客观条件,可以通过PEST模型分析宏观环境;通过波特五力模型分析中观环境,有效地分析客户和行业竞争情况;通过SWOT模型分析微观环境,选定优势行业或项目。创业者在寻找和分析外部机遇时,时刻不能忘记自身的优势与劣势。只有将优势与外部的机遇有机地结合起来,才能创业成功。

## 二、应用PEST模型分析宏观环境

良好的外部环境是初创企业发展的保证。外部环境会对初创企业的生存和发展产生重要的影响。具体来说,创业的宏观外部环境包括政治和法律环境、经济环境、社会文化环境、技术环境,简称PEST,如图3-1所示。

### (一)政治和法律环境

政治环境是制约和影响企业的各种政治要素及其运行所形成的环境系统。政府的政策往往广泛间接影响企业的经营行为。政府常以税率、利率汇率、银行存款准备金率为杠杆,运用财政政策和货币政策来实现对宏观经济的调控,并通过干预外汇汇率来维持国际金融与贸易秩序。因此,在制定企业战略时,对政府政策的长期和短期的判断与预测十分重要,企业战略应对长期性的政策做好必要的准备,对短期性的政策则可视其有效时间或有效周期而做出不同的反应。

法律法规对于规范市场和企业行为有着直接作用。立法在经济上的作用主要体现在

```
经济环境因素：社会经济结
构、经济发展水平、经济体
制、宏观经济政策、当前经
济状况、其他一般经济条件

政治和法律环境因素：          社会文化环境因素：
政府行为，法律法规，政         人口因素、社会流动性
局稳定状况、路线、方针、  企业  和各阶层对企业的期望、
政策，国际、政治、法律         消费者心理、文化传统、
因素，各政治利益集团           价值观

技术环境因素：技术水平、
技术力量、新技术的发展
```

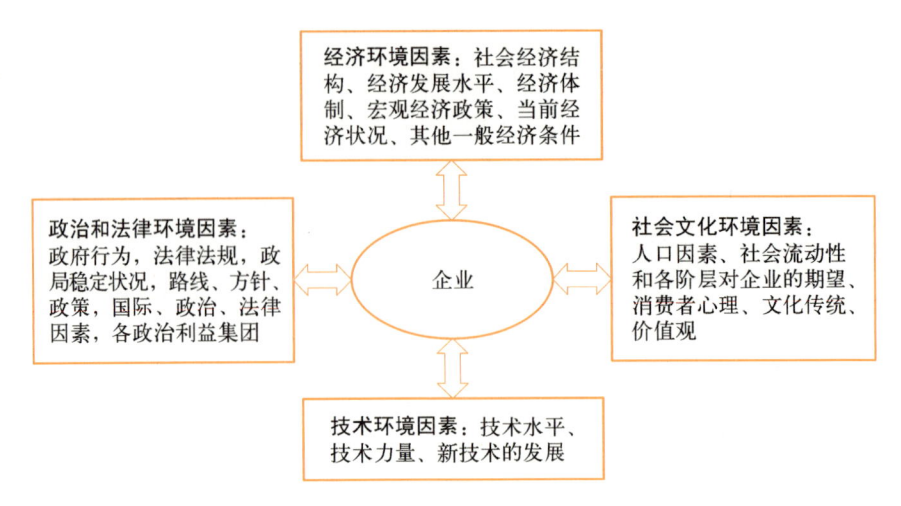

图 3-1 创业的宏观环境

维护公平竞争、维护消费者利益、维护社会最大利益三个方面。企业在制定战略时，要充分了解既有的法律规定，特别要关注那些正在酝酿之中的法律，这是企业在市场中生存和参与竞争的重要前提。

### （二）经济环境

企业的经济环境是指企业面临的社会经济条件及经济的运行状况、发展趋势，产业结构，交通运输，资源等，是制约企业生存和发展的重要因素。企业的经营活动要受国家或地区的整个经济发展水平的制约。一定的购买力水平是影响市场形成及其规模大小的因素，也会影响企业经营活动所处的直接经济环境。经济发展阶段不同，居民的收入不同，顾客对产品的需求也不一样，这会在一定程度上影响企业的经营。

企业的经济环境主要由社会经济结构、经济发展水平、经济体制、宏观经济政策、当前经济状况和其他一般经济条件六要素构成。宏观经济环境的分析要素包括国家的经济制度、经济结构、产业布局、资源状况、经济发展水平及未来的经济走势等。微观经济环境的分析要素包括市场需求、竞争和资源环境，以及直接有关的政策、法律等。

### （三）社会文化环境

社会文化环境主要包括宏观和微观两个方面。

宏观社会文化环境包括一个国家或地区的居民价值观念、文化水平、消费方式与习惯、宗教信仰、风俗习惯、审美观点等。

价值观念是指人们对社会生活中各种事物的态度和看法。每一个社会都有其核心价值观，在不同的文化背景下，人们的价值观念往往有很大的差异，消费者对商品的色彩、标识、式样及促销方式都有不同的意见和态度。价值观念是历史的沉淀，通过家庭繁衍和社会教育传播、延续，因此具有相当的稳定性。每一种文化都是由许多亚文化组成的，不同的亚文化群体有不同的社会态度、爱好和行为，从而表现出不同的市场需求和不同的消费行为。

文化水平会影响居民的需求层次。文化水平高的消费者对商品的包装和附加功能通常会有一定的要求。另外，审美观点则会影响人们对组织活动内容、活动方式及活动成果的态度。

不同的消费方式与习惯会产生不同的商品要求。掌握消费方式与习惯，不但有利于

组织产品的生产与销售,而且有利于正确、主动地引导健康的消费。

微观社会文化环境包含与相关行业有关的消费倾向、消费结构、消费习惯和消费价值观等方面。

### (四) 技术环境

技术环境主要包括宏观和微观两个方面。

宏观技术环境包括国家或地区的科技体制、科技政策、科技研究领域、科技成果的门类分布及先进程度、科技研究与开发的实力等。科技是全球化的驱动力,也是企业的竞争优势所在,应考虑其是否降低了产品和服务的成本并提高了质量,是否为消费者和企业提供了更多的创新产品与服务,是如何改变分销渠道的,是否为企业提供了全新的与消费者进行沟通的渠道。

变革性的技术正对企业的经营活动产生重大的影响。企业要密切关注与本企业产品有关的科学技术的现有水平、发展趋势及发展速度。首先,企业要重视技术水平和技术寿命周期的变化。其次,一种新技术的发明及应用也意味着"破坏"。因为它既会促进一些新行业的兴起,同时又会伤害乃至消灭一些旧行业。企业在进行战略决策时必须考虑技术因素,对于新的硬技术,如新材料、新工艺、新设备,企业必须随时跟踪、掌握;对于新的软技术,如现代管理思想、管理方法、管理技术等,也要特别重视。

微观技术环境是指与本企业有关的科学技术的现有水平、发展趋势和发展速度等。在知识经济兴起和科技迅速发展的情况下,技术环境对企业的影响可能是创造性的,也可能是破坏性的,企业必须预见这些新技术带来的变化,并采取相应的措施予以应对。

## 三、应用波特"五力"模型分析中观环境

任何一个初创企业都必然归属于某个行业或某几个行业。通常,对新创企业的行业环境要关注两个方面,一是行业内的竞争程度和变化趋势,二是行业所处的生命周期。学者迈克尔·波特的"五力"模型反映了初创企业应关注的环境因素。他认为,潜在竞争者、行业内竞争者、替代品、购买者和供应商等因素决定了一个初创企业的竞争力。

### (一) 波特"五力"模型的含义

波特"五力"模型是由迈克尔·波特于20世纪80年代提出的,经常被用于对竞争战略进行分析。"五力"分别指潜在竞争者进入的能力、行业内竞争者现在的竞争能力、替代品的替代能力、购买者的议价能力和供应商的议价能力(图3-2)。

波特"五力"模型可以被用来有效地分析中观环境,展现新创企业在整体产业、行业中所处的位置与面临的形势。这五种力量的强度决定了行业竞争的激烈程度,从而决定了企业的获利潜力。企业应根据这五种力量的

图3-2 波特"五力"模型

具体情况,有针对性地采取相应的发展战略,建立自己的竞争优势。

### (二) 波特"五力"模型的分析要素

#### 1. 潜在竞争者进入的能力

潜在竞争者的能力主要取决于进入壁垒的高低,而进入壁垒的高低主要受六个要素影响,即规模经济、产品差异化、资本需求、客户转换成本、获得分销渠道及成本优势。另外,政府对产业的相关政策,如限制或封锁对某产业的进入,即政府管制,也必然会对新进入者造成影响。要减少潜在竞争者,可以采取措施提高进入堡垒。比如提高产品的差异化水平,使自己的产品和服务区别于其他企业的产品和服务,且不能轻易被模仿。

#### 2. 行业内竞争者现在的竞争能力

行业内现有竞争者之间竞争的激烈程度主要与行业特征,以及竞争者自身的情况和他们在竞争中采取的竞争行动有关。在综合波特给出的影响要素和学者提出的主要指标的基础上,可将这方面的分析内容归纳为六大要素,即产业竞争结构、产业增长、产业生产能力、竞争企业差异化或转换成本水平、战略利益及退出壁垒。

#### 3. 替代品的替代能力

对替代品的分析,一是要确定哪些产品可以替代本企业提供的产品,二是要判断哪些类型的产品可能会对自己造成威胁。波特认为威胁性较大的有两类替代品:一类是性价比高从而会排挤产业内原有产品的产品;另一类是由盈利性强的产业所生产的相似产品,其在相似度高的情况下产业盈利性强,产品的成本能够压低,从而对现有产品产生威胁。在构建"五力"模型指标体系时,还应当考虑替代品数量、相似程度及相关技术的存在这三个指标。

#### 4. 购买者的议价能力

购买者的议价能力的关键影响指标与供应商的议价能力的指标性质基本一致。购买者的议价能力的高低主要与购买者的自身实力有关,包含五个要素:购买产品的数量及集中程度、所购买产品非差异化或转换成本水平、购买者对产品的依赖程度、产品对购买者产品的重要性程度及产品后向一体化。

#### 5. 供应商的议价能力

供应商的议价能力主要取决于供应商在产业博弈中的相对优势,若供应商的实力强或者所提供的是客户产品的主要原材料,其话语权就会大大增强。但是对于自身的主要客户,供应商往往会做出一定的让步。供应商的议价能力包括六个基本要素:供应商产业的集中化程度、供应商产品差异化或转换成本水平、产业对供应商的重要性程度、供应商产品对客户业务的重要性程度及产品前向一体化。

## 四、应用 SWOT 模型分析微观环境

在微观环境分析中,企业可采用 SWOT 模型。

### (一) SWOT 分析法的概念与内容

SWOT 分析法是指综合考虑企业内部条件和外部环境的各种因素,对其进行综合、概括和系统评价,用来确定企业自身的竞争优势、竞争劣势、竞争机会和竞争威胁,从而将企业的战略与内部资源、外部环境有机地结合起来,从而选择最佳经营战略的一种分析方法。这里,S 是指企业内部的优势,W 是指企业内部的劣势(内部因素);O 是指企业外部

环境中的机会,T 是指企业外部环境中的威胁(外部因素)。

### 1. 优势与劣势分析

优势与劣势分析是指企业内部的竞争力状况分析,包括企业的物质环境和文化环境分析。所谓竞争优势,是指一个企业超越其竞争对手的能力,可以是消费者眼中一个企业或它的产品有别于其竞争对手的任何优越之处,如产品线的宽度,产品的质量、可靠性、适用性、风格,服务和态度等。

企业内部环境分析的主要对象包括以下方面。① 企业资源,包括企业的人力资源、物力资源、财力资源、技术资源、信息资源等。② 企业能力,包括一般能力和核心能力,核心能力可以是技术,也可以是管理和业务流程,还可以是技术、经营、管理等能力的结合,具备稀缺性、难以模仿性、价值优越性、可延展性等特征。核心能力的储备状况决定了企业的经营范围,特别是企业多角化经营的广度和深度。③ 企业文化。企业文化结构包括物质层、制度层和精神层三个层次,在企业管理中的作用主要体现在激励方面,主要有导向功能、凝聚功能、约束功能、辐射功能等。

### 2. 机会与威胁分析

环境机会是企业在某一领域中拥有的竞争优势,环境威胁是环境中不利的发展趋势所形成的挑战。微观外部环境因素包括市场需求、竞争和资源,以及与企业直接相关的政策、法律、法令等。

### (二) 关键因素的选择与评价

在企业战略的微观环境分析中,采用 SWOT 法时,企业可遵循以下 SWOT 分析流程制定战略(图 3-3)。表 3-1 列举了利用 SWOT 法分析得到的可能的影响因素。

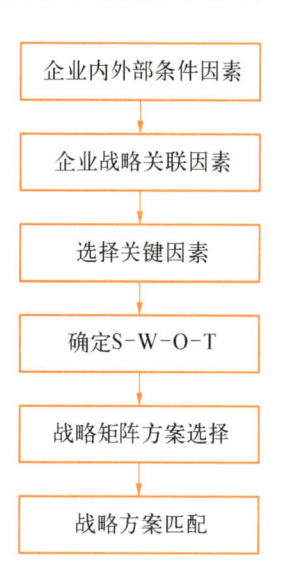

```
企业内外部条件因素
     ↓
企业战略关联因素
     ↓
 选择关键因素
     ↓
 确定 S-W-O-T
     ↓
战略矩阵方案选择
     ↓
 战略方案匹配
```

图 3-3 SWOT 分析流程

表 3-1 利用 SWOT 法可能得到的影响因素

| 潜在力量 | 潜在弱点 | 潜在机会 | 潜在威胁 |
| --- | --- | --- | --- |
| • 有力的战略<br>• 有利的金融环境<br>• 有利的品牌形象和美誉<br>• 被广泛认可的市场领导地位<br>• 专利技术<br>• 成本优势<br>• 强势广告<br>• 产品创新技能<br>• 优质客户服务<br>• 优秀产品质量<br>• 战略联盟与并购 | • 没有明确的战略导向<br>• 陈旧的设备<br>• 超额负债与恐怖的资产负债表<br>• 超越竞争对手的高额成本<br>• 缺少关键技能和资格能力<br>• 利润的损失<br>• 内在的运作困难<br>• 落后的研发能力<br>• 过分狭窄的产品组合<br>• 市场规划能力的缺乏 | • 服务独家的客户群体<br>• 新的地理区域的扩张<br>• 产品组合的扩张<br>• 核心技能向产品组合的转化<br>• 垂直整合的战略形式<br>• 分享竞争对手的市场资源<br>• 竞争对手的支持<br>• 战略联盟与并购带来的超额覆盖<br>• 新技术开发通道<br>• 品牌形象拓展的道路 | • 强势竞争者的进入<br>• 替代品引起的销售下降<br>• 市场增长的减缓<br>• 交换率和贸易政策的不利转换<br>• 新规则引起的成本增加<br>• 商业周期的影响<br>• 客户和供应商的杠杆作用的加强<br>• 消费者购买需求的下降<br>• 人口与环境的变化 |

与企业制定发展战略的关联因素很多,对不同企业来说,关联程度不尽相同。在制定发展战略时,应在与企业制定发展战略密切关联因素中选择关键因素,将其分离出来,为企业制定适宜的发展战略提供依据。企业内外部环境、关联因素、关键因素三者之间的关系如图3-4所示。

在关键因素的选取中,企业可以通过调查法、专家经验法等方法确定各个因素的权重,选定权重较大的作为关键因素。例如高新技术企业,其特点可以用"高、快、灵"概括。"高"指产品技术含量高,附加价值高,员工文化素质高,经营风险高;"快"指产品更新换代快,市场发展快,企业成长快(相应地,稍有失误,失败得也快);"灵"指企业对科学技术发展的反应灵敏,对市场外界条件变化的感应灵敏,对组织结构的设置、管理制度、技术手段和方法的选择、生产工艺的安排更为灵活。基于上述特点,企业制定战略时应考虑的关键因素一般有企业研发基金充裕度、企业研发实力、研发部门受重视程度、专利的实施许可能力、技术转移的趋势、政府产业政策变动趋势、市场容量及增长率、主要竞争者的优势劣势、主要竞争者的战略动向与经营手法等。

图3-4 企业内外部环境、关联因素和关键因素

在进行关键因素的评价时,必须对企业的优势与劣势有客观的认识和全面考虑。优势与劣势须与竞争对手进行比较,如优于或是劣于你的竞争对手;外部环境的机会和威胁的评价要从现在的环境与竞争对手所处的外部环境出发来评价,也可用现在正在变化或不久的未来能够变化的环境,又或是竞争对手不具备的环境条件来评价,而不是比较企业现在与过去面临的环境。

### (三) 基于企业优劣势的战略选择

在对企业自身的优势与劣势有充分了解的基础上,可以正确预测产品的发展趋势,对竞争对手的技术状况、该产品的生命周期做出客观评价,继而制定切实可行的战略。在上述一般关键因素中,企业技术开发能力、资本实力、市场竞争环境等是企业制定战略时必须考虑的重要关键因素。基于此,企业的战略选择如表3-2所示。

表3-2 企业的战略选择

| 企业优劣势 | 战略模式 | 战略类型 |
| --- | --- | --- |
| ● 拥有强劲的技术研究开发能力<br>● 资本雄厚<br>● 市场开拓能力强 | SO战略 | 以进攻型战略为主,如基本战略、专利技术和产品输出相结合战略、产品输出国专利申请战略、专利与标准相结合战略 |
| ● 拥有强劲的技术研究开发能力<br>● 资本雄厚<br>● 外部威胁大 | ST战略 | 以防御型战略为主,如引进专利战略、购买专利战略、公开文献战略等 |

续　表

| 企业优劣势 | 战略模式 | 战略类型 |
|---|---|---|
| • 资本实力不强<br>• 技术研发实力弱<br>• 市场开拓能力弱<br>• 市场机会多 | WO 战略 | 进攻型与防御型战略相结合,如专利交叉许可战略、外国专利战略等 |
| • 科研经费严重不足<br>• 技术研发实力弱<br>• 外部威胁大 | WT 战略 | 以防御型战略为主,如开发外国专利战略、利用失效专利战略 |

### (四) 基于 SWOT 分析的战略选择

SWOT 分析方法能够在企业的各种战略中使用。表 3-3 所显示的就是基于 SWOT 分析法所做出的战略选择。

表 3-3　基于 SWOT 分析法的战略选择

| 项　目 | 优势(S) | 劣势(W) |
|---|---|---|
| 机会(O) | SO 战略<br>发挥优势,抓住机会 | WO 战略<br>克服劣势,抓住机会 |
| 威胁(T) | ST 战略<br>发挥优势,避开威胁 | WT 战略<br>克服劣势,避开威胁 |

#### 1. 内部优势与外部机会相匹配

内部优势与外部机会相匹配是最理想的状态,存在的风险较小,此时可通过两种方式强化组织内部的优势:一是通过找出最佳的资源组合来获得竞争优势;二是通过提供资源来强化已有的竞争优势。在企业的外部环境能够提供较多发展机会的情况下,企业可以利用自身的竞争优势来实施 SO 战略,即通过充分发挥自身优势,将外部环境的机会转化为自身发展的动力。

#### 2. 内部劣势与外部机会相匹配

在内部劣势与外部机会相匹配时,可通过两种方式来权衡对机会的取舍:一是加强投资,将劣势转化为优势,开拓机会;二是把机会让给对手。所以,当企业的外部环境能够提供较多的发展机会,而企业自身缺乏竞争优势时,企业可以采取 WO 战略,即通过克服自身的劣势来尽力抓住外部环境中的机会。

#### 3. 内部优势与外部威胁相匹配

在内部优势与外部威胁相匹配时,有以下两种选择:一是通过重新构建组织资源来获得竞争优势,将威胁转化为机会;二是采取防守战略,抓住其他战略选择中有前景的机会。在企业外部环境中存在较大的威胁情况下,企业一般可以采取 ST 策略,利用自身的竞争优势来规避市场风险。

### 4. 内部劣势与外部威胁相匹配

内部劣势与外部威胁相匹配是最糟糕的匹配,存在的企业风险最大。此时也存在以下两种选择:一是主动进取,争取领先;二是主动放弃。在外部环境中存在较大威胁的情况下,企业存在劣势,一般可以采用 WT 策略,主要措施是规避市场风险。

企业的优劣势直接制约着企业战略的制定及实施。适宜的战略可帮助企业最大限度地发挥企业的优势,有力地对抗和排挤竞争对手,以较小的投入获取较大的经济利益,增强自身的核心竞争能力。但大多数企业的产业特性要求企业在战略选择时不仅要考虑企业的内部竞争力,还要考虑企业外部因素的影响,需要综合分析两维度的四个方面,利用机会,克服威胁,发挥企业的优势。

需要强调的是,战略的选择往往不是非此即彼的,而是根据企业的具体情况采取混合型战略,解决企业的问题。在制定转型战略时,需要针对内部和外部的不同因素来决策。由于单一的战略只能解决一方面的问题,无法使企业同时做到适应外部市场变化和满足内部发展壮大的需求,多种战略相结合的复合型转型战略将是更好的选择。

### 案例 3-3

#### "大国小酱——哈尼炸鸡"基于 SWOT 模型的微观环境分析

"大国小酱——哈尼炸鸡"团队为有效掌握面临的内外部微观环境,进行了如表 3-4 所示的 SWOT 分析。

表 3-4 "大国小酱——哈尼炸鸡"的 SOWT 分析

| 项目 | 优势(S)<br>(1) 口味大众化,价格亲民;<br>(2) 方便快捷,适应快节奏的都市生活方式;<br>(3) 成本低,利润空间大 | 劣势(W)<br>(1) 高热量,不符合健康的食品消费升级趋势;<br>(2) 产品品类单一,较难满足多元化的消费需求 |
|---|---|---|
| 机会(O)<br>(1) 市场远未饱和,空间很大;<br>(2) 在单品细分的趋势下具有爆款潜力;<br>(3) 积累了一定的品类势能,无须市场教育 | SO(进击)<br>(1) 抓住细分爆款趋势,打造极致单品;<br>(2) 在已被教育成熟的市场中寻求独特差异化经营;<br>(3) 借势品牌 IP,打造场景植入,进行社交营销 | WO(补强)<br>(1) 紧跟健康消费、品质化消费趋势,搭配沙拉、清茶等,推出低脂套餐;<br>(2) 强化产品研发,突破产品单一的瓶颈,研制二十四节气酱料,口味为王 |
| 威胁(T)<br>(1) 消费升级的趋势下,大众对油炸食品印象不佳;<br>(2) 行业进入门槛低,竞争激烈,同质化程度高 | ST(稳固)<br>(1) 打响品牌,吸引消费者的注意力;<br>(2) 借力资本,率先弯道超车 | WT(预防)<br>(1) 坚持"好产品+高性价比";<br>(2) 轻前端,重后端,保证供应链安全、稳固;<br>(3) 优化模式,提高效率,保持高度标准化 |

从 SWOT 模型可以看出,优劣势直接制约着企业战略的制定及实施。具体而言,有如下方面。

(1) SO(进击)。综合炸鸡行业的内部优势和外部机遇,应该在细分爆款、IP 打造、场景植入、社交营销等方面采取进击策略。消费者需要个性化的产品,炸鸡也是如此。个性化的产品要在情感上,让消费者对产品产生一种连接感。所以,一个产品从酝酿之日起,就需要有打造 IP 的意识。首先,要让产品具有特定的情感与文化,以引起消费者的共鸣。其次,要让产品有故事、有内容,这是产品 IP 的载体和表象。最后,要让产品有一定的延展度,通过跨界各种产品,全方位进入消费者的头脑。最终的结果就是让目标用户群成为这个 IP 化后产品的粉丝。

(2) WO(补强)。在健康、轻食消费升级趋势下,要针对炸鸡"垃圾食品"的刻板定位主动出击,扭转自身的劣势。可紧跟健康消费、品质化消费趋势,搭配沙拉、清茶等,推出低脂套餐。同时,强化产品研发,突破产品单一的瓶颈,实现主次爆款的搭配。

(3) ST(稳固)。面对一窝蜂的同质化竞争,找到独特差异性,将品牌打响显得尤为重要。在品类有了一定规模支撑之后,产品就会走向品牌化。而目前,炸鸡已经进入"品牌竞争"的阶段。这个阶段,谁重视品牌,谁能占据消费者的头脑。同时,鉴于其他成熟行业的先例,"创业者＋资本"必将成为餐饮界的标准配置。引入资本,可以借助资本的力量加速奔跑,率先弯道超车。

(4) WT(预防)。规模大不等于利润大。一定要抓住消费升级的两大核心点:好东西＋高性价比。鉴于目前市面上绝大部分的炸鸡仍处于满足低端消费需求阶段,要积极升级场景消费功能。比如,随着下午茶、聚会等休闲场景的兴起,多样化的消费场景可以让炸鸡具备更大延展空间。

(资料来源:无锡商业职业技术学院第六届中国国际"互联网＋"大学生创新创业大赛金奖项目)

## 思考与练习

1. 用 PEST 模型分析大学生创新创业的宏观环境时的要素有哪些。
2. 在你的项目池中挑选一个创业项目,尝试利用波特五力模型进行项目商业价值的分析。
3. 在你的项目池中挑选一个创业项目,尝试利用 SWOT 模型进行项目契合度的分析。

## 任务三　选择创业项目与商业模式

### 导入案例

**"哈尼炸鸡"：以连锁经营模式实现规模效益**

2014年从无锡商业职业技术学院毕业的陈浩举债15万元，选择在餐饮行业自主创业。2016年，门店生意火爆，陈浩的辛勤与努力都有了意义。8家直营店的成功经营经验，让他萌生了发展连锁餐饮的念头。2017年，他成立了滨海小而美餐饮管理有限公司，研发优质餐饮项目，创立了"哈尼炸鸡"餐饮连锁品牌。哈尼不断创新、突破，在8位烹饪大师与营养专家的带领下，结合二十四节气潜心研制出24种酱料，在丰富酱料口味的同时，在其中加入对人体有益的微量元素，与中医的"食补"相结合，成就了中国风味的裹酱炸鸡。其牵头制定了首个裹酱炸鸡团体标准，并入选中国国家击剑队运动员餐厅供应商。项目运营至今，在全国开设店铺400余家，覆盖全国三分之一的城市。

**案例点评**："哈尼炸鸡"的经营主要采取连锁经营模式，将8家直营店及400多家加盟店以一定的形式组成一个联合体，在整体规划下进行专业化分工，并在分工和商圈保护的基础上实施集中化管理，把独立的经营活动组合成整体的规模经营，从而实现了规模效益。

### 一、把握选择创业项目的原则和方法

该选择什么样的项目是创业者走向成功之路前应解决的基础性问题。对于职业院校学生来说，关键是懂得如何去发掘适合自己的创业项目。选择创业项目应先做三方面考虑：有没有明确的创业目标，创业目标是否适合自己，所选择的创业项目及经营范围是否符合法律法规。创业需要激情，但更需要睿智和理性，必须明确你想投资的项目是否有市场需求、是否有长远的发展前景、是否是你所擅长的领域等。

**（一）知己知彼，根据专长和兴趣选择**

首先要"知己"，只有认识了自己，才能选择适合自己的项目。职业院校学生创业者在选择创业项目之前，应该对自己的状况有清楚的认识和判断，自我认识越深入，就越容易找到适合自己的创业项目。

其次要"知彼"，要了解创业地区的外部环境。既要认真分析当地的产业结构政策、金融政策、税收政策等发展政策，又要认真分析当地居民的购买力水平、购买习惯等消费情况，还要认真分析当地具有市场开发价值的工业原料和农林渔牧产品、传统的生产加工技术、独特的自然环境和人文景观等自然资源和人文资源。

最后,还要因时而动,密切关注行业的当前行情和未来前景,了解国家目前正在扶持、鼓励和限制的行业后,再做出正确的选择。

职业院校学生创业者应根据自己的兴趣和专长来选择创业项目。别人能成功的项目,你未必能成功;别人不能成功的项目,你未必不能成功。关键是你在项目上有无自己的专长,项目是否适合你。兴趣是成功最大的动力,如果能把兴趣同创业目标相结合,一旦潜力被激发,成功的可能性很大。应尽量选择与自己的专业、经验、兴趣、特长相匹配的项目。无论是传统产业还是新兴产业,竞争激烈的行业还是相对垄断的行业,你能否运用你的知识、技能和能力去捕捉、发现、驾驭机会,形成你创业的营利模式并去成功运行这个项目才是关键。有的同学有资源整合的优势,那就可以把更多志同道合的创业者结合在一起,做一个更大的创业梦。

如果你并不清楚自己的优势在哪里,可以尝试借助三度交集法则来明确优势创业方向。三度交集法则考虑的是兴趣度、擅长度和财富度。兴趣度考虑的是创业者感兴趣的事物,擅长度考虑的是创业者擅长的事物,而财富度考虑的是项目蕴含的商业价值,三者的交集就是创业者的优势能量领域。

### (二)量力而行,根据规避风险难易程度选择

创业是一种风险投资,如何规避风险永远是选择投资项目时要考虑的首要问题。职业院校学生创业者在创业之初普遍缺乏资金和客户等资源,切记不要求全、求大。为了尽快脱离创业的"初始危险期",在同等条件下,应该量力而行,选择"短平快"项目,使创业项目的运作进入良性循环,以便迅速收回投资成本、降低投资风险,即使项目后期的发展情况不好,也可以选择继续经营或主动退出,利用挖掘到的"第一桶金"另寻出路。若是借钱创业,就更应该规避风险较大的创业项目,把为数不多的资金投入风险较小、规模较小的创业项目,从而积少成多,逐步发展。

可以租赁创业必需的硬件,借巢孵蛋,直接进入产品开发过程的终端程序,让消费者来检验你的产品;也可以委托生产和加工,把产品的生产交给别人,自己只是提供标准、进行检验,不参与产品制造相关的管理,减少投资风险和投资成本等。可以采用委托加工、委托生产、技术参股的合作模式,条件成熟后,也可以选择开办合伙企业、有限责任公司等创业形式。

模仿的风险相对较小。当资本小的时候,可以选择模仿别人。当资本大的时候,可以创造市场,把潜在的市场需求开发出来,实现更高的创业利润。如果掌握高科技,并且有足够的钱投资开发高科技项目,一旦成功,可能会身价百倍。但高收益有高风险,高科技项目的成功率比大众项目要低得多。如果你是第一次创业,并且自己并不懂技术,就要仔细斟酌,小心行事。

### (三)自有资源优先,根据资源支持体系选择

自有资源就是创业者本人拥有的或可以直接控制的资源,包括专有技术、行业从业经验、经营管理能力、个人社会关系、私有物质资产等。职业院校学生可以借助家人、朋友、同学的资源,甚至是资金的支持来圆自己的创业梦。与非自有资源相比,自有资源的获取和使用成本往往较低。学生创业者在了解了创业环境之后,应该从中甄选出可以重点利用和开发的自有资源。

> **案例 3-4**
>
> ### 有创业基础的小周
>
> 某高职院校的毕业生小周，其父母经商，他自小耳濡目染，对创业有浓厚的兴趣。大学期间，小周有意识地去参加创业训练营和营销活动，几年下来，积累了一些实践经验。为打好自己的创业基础，他竞选为班级和系学生会的干部，组织和领导能力得到了锻炼；找到了几个志同道合的同学，组成了团队；经过一番谋划，从父母那儿获得了资金支持；用于创业的新产品也比较有市场竞争力。毕业后，小周成功地走上了创业道路。

#### （四）好创意不等于好项目，根据既有特色又有市场需求的原则选择

好创意不等于好项目，我们在项目选择的时候应该注意到这个问题。不少学生创业者简单地把创意与创业项目画上了等号，但真正能够转化为创业项目的创意凤毛麟角。究其原因，这些学生创业者往往凭想象描绘出一个理想化的创业项目，而不是建立在以市场为导向的基础之上。

企业是为解决消费者需求而存在的，学生创业者选择创业项目时应以市场为导向，通过做好市场调查明确社会需求，了解消费者，了解自己的竞争对手，不执着于竞争激烈的热门项目，着重考虑选择既有特色又有市场需求的项目。这样的项目才有可能在激烈的市场竞争中占有一席之地。

### 二、认识商业模式及其设计工具

有了好的商业模式，创业就成功了一半。商业模式是每一个创业者在创业过程中都要一直思考的问题。面对复杂的社会、高速运转的市场，职业院校学生要在明确自己的创业方向后，做好创业计划，再选择合适的商业模式。

#### （一）认识商业模式

商业模式是一个比较宽泛的概念，与其相关的说法有很多，包括运营模式、营利模式等，用以阐明某个特定实体的商业逻辑。它描述了企业能为消费者提供的价值，以及用以实现这一价值并产生可持续盈利的要素。一般认为，商业模式就是一个企业满足消费者需求的系统，这个系统组织管理企业的各种资源，包括企业的内部结构、合作伙伴网络、资金、原材料、人力资源、销售方式、创新力等，是企业整合资源与能力，进行战略规划，以充分开发创业机会，提供消费者无法自力生产而必须购买的产品或服务，并实现利润目标的方式。因此，它具有自己能复制而别人不能复制，或者自己在复制过程中能够占据市场优势地位的特性。

在全球化浪潮冲击、技术变革加快和商业环境愈加不确定的时代，商业模式已成为决定企业成功的重要因素。企业要想获得成功，就必须从制定正确的商业模式开始。商业模式是企业在竞争中取胜的关键之一。

**1. 商业模式的要素**

（1）定位。定位是商业模式的起点，也是企业战略选择的结果。一个企业要想有足

够的生存空间并能实现持续赢利,就必须明确自身的定位,就是要明确企业应该做什么,它决定了企业应该提供什么样的产品和服务来满足消费者的需求。

(2)业务系统。业务系统是商业模式的核心,是企业达到定位所需要的企业的内部结构、合作伙伴扮演的角色、业务环节及与利益相关者合作与交易的内容和方式。

(3)关键资源能力。关键资源能力是指让业务系统运转所需要的重要资源和能力。

(4)营利模式。营利模式是指企业获得收入、分配成本、赚取利润的方法。具体来说,它是在给定业务系统中,在各价值链所有权和价值链结构已经确定的前提下,企业利益相关者之间利益分配格局中的企业利益表现。

(5)自由现金流结构。自由现金流结构是企业经营过程中产生的现金收入扣除现金投资后的状况,其贴现值反映了采用该商业模式的企业的投资价值。

不同的自由现金流结构反映了企业在定位、业务系统、关键资源能力及营利模式等方面的差异。它体现了企业商业模式的不同特征,决定了企业投资价值的高低、企业投资价值递增的速度及企业受资本市场青睐的程度。

(6)企业价值。企业价值即企业的投资价值,是企业预测未来可以产生的自由现金流的贴现值,它是评判企业商业模式优劣的标准。

商业模式的六个要素环环相扣、互相影响。各要素间的关系如图3-5所示。

图3-5 商业模式各要素间的关系

### 2. 成功的商业模式的特征

虽然商业模式因行业、企业类型等因素的不同而不同,但成功的商业模式一般都具有以下四个特征。

(1)具有创新性。一个商业模式成功的关键不一定是在技术上做出了突破,而可能是在某一个环节中进行了改进,或是对原有模式进行了重组、创新。商业模式的创新贯穿企业经营的整个过程,贯穿企业资源的开发方式、制造方式、营销体系等各个方面,也就是说,在企业经营的每一个环节中的创新都可能造就一个成功的商业模式。

(2)能提供独特的价值。企业通过确立自己的独特价值来保证市场占有率。有时候,独特的价值可能是新的思想,而更多的时候,它是产品和服务的独特组合。这种组合要么可以向消费者提供附加的价值,要么可以使消费者用更低的价格获得同样的利益,或者用同样的价格获得更多的利益。

（3）难以模仿。企业通过确立自己的与众不同之处(如对消费者的贴心关照、强大的实施能力等)来提高行业的进入门槛。如人人都知道直销模式如何运作,也都知道戴尔公司是直销行业的标杆,却很难复制戴尔公司的商业模式,其原因就在于其直销模式的背后是一整套完整的、极难复制的资源和生产流程。商业模式难以模仿意味着企业的经营是可持续的。

（4）具有利润空间。成功的商业模式可以让企业在激烈的市场竞争中成功进入利润区,并在利润区内停留较长时间,创造出可长期持续的、高于行业平均水平的利润。企业经营的根本目的在于获取利润,不能赢利的企业是无法长久生存的。

**3. 商业模式的发展新趋势**

商业模式不是单一的或一成不变的,随着社会经济的发展,行业、企业类型、企业发展周期都会影响企业商业模式,使其产生与时俱进的变化。近几年来,商业模式主要出现了以下新趋势。

一是专业平台向综合平台发展的趋势。此前,在很多领域都出现了专业化的平台,像出租车领域的专业平台、餐饮领域的专业平台等。现在,这些专业平台开始向综合平台发展,如餐饮平台开始向出租车领域扩展,出租车平台也开始涉足餐饮领域。

二是成功的商业模式向新领域复制的趋势。如"信息＋线下服务"模式从餐饮业向茶叶、食品行业扩展。

三是传统的四因素模式向八因素模式发展的趋势。在传统的重视技术、管理、团队、线下营销的四因素模式基础上扩充了资本、线上、利益分配、跨界整合的新四因素,构成了八因素发展模式。

科技不断创新,新的理念层出不穷,可以预见的是,创意无处不在,未来的商业模式会更加复杂、更加综合,也更加有力量。职业院校学生创业者们在面临着更大的挑战的同时,也面临着更大的机遇,在新的理念造就的新模式面前,可能还具有更大的优势。

**（二）初创企业商业模式设计工具——精益创业画布**

大企业与初创企业最根本的不同在于,大企业执行商业模式,而初创企业寻找商业模式。埃里克·莱斯提出的精益创业理论为企业提供了一个探索商业模式的工具,极大地降低了创业风险。精益创业强调先在市场中投入一个极简的原型产品,然后通过不断学习和有价值的用户反馈对产品进行快速迭代优化,以期适应市场。实践证明,精益创业不但适用于新创企业,而且可推行至企业打造新的产品时。

对初创企业而言,精益创业画布是一个非常优质的工具,可以帮助初创企业设计一个前所未有的商业模式框架,也就是进行原始创新。它的作用是帮助追踪到目前为止创业者的所有"创业假设"。利用此工具可以清晰地梳理商业模式。

**1. 精益创业画布的基本要素**

精益创业画布的基本要素包含图3-6所示的九项内容。

（1）问题。问题和消费者群体的匹配是商业模式设计的核心。明确将要服务的目标消费者群体后,针对每个细分群体列出1～3个让人感到不安、沮丧、紧急的问题,再想想消费者会在什么时候迫切需要解决这些问题,然后据此寻找创业方案。创业者还应该多

| 问题 | 解决方案 4 | 独特价值定位 3 | 竞争优势 9 | 消费者细分 2 |
|---|---|---|---|---|
| 1 | 关键指标 8 | | 渠道 5 | |
| 成本分析　　　7 ||| 收入分析　　　6 ||

图 3-6　精益创业画布的基本要素

和目标消费者群体进行交流、沟通,最好做一些小规模的测试、调研来验证问题是否真正存在。

(2) 消费者细分。消费者群体是有差异的,没有一种产品能够满足市场中的所有消费者群体的需求。只有对消费者的定位足够准确,由此推出的产品或服务的针对性才会更强,才更能符合消费者的核心需求。还可以对目标消费者群体进行进一步细分,列出重点用户,锁定潜在的早期用户,通过他们了解消费者的需求,并提出解决方案。

(3) 独特价值定位。简单地说,这就是用一句简短有力的话来描述自己和别人的不同,这是商业模式设计中最重要,也是最难的部分。最好的方法是直接从要解决的首要问题出发去寻找独特价值,也可以针对重点用户来设计。

(4) 解决方案。学生创业者在创业早期可以利用有限的资源,开发出最简可行产品来验证自己的想法和解决方案。如果消费者接受了它,说明创业初期设计的解决方案是可行的。反之,则需要重新去挖掘消费者的需求,重新思考能提供的最简单的解决方案,然后重新编写方案,经过验证和测试并反复修改,使解决方案更加完善。

(5) 渠道。在创业初期,任何能把产品推销给潜在消费者的渠道都可以利用。学生创业者主要可以选择以下四种渠道。

① 内联式渠道,使用"拉式策略",让消费者自然而然地找到产品,包括博客、电子书及网络讲堂等。

② 外联式渠道,使用"推式策略",让产品接触消费者,包括电视广告、展销会、电话等。

③ 亲力亲为地推销产品来获取消费者,面对面地与消费者进行交流。

④ 通过良好的口碑来留住消费者。口碑营销是一种很有效的手段,但相关推销人员必须先获得消费者的认可。

(6) 收入分析。在创业初期,需要在合适的时机通过不同的方式让消费者付费,以此来验证企业营利模式的可行性。目前主要的营利模式包括销售商品、广告收费、会员服务、增值服务等。

(7) 成本分析。在对成本进行分析时，应重点关注产品发布前会产生多少成本，包括固定成本和变动成本，然后把收入和成本结合起来分析，计算出盈亏平衡点，以此来预估需要花费多少时间、资金和精力才能达到盈亏平衡点，从而进一步检验企业的商业模式是否可行。

(8) 关键指标。不管是何种类型的产品或者服务，都可以用获取、激活、留客、收入、口碑五个关键指标来评估创业项目的进展情况，如是好还是坏，是值得继续投入还是到此为止等。

获取是指把普通访客转换成对产品感兴趣的潜在消费者的过程。如把路过橱窗的路人吸引到店铺内就是一次获取过程。激活是指对产品感兴趣的潜在消费者对产品形成了较好的第一印象。如潜在消费者走进店后发现店内产品物美价廉，店铺就成功激活了消费者。留客是指产品的复购率高或者是消费者的忠诚度高。如让消费者再次光顾店铺。收入是指消费者实际支付商品价格的金额。口碑是指对产品满意的消费者向他人推荐或者促成其他潜在消费者来购买产品，这是一种比较高级的消费者获取渠道。

(9) 竞争优势。形成竞争优势有以下两种方法：先让竞争对手看不见、看不起、看不懂，然后让竞争对手学不会、拦不住、赶不上；把贵的变便宜，把收费变免费。第一种方式实际上是指从低端市场切入，开辟一个新的、之前被大企业忽视的市场，先在低端市场扩大市场占有率，然后再慢慢地提升产品档次。

**2. 精益创业画布的制作步骤**

制作精益创业画布的过程可以分为以下三个步骤。

(1) 写出初步计划。在编写初步计划时，不要刻意追求提供最好的问题解决方案，而要试着形成一整套完整的商业模式，并保证在该模式下所有元素都能够相互配合。

编写初步计划的要点如下：

① 迅速起草一张画布，在第一版画布上消耗的时间最好不超过 15 分钟；
② 画布中有部分内容空着也没关系，要么马上写下来，要么留白；
③ 尽量短小精练，将商业模式的精华部分提炼出来；
④ 站在当下的角度来思考，想想下一步应该先测试哪些想法；
⑤ 以消费者为本，仅调整消费者群体，商业模式就会发生翻天覆地的变化。

(2) 找出风险最大的部分。创业一般分为三个阶段，如图 3-7 所示。第一阶段的核

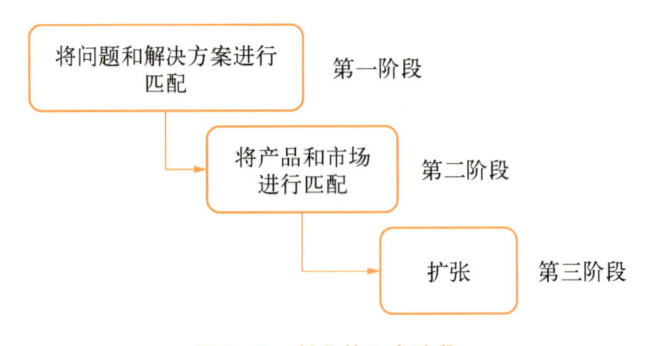

图 3-7 创业的三个阶段

心是对要解决的关键问题提出一套最为精简的对应方案,即形成最简可行产品。第二阶段的核心是检验企业所提供的产品和服务是不是消费者想要的,消费者是否愿意为此付费。第三阶段的核心是明确怎样才能使企业快速发展壮大。通过验证商业模式的各个环节,及时对不合理的环节进行改善,以便加速执行优化方案。

(3)测试计划。对商业模式的各个环节进行参与式观察,有效地测试该商业模式的可行性。

### 三、职业院校学生可以选择的创业模式

对于职业院校学生创业者来说,只有了解了创业模式,才能从自身的各个方面出发,考虑并选择适合自己的创业方式。

#### (一)技术创业

技术创业是指利用自身的专业优势和技术专长,即凭借新技术、新发明、专利等进行创业。职业院校学生的生理和心理发展水平都处于高峰期,创造力和创新能力强。事实证明,很多学生创业者的新发明和新技术都是在校期间就有了雏形。若能以之吸引风险投资商,或能获得一些社会上的支持,就可能实现创业。也可以凭借自己的专利或新发明跟对口的成熟公司合作,占有技术股份。这种合作方式风险小且见效快。

创业成功的十五个法则

技术创业的优势是创业方向明确、合作模式灵活、创业成本小、风险低,适合有技术、有创新能力但无资金和资源的学生。技术创业的要求有:有技术上的创新,即新技术、新发明、专利等;这一创新有应用价值和商业价值;创业想法具有可操作性,能吸引投资者和合作伙伴。有新技术或新发明并不意味着创业成功,还需要在新技术、新发明的基础上借助各方力量,如资金、人才、营销、管理等各种因素,才有可能成功。

随着"互联网+"时代来临,移动互联网的应用越来越普及。手机作为最主要的移动互联网智能终端,已成为影响人们生活的重要工具。基于手机 App 的软件开发、相关配套服务等领域项目已成为计算机应用、物联网和电子商务等专业学生创业的首选项目。

#### (二)网络创业

随着互联网的发展,人们的消费观念也发生了巨大的变化,网购正在成为零售业的主流。知名商务网站都有较为完善的交易系统、交易规则、信用系统,安全的支付方式和成熟的客户群,每年还会投入大量的资金来搞活动、做广告等,提高自己网站的知名度。网络创业主要有两种形式:网上开店,即在网上注册,成立网络商店;网上加盟,即以某个电子商务网站门店的形式经营,利用母体网站的货源和销售渠道。网络创业的优势是门槛低、成本低、风险小、方式灵活,特别适合初涉商海的创业者。

网络创业项目是学生容易从事的创业项目,比较适合创业的初级阶段。值得一提的是,相比网上开店和网上加盟,微信营销目前已经成为学生更加喜爱的创业模式。微信营销的优势主要在于:首先,营销成本更低,甚至没有成本;其次,微信具有实时通信和信息发布的功能,不但可以营销商品,而且可以通过朋友圈积累人脉,实现社交功能;

最后，微信营销具有针对性，可以向消费者推送个性化的内容，培养消费者对品牌的忠诚度。

对初次尝试网络创业的人来说，要进行多方调研和分析。一方面要选择适合自己的产品，这是成功创业的关键；另一方面要根据产品的特点选择访问量较大的电子商务平台。这样能在投入较少的情况下，一边熟悉市场规则，一边依托成熟的电子商务平台发展壮大。

### （三）加盟创业

加盟创业即借助连锁加盟的品牌、技术、营销、设备优势创业。加盟创业因投入少、风险小、高回报的特点，越来越获得学生们的青睐。数据显示，在同一商业领域中个人进行创业的成功率不到2%，而加入创业组织的成功率则高达80%。加盟创业者可以与加盟商共享品牌效应、经营诀窍，并获得技术指导和资源支持。连锁加盟有直营、委托加盟、特许加盟等形式；投资金额根据商品种类、店铺要求、加盟方式、技术设备的不同而不同。创业者可以根据自己的实力选择合适的加盟商。

加盟创业的最大特点是利益共享、风险共担。创业者只需支付一定的加盟费，就能借用加盟商的"金字招牌"，利用现成的商品和市场资源，还能长期得到专业指导和配套服务，创业风险有所降低。

加盟创业要求：有一定的资金实力；能审时度势，抓住好的机会；能理性地选择，学会鉴别商机。连锁加盟市场鱼龙混杂，加盟创业最忌盲目跟风。加盟创业者在选择加盟项目时要十分理性，不能只听加盟商的一面之词。要自己去收集资料、了解市场、实地考察、分析鉴别，并听取专家意见，结合自身实际，再做定夺。

### （四）智力服务创业

智力服务领域是职业院校学生创业具有优势的领域。职业院校学生在学习之余在智力服务领域兼职创业，进入门槛较低，投入资金也较少。职业院校学生在学习之余利用自己的智力及专业知识开展的许多兼职创业都是智力服务创业。开展智力服务创业还能利用兼职工作积累人脉资源和发现创业机会，同时也为未来积累创业资本和工作经验，进一步提高自己的专业水平。例如，有专业知识的同学可选择兼职做家教、培训顾问等，对营销有兴趣的同学可兼职代理产品推销，有一技之长的同学可自己开设计工作室或兼职为企业做网络维护，有文字、绘画、舞蹈等文艺天赋的同学可以撰稿、设计、开展教育等，往创作方向发展，有外语特长的同学可兼职做口译、笔译，法律专业的同学可到律师事务所做兼职，擅长策划的同学可兼职广告、品牌、营销、公关等。

"互联网+"时代，各种商业机会接踵而至，给学生实现创业成功提供了机会。职业院校学生应开展创业调研，选择符合"互联网+"时代特点的智力服务创业形式，从而提高创业成功的概率。

### （五）大赛创业

大赛创业即利用各种商业创业大赛获得合作和资金平台的创业形式。大赛创业对职业院校学生来说，无异于检验其创新成果和获得投资的捷径。创业大赛是近几年风靡全球高校的重要赛事，不少著名的公司都是从创业大赛中脱颖而出的，因此，创业大赛也被形象地称为创业"孵化器"。大赛创业要求拥有有创新性和有前景的项目,有好的创意和营利模式,能吸引投资者的眼球。

大赛创业的优势是:有完整的创业计划,包括企业概述、业务展望、风险因素、投资回报、退出策略、组织管理、财务预测等方面的内容,这实际上就是一个模拟创业的过程,学生可以利用模拟创业获取经验,为以后实际的创业项目做准备;将好的创业项目实例化,经过分析、整理后形成创业方案,供实际创业时参考,甚至可直接依此操作;评审小组往往由专家和创业成功人士组成,评审专家专业而中肯的评语对初创者而言不啻金玉良言。

## 思考与练习

1. 精益创业画布的要素有哪些?如何制作精益创业画布?
2. 根据三度交集法则(图 3-8),明确自己的优势创业方向。

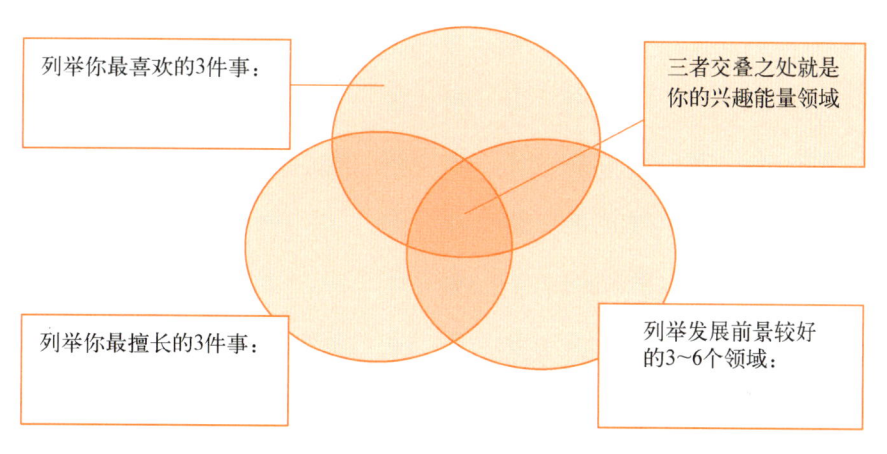

图 3-8 三度交集法则

3. 开展中国企业的商业模式分析。

竞争是商业活动中永恒的话题:20 年前比产品,谁有好的产品,谁就能成功;10 年前比渠道和品牌,谁的品牌影响大、谁的渠道广,谁就能成功。那么,今天的企业比的是什么?

这是一个 4P(产品、价格、渠道、推广)激烈竞争的时代,是一个产品同质化、广告同质化、品牌同质化、促销同质化、渠道同质化、执行同质化的时代,企业已经很难因 4P 中的某一方面脱颖而出。企业的竞争已经超越了营销这一层级,蔓延至更高层面的商业活动系统中。

请对国内知名企业的商业模式进行分析,并写出这些企业的商业模式对你的启发。

## 任务四　开展创业项目市场调研与分析

> **导入案例**
>
> **全锐科技：3年走访300余家企业，明确创业方向**
>
> 　　苏州经贸职业技术学院服装设计专业毕业生卜飞全在决定实施其全锐科技项目前，经过了长达3年的市场调研。其团队对国内300余家各类服装品牌企业、服装定制企业进行了现场实地调研，通过访问大量国内服装客户，观察、了解服装行业在生产过程中遇到的问题，发现整个服装行业普遍存在成本高、利润低的问题；在服装定制领域中，最为关键的裁剪环节仍在使用传统的手工裁剪，费工、费时、费料，智能化普及率低。经过这些详尽周密的调研，他明确了研发适合国内服装企业的智能服装裁剪设备的创业方向。
>
> 　　**案例点评**：卜飞全在创业期间，在做任何决策前都进行科学的市场调查，充分了解服装行业的独特规律以及发展趋势，特别是在创业初期经过有效的市场调查和分析，明确了创业方向，选择了适合自身特点的创业项目，避免了盲目导致的失败。

### 一、了解创业项目市场调研的步骤

　　要证明一个创业机会是否具备商机，进而进行真正意义上的创业，开展市场调研对创业者而言是非常重要的。创业者必须从市场上收集有用的信息，以对自己的创业项目进行评估。

#### （一）制定实施方案

　　科学的市场调查是创业决策的好帮手。所谓市场调查，就是对某一产品或服务的消费者及市场运营的各阶段进行调查，有目的地、系统地收集、记录、分析及整合相关资料，了解市场的现状及其发展趋势，为市场预测和营销决策提供客观的、正确的资料。

　　创业初期，创业者在做任何决策前都应该进行科学的市场调研，充分了解即将进入的行业的独特规律及发展趋势。如果创业者不深入进行市场调查分析、做出决策，而只是"跟着感觉走"，就有可能因为错误的决策满盘皆输。只有重视市场调研，才能在激烈的市场竞争中不断取得胜利。

　　可以分两步走，科学制定市场调研的实施方案。

**1. 确定市场调研目标**

　　我为什么要做市场调研？我要了解哪些情况？我要解决哪些问题？这是创业者开展市场调研时首先要明确的问题。这就要求创业者必须对症下药，在进行正式的市场调研之前，要先通过网络、报刊、统计部门和行业协会公布的信息等方式，有效地收集、整理相关的二手资料,让市场调研的目标清晰、对市场调研的设想井然有序。这样就能够在明确目标的指导下,为市场调研做足准备工作,而在具体调研中,消费者也乐于配合。

### 2. 设计具体的调研方案

创业者在制定明确的市场调研目标后,接下来的步骤就是为实现这一目标设计一个具体的方案。一个切实可行的市场调研方案一般包括以下几个方面的内容。

(1) 调研要求与目的。这是市场调研中最基本,也是最关键的问题。不管准备选择哪一种创业项目,都应该将需要了解的相关信息具体落实到方案中。

(2) 调研对象。通常情况下,市场调研的对象一般为消费者、零售商、批发商。

(3) 调研内容。创业者可以根据市场调研的目的来拟定明确的调研内容。调研内容要条理清晰、简洁明了,避免主次不分、庞杂烦琐。

(4) 调研样本。

(5) 调研的地区范围。

(6) 样本的抽取方法。

(7) 资料的收集和整理方法。

## (二) 明确不同阶段的主要任务

市场调研一般分为前期准备、正式调研、信息处理三个阶段。

### 1. 前期准备阶段

前期准备阶段又可分为明确调研主题、拟定调研计划、培训调研人员、试探性调研等步骤。

(1) 明确调研主题。创业者在调研之前,要在综合分析的基础上确定好调研主题。调研主题一般要根据调研的目的,在经过初步情况分析后加以确定。

(2) 拟定调研计划。明确调研目的、确定调研对象、选择调研和收集资料的方法、明确调研日期,特别是要做出调查经费预算及规定作业进度安排。

(3) 培训调研人员。调研人员的素质对调研质量影响重大。因此,必须确定合适的人选,并采取有效的方法进行培训。

(4) 试探性调研。调研人员应根据调研主题,在小范围内做一些试探性调研,如访问有关专家、中间商和推销员,征求用户和销售人员的意见等。

### 2. 正式调研阶段

正式调研阶段可分为设计样本计划、组建调研机构、收集调研资料、现场实地调研、确定调研分析方式、进行经费预算和时间安排等步骤。

(1) 设计样本计划。样本计划就是描述选择样本的过程与方法的文件。一种方法是随机抽样。这样,总体里的每个组成部分都会以一个已知且同样的概率被选入样本。在要表明样本代表总体的程度时,一般使用随机抽样。另一种确定样本的方法是非随机抽样。非随机抽样中,总体中每个组成部分被抽中的概率是不同的,也是未知的。

样本设计还包括确定样本大小,以及选择适当的方法确保样本结果的准确性等。

(2) 组建调研机构。调研可以由内部的专业人员来完成,也可以直接委托外部专业组织来进行。另外,还可以与外部的研究专家联合形成课题小组或请他们完成调研的某一部分,如进行抽样设计或提供特殊的资料分析手段等。

（3）收集调研资料。对于创业新手来说，做市场调研时的主要问题是不知道信息在哪里，也不知道如何获取信息。就信息来源而言，资料通常可以分为第一手资料和第二手资料两类。第一手资料是从实地调查中所得到的资料，比如直接向消费者或者供货商征求对产品或者服务的意见获得的资料；第二手资料是已经存在的，经过处理，在调查研究中可以使用的数据资料。这些资料可能存在于政府出版物或者商业贸易期刊上，还可能存在于经销商、广告代理商、行业协会系统处。使用第二手资料的好处是可以借鉴其他公司的成功经验，同时也能节省经费、提高效率，可以将其作为主要的资料。但由于第二手资料是过去在不同目的或者在不同条件下收集来的，对本项目而言的实用性自然会受到限制。

（4）现场实地调研。现场实地调研即现场收集资料。现场调研中，要对调研人员进行分工，并掌握调研进度，保证调研质量。

（5）确定调研分析方式。在具体调研之前，调研者一定要预先考虑对每个数据将进行何种分析及做何种检验，提出模拟问题的答案，然后对提出的模拟答案进行分析。因此，调研者必须在开始收集资料之前判断将要收集什么类型的资料，或需要产生什么样的结果才能达到研究目标并有助于提出决策建议。

（6）进行经费预算和时间安排。进行调研之前，还要事先对调研经费进行预算，并估计调研的价值，进行成本-效益分析。在做费用估计时，可以根据研究阶段或费用类型估计。

另外要考虑的是时间因素。调研组织者要对整个调研在时间上做周密的安排，规定每个阶段要达到的目标。有效的时间安排可以使调研管理更方便，而且便于调研资料的分类。

### 3. 信息处理阶段

信息处理阶段可分为整理资料、撰写调研报告等步骤。

（1）整理资料。市场调研获得的资料大多数是散乱无序的，难免出现虚假、差错、缺少、冗余等，难以反映调研问题的特征和本质。因此，必须对资料进行整理、加工，使之真实、准确、完整、统一。整理资料就是运用科学方法，对调查资料进行编校和分类，使之系统化、条理化。这一过程十分重要。

（2）撰写调研报告。资料的整理和分析是撰写调研报告的基础，撰写调研报告则是市场调研的必然过程和结果。调研报告由以下几个主要部分组成：

① 前言，主要说明调研目的、调研过程及采用的方法；

② 正文，根据收集的资料进行准确的分析，提出结论与工作建议；

③ 附件，主要是报告正文引用过的重要数据和资料，必要时可以把详细的统计图表和调查资料作为附件。

创业者需要注意的是，调研报告应力求客观、简明，用资料、数字说明问题，切忌主观臆断，并且要及时准确地完成，以指导实际工作。

## 二、进行市场调研的主要方法

市场调研方法有许多，最常用的是问卷调查法、访问法、观察法和资料收集法。

## （一）问卷调查法

问卷调查法是市场调研采用的最普遍的方法之一，在采用该方法时应遵循一定的原则，通过设计高质量的调查问卷，更好地实现调查目的。

### 1. 问卷调查的种类

按照问卷的媒介不同，问卷调查法有信函问卷法、网络问卷法和实地问卷法等常见种类。应根据调查主题、目的、对象及时间要求，选择不同的问卷调查法。

信函问卷法是将问卷寄给受访者，受访者按照设计的题目作答完毕之后再将问卷寄回的方法。这种问卷方式可以以其郑重、高标准的设计引发受访者的兴趣，因而回收率高，所获得信息的精准度也高。

网络问卷法是指利用电子邮箱或者设计好的网络平台来完成信息收集的方法。这种方法及时迅捷，但受受访者的文化水平、经济条件、生活习惯、认知能力等方面的制约。

实地问卷法是调查者在商场、餐厅、游乐场等人流量大而集中的公共场所随机选择过往行人，就地进行问卷调查的方法。这种方法对于目标市场比较明晰的创业项目而言比较适合，但行人配合的总体程度并不高。

### 2. 调查问卷的设计原则

决定市场调研质量的关键是调查问卷的设计质量，因此，调查问卷的设计应遵循可信原则、有效原则、数量适度原则和注意隐私原则。

（1）可信原则。调查问卷的设计应能够使受访者讲真话而不会产生误导，要对受访者的心理活动进行了解并得到可靠的反映。

（2）有效原则。通过调查问卷得到的信息应对所要研究的问题有用。

（3）数量适度原则。调查问卷的数量、调查问卷中问题的数量应适度。

（4）注意隐私原则。问卷要关注受访者的隐私，比如工作、收入、家庭、联系方式、地址等的安全，如果需要提问，应将其放在问卷的最后。在前面填写的过程中与受访者建立了信任关系之后，受访者才有可能把关乎个人隐私的内容留下来。

## （二）访问法

访问法是通过询问的方式向调查对象了解市场情况的方法。采用访问法进行市场调查时，调查人员一般会向受访者发放调查问卷，询问各种涉及他们行为、意向、态度和动机等方面的问题。根据调查人员与受访者接触方式的不同，可以将访问法分为入户访问法、街头拦截访问法、电话访问法和网络访问法。

### 1. 入户访问法

入户访问法是指调查人员在受访者家中，依照问卷或调查提纲与受访者进行面对面交谈的方法。入户访问的步骤如图3-9所示。

入户前准备 → 入户访问 → 询问问题 → 追问问题 → 记录答案 → 结束访问

图3-9　入户访问的步骤

### 2. 街头拦截访问法

街头拦截访问法是指在固定场所（如路口、小区、商场等）拦截受访者，对其进行面对面访问的方法。街头拦截访问的步骤如图3-10所示。

准备问卷 → 选定地点 → 确定受访者 → 进行拦截 → 访问 → 致谢

图 3-10　街头拦截访问的步骤

#### 3. 电话访问法

电话访问法是调查人员通过电话对受访者进行访问的方法，包括传统电话访问和计算机辅助电话访问。

传统电话访问是指调查人员使用普通电话随机拨号，并筛选受访者，然后对照纸质问卷逐题提问，并用笔记录答案的方法。

计算机辅助电话访问是指调查人员戴着耳机式电话坐在计算机旁边，由计算机系统随机拨号，调查人员筛选调查对象，然后按照屏幕上显示的问卷对受访者进行访问，并将答案直接输入计算机系统的方法。其流程如图3-11所示。

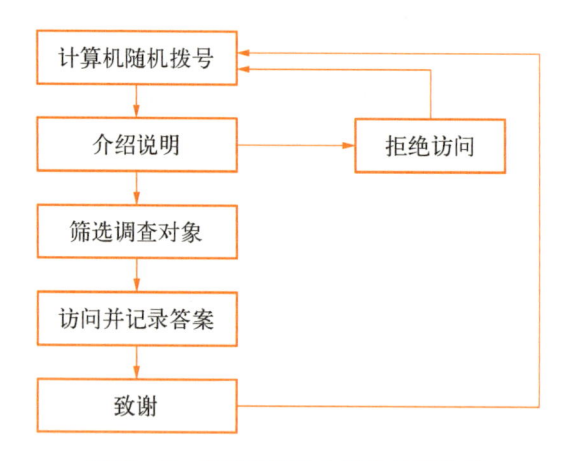

计算机随机拨号 → 介绍说明 → (拒绝访问) / 筛选调查对象 → 访问并记录答案 → 致谢

图 3-11　计算机辅助电话访问的流程

#### 4. 网络访问法

网络访问法是指在互联网上针对调查问题进行调查设计、搜集资料并进行分析的方法，可分为网页问卷访问法、电子邮件访问法、弹出式访问法、网上讨论法。

网页问卷访问法是指将设计好的问卷放在某个网页上，受访者通过网络填写问卷完成调查的方法。

电子邮件访问法是指通过电子邮件的形式将调查问卷发给受访者，由他们填写后以电子邮件的形式反馈给调查人员的方法。

弹出式访问是指当受访者在访问网站的过程中，自动弹出一个窗口，请受访者参与访问的方法。

网上讨论法可通过多种途径实现，如论坛、网络通信工具、网络实时交谈、网络会议等。

访问法包括很多种具体形式，每一种都有其优点和缺点，调查人员必须综合考虑调查项目的需要和调查机构的各种主客观条件,权衡利弊,选择最恰当的调查方法。不同种类访问法的比较如表3-5所示。

表 3-5 各种访问法的优缺点比较

| 项　　目 | 入户访问法 | 街头拦截访问法 | 电话访问法 | 网络访问法 |
| --- | --- | --- | --- | --- |
| 数据收集速度 | 快 | 快 | 很快 | 最快 |
| 地域灵活性 | 中等 | 中等 | 高 | 很高 |
| 回答率 | 高 | 高 | 中等 | 低 |
| 问题的多样性 | 高 | 高 | 低 | 中等 |
| 问卷长度 | 长 | 长 | 中等 | 中等 |
| 曲解题目的可能性 | 低 | 低 | 中等 | 高 |
| 调查员的影响程度 | 高 | 高 | 中等 | 低 |
| 回访难易程度 | 高 | 高 | 低 | 较高 |
| 成本 | 高 | 高 | 中等 | 低 |

通过表3-5可以看出,若需要及时收集相关的一手资料,可采用电话访问法或网络访问法;若调查时需要灵活改变题目并对答题质量有较高要求,可采用入户访问法或街头拦截访问法;若希望调查的地域范围更广泛,可采用网络访问法。上述访问法也可以综合使用,以一种方法为主,并辅以其他的访问法,扬长避短,以取得更好的效果。

(三) 观察法

观察法是指调查人员在现场通过自己的感官或借助影像摄录器材,直接或间接观察和记录正在发生的行为或状况,以获取第一手资料的调查方法。

观察法在市场调研中的应用主要体现在以下六个方面:

(1) 对消费者身体动作的观察,如观察消费者的购物动作;
(2) 对消费者语言行为的观察,如观察消费者与售货员的谈话;
(3) 对消费者表现行为的观察,如观察消费者谈话时的面部表情或声音、语调等;
(4) 对空间关系和地点的观察,如利用交通计数器记录来往车流量;
(5) 对时间的观察,如观察消费者进出商店的情况及在商店逗留的时间;
(6) 对文字记录的观察,如观察人们对广告文字内容的反应。

(四) 资料收集法

使用资料的好处是可以借鉴其他公司的成功经验,同时也能节省经费,提高效率。理性的、细致的、公开的收集是非常重要的基础工作。通常,资料收集法的具体步骤如下。

首先,确定研究的目的和主题。收集资料前应该确定研究的目的,根据研究的主题来确定所需要的信息资料和资料来源,再安排合适的人员有针对性地进行资料查询。主题的确定非常重要,可以避免收集与主题无关的资料。

其次,确定资料来源途径并着手进行搜集。调查人员在第一步的基础上,确定从哪里获得资料、收集所需资料的顺序和方法,以及收集这些资料所需要的时间、精力、人员安排等。资料有企业内部和外部资料之分,搜集的基本顺序是先内后外,从一般到具体。

企业资料的主要来源包括以下几个。

（1）相关年度报告。

（2）有关竞争产品或服务的文献资料。

（3）内部报纸和杂志。这些通常是非常有用的,因为它们记载了许多详细信息,如重大任命、员工背景、业务描述、理念和宗旨陈述、新产品和服务,以及重大战略行动等。

（4）广告。从竞争对手的广告中可以了解其对于媒体的选择、花费水平和特定战略的时间安排。

（5）行业出版物。这对了解财务和战略公告、产品数据等信息是有用的。

（6）公司领导者的论文和演讲。这对于了解内部程序细节、组织的高级管理理念和战略意图是有用的。

（7）销售人员的报告。虽然这些经常带有偏见,但其提供了有关竞争对手、消费者、价格、产品、服务、质量、配送等方面的第一手资料。

（8）顾客。来自顾客的报告可向内部积极索得,也可从外部市场调研专家处获得。

（9）供应商。来自供应商的报告对于评价竞争对手的投资计划、行动水平和效率等是非常有用的。

（10）专家意见。许多公司通过外部咨询来评价和改变它们的战略。

（11）证券经纪人。

（12）雇用的高级顾问。

最后,评估和筛选。评估和筛选的标准为内容是否与调查目的相吻合、是否满足调查主题要求,收集方法是否可靠与可信,以及资料收集的时效性等。

### 三、开展市场调研分析

市场调研分析具体包括以下几个方面。

#### （一）创业环境分析

创业环境分析包括宏观环境分析和行业环境分析两个方面。

**1. 宏观环境分析**

宏观环境分析可以通过PEST工具开展,即对创业项目面临的政治和法律环境、经济环境、社会文化环境和技术环境进行分析。

（1）政治和法律环境分析。分析政府对各个地区的经济政策,是否有相关的优惠政策或政府扶持;了解国家或地方政府颁布的各项法律法规,在经营中严格遵守。

（2）经济环境分析。分析当地的经济发展水平,主要包括能源和资源状况、交通运输条件、经济增长速度及趋势、产业发展状况、通货膨胀率、失业率等。

（3）社会文化环境分析。分析社会阶层、民族、宗教、风俗习惯、受教育程度及价值观念等因素。文化环境在很大程度上决定着购买行为,影响着消费者购买产品的动机、方式和地点。

(4)技术环境分析。分析科技体制、科技政策、科技研究领域、科技成果水平、科技研究与开发实力等。

### 2. 行业环境分析

行业环境分析常用的工具是"五力"模型。这五种作用力综合起来会影响价格、成本和投资收益等因素,从而决定了某产业中的企业获取超出资本成本的平均投资收益率的能力。例如,供应商的议价能力会影响原材料成本和其他投入成本;行业内竞争者现在的竞争能力会影响价格及竞争成本;潜在竞争者进入的能力会限制价格,并要求企业为防御入侵而进行投资。

### (二) 市场需求分析

创业项目针对的需求和指向的目标人群要细致而明确,并且能够保证通畅地接触到目标顾客。清楚市场需求,创业项目才会有清晰的市场定位。专注于满足顾客需求,能够为顾客带来的价值越高,其成功的概率也越高。反之,需求不清楚导致定位模糊的项目不仅无法精准地抓住顾客的需求,而且会造成资源的浪费。

市场需求分析主要包括购买力分析、商品需求结构分析、消费人口结构分析、购买动机分析和购买行为分析。具体分析的内容见表3-6。

表3-6 市场需求分析的内容

| 项　　目 | 具体的分析内容 |
| --- | --- |
| 购买力分析 | 消费者的个人收入水平和家庭平均收入水平;<br>各类消费支出额占消费支出总额的比重;<br>消费者储蓄和信贷情况的变化 |
| 商品需求结构分析 | 属于日常消费需求还是住宅等资产消费需求;<br>属于生产资料需求还是消费资料需求;<br>为满足高收入人群还是为满足中低收入人群 |
| 消费人口结构分析 | 现有消费者和潜在消费者的数量及地区分布情况;<br>消费者的年龄、性别、职业、民族、文化程度等 |
| 购买动机分析 | 消费者为什么会购买;<br>消费者购买该产品是为满足其生理需要、安全需要、社交需要、尊重需要还是自我实现的需要 |
| 购买行为分析 | 消费者对产品的品牌、性能、质量、款式和规格的要求;<br>消费者购买的时间;<br>消费者购买的地点;<br>消费者购买的方式;<br>谁负责购买 |

(资料来源:王涛,严光玉,刘丽华.创新创业实践能力训练[M].上海:上海交通大学出版社,2016)

### (三) 市场规模分析

市场规模分析主要是研究目标产品或行业的整体规模,具体包括目标产品或行业在指定时间内的产量、产值等。市场规模的大小与成长速度是影响项目商业价值的重要因素。

市场规模分析主要对拟生产的产品从特色、包装、服务、市场容量、价格等方面进行分析。通过对产品的分析,主要弄清楚以下几个问题:在市场上有无同类产品?产品与市场上的同类产品相比特色是什么?产品的市场容量有多大?产品价格与同类产品相比有无优势?产品的需求是否可持续?产品的进入门槛是高还是低?产品是否容易被其他产品替代?

### (四) 市场成长率和销售渠道分析

市场成长率又叫市场增长率,是指产品或服务的市场销售量或销售额在比较期内的增长率。市场成长率决定了创业项目的发展潜力,一般情况下,高价值创业项目的市场成长率要达到30%～50%,甚至更高。蒂蒙斯的项目评价模型中提到,市场成长率要高于15%。如果在预测中发现市场成长率呈现前期高、后期低的情况,可能预示着项目的同质化倾向较高,创新空间有限。

销售渠道是指某种产品从生产者向消费者转移过程中所经过的通道或路径,主要包括以下三种:一是直接销售给消费者;二是通过产品经销商(如批发商、零售商)销售给消费者;三是委托代理商进行推销。对上述三种销售渠道哪一种最能有效地销售产品,则需要进行以下几个方面的调查分析:同类产品的销售渠道有哪些,创业企业建立的销售渠道能否满足销售产品的需要;市场上是否存在销售同类产品的权威性机构,如果存在,其经销的产品在市场上占有的份额是多少;产品的经销商经销此种产品的要求和条件是什么,它们是否愿意或有无能力接受新的货源,经销商除了经销产品,是否还承担其他促销业务,如广告宣传、售后服务等;经销此种产品的竞争情况,以及产品在每一环节的加价或折扣是多少。

#### 案例3-5

**名牌产品也要"入乡随俗"**

"狗不理"包子店在杭州不受欢迎,就与其事先对消费者需求的调查不充分有关。首先,"狗不理"包子的馅比较油腻,不合喜爱清淡食物的杭州市民的口味。其次,杭州市民将包子作为快餐食品,往往边走边吃,而"狗不理"包子由于薄皮、水馅容易流汁,不能拿在手里吃。最后,"狗不理"包子的馅中多半有葱、蒜一类的辛辣、刺激物,这与杭州这个南方城市市民的传统口味相悖。

### (五) 竞争对手分析

可以通过调查竞争对手的情况,了解其优势和劣势制定企业的竞争策略。一般来说,竞争对手分析的内容主要包括以下几个方面。

### 1. 确定谁是你的竞争对手

直接竞争者是与创业企业提供相同业务的企业,是最主要的竞争对手,因为它们与创业企业争夺同一个顾客群。要仔细研究每一个直接竞争者,了解在国内或地区内有哪些同类型企业,列出各个竞争者的名称、地址、业务类型和企业实力等。其中,企业实力是指企业满足市场要求的能力,包括生产能力、技术能力和销售能力等因素。

间接竞争者是提供的产品或服务的名称与创业企业的不同,但可以替代创业企业的产品或服务,与创业企业的产品或服务一样可以满足消费者的需求的企业。对这些竞争者也不能小视。

另外,创业团队还要针对创业企业经营范围的变化情况,将未来可能的竞争者列入调查、分析的范围。可以列出近两年来新成立的企业,分析哪些因素可以解释那些新企业的成功;也可以列出近两年来倒闭的企业,分析其失败的原因,以资借鉴。

识别出所有的直接和间接竞争者一般来说很难做到,但是列举出一些自己能够意识到的竞争者,对其经营状况进行分析,有助于创业者对竞争的范围和强度做出基本估计。通过对主要竞争者的战略和行为进行对比分析,创业者可以了解自己在关键领域与竞争对手相比的优劣势所在,明确存在竞争优势的领域。创业者可以运用竞争者分析方格来开展上述工作。竞争者分析方格的格式如表3-7所示。

表 3-7 竞争者分析方格

| 关键因素 | 主　要　竞　争　者 |
| --- | --- |
| 关键因素 1 |  |
| 关键因素 2 |  |
| …… |  |

在运用竞争者分析方格进行分析的过程中,创业者可能会发现创业企业在某些竞争领域存在的优势。对于存在劣势的领域应及时进行调整,尽可能降低未来的经营风险。

### 2. 了解竞争对手

通过调查竞争对手的情况,了解其优势和劣势,以制定企业的竞争策略。一般来说,主要了解以下两个方面。

(1) 竞争者的产品市场分布、市场占有率及对本企业的产品销售影响。市场占有率是指企业的某种产品在市场销售的同类产品中所占的比重,它反映了一个企业的竞争能力和经营成果。在创业项目正式启动之前,创业者需要通过市场预测来推算产品未来的市场占有率。一般情况下,想要成为市场领导者,至少要在5年之内拥有20%以上的市场占有率。如果产品的市场占有率低于5%,则说明企业的竞争力较低,在行业中只能处于市场追随者的地位,且后期上市的概率也很小。

(2) 竞争者的市场营销组合策略对企业的生产经营产生的影响。这方面包括主要竞争者采取了哪些市场营销组合策略,这些营销组合策略发生作用后会对企业的生产经营产生何等程度的影响。尤其是对那些销售业绩较好的企业,要重点分析它们成功的地方在哪里。

### (六) 关键财务数据分析

关键财务数据包括现金流占比、税后净利、盈亏平衡点、投资回收率和毛利率。

#### 1. 现金流占比

现金流是创业者在评估创业项目时必须重视的。庞大的创业队伍中,在经营初期由于现金流断裂而破产的企业不在少数。创业企业必须拥有良好的现金流,占到销售额的30%以上。

#### 2. 税后净利

税后净利决定了企业的资金积累和发展后劲。一般情况下,高价值的创业项目至少要能够创造15%的税后净利。如果创业预期的税后净利在5%以下,说明这个项目没有投资价值。

#### 3. 盈亏平衡点

盈亏平衡点又称零利润点、保本点、盈亏临界点、损益分歧点、收益转折点,通常是指全部销售收入等于全部成本时的产量(销售收入线与总成本线的交点)。以盈亏平衡点为界限,当销售收入高于盈亏平衡点时,企业赢利;反之,企业亏损。

企业达到盈亏平衡点的时间为盈亏平衡时间,合理的盈亏平衡时间应该为1.5～2年,如果用3年的时间依然无法达到项目的盈亏平衡,则可以认定项目投资风险偏大,不适宜作为投资项目。当然,也有一些科技或资本含量较高的项目,如生物制剂、主题公园、智慧农业等项目,其本身的投资回报期偏长。学生创业者在面对这些项目时,如果没有一定的前期积淀或资源基础,还是不要轻易尝试。

#### 4. 投资回收率

投资回收率又叫投资回报率,反映了通过投资返回的价值,即企业从一项投资性商业活动的投资中得到的经济回报。在考虑了企业经营中可能会遇到的各种风险的情况下,合理的投资回收率应该在25%以上。如果某个项目的投资回收率在15%以下,可以考虑放弃。

#### 5. 毛利率

毛利率是毛利占销售收入(或营业收入)的百分比。不同行业的毛利率标准略有差异,但一般情况下,理想的毛利率在40%以上。近几年,互联网信息服务、人工景点、白酒、移动通信增值服务、酒店、餐饮、高速公路、葡萄酒、交通运输设备、生物制品、软件开发与服务等行业的平均毛利率超过50%。

## 思考与练习

1. 市场调研不同阶段的主要任务有哪些?
2. 市场调研分析的主要内容有哪些方面?
3. 市场需求调研活动练习。

王梅是电子商务专业的学生,她的好朋友李萌快要过生日了,她想送给李萌一份特别的礼物。她到学校附近的礼品店看了一下,品种很多,让人眼花缭乱,但是都大同小异,不能体现送礼者的特殊心意,原来批量式的礼物生产已经让礼物失去了其特殊的纪念意义。王梅希望礼品店里出售具有个性与独特意义的礼物,渴望在送礼物的同时把自己的新意和心意体现出来。

假设你要开办一家礼品店,针对那些有个性需求的消费者,你会如何经营?你的想法是否符合市场需要?请你对本校学生的需求情况进行调查,了解他们在产品需求和消费动机等方面的差异,然后根据调查结果分析开办礼品店的可行性。

(1)每4~5人为一组,选出一个小组负责人,明确成员分工和具体责任。
(2)小组成员进行分析、讨论,提出营销方案。
(3)进行需求调研。调研步骤见表3-8。

表3-8 调研步骤分解表

| 步 骤 | 具 体 事 项 |
| --- | --- |
| 第一阶段:设计 | 确定调研的目标和内容 |
|  | 选择调研的方法 |
|  | 设计调研问卷(通过网络查阅相关资料,然后进行设计) |
|  | 选择抽样计划 |
| 第二阶段:实施调研 | 选择时间、地点并组织人员进行调研 |
|  | 控制调研的时间和质量 |
| 第三阶段:数据整理、分析 | 对获得的数据进行整理 |
|  | 对获得的数据进行分析 |
| 第四阶段:撰写报告 | 撰写书面报告 |

可根据表3-9的内容来设计调查问卷。

表3-9 需求调研分析表

| 分析项目 | 具体的分析内容 |
| --- | --- |
| 购买力分析 | 消费者的个人收入水平;<br>消费者的礼品支出额占消费支出总额的比重;<br>消费者愿意为创意礼品支付的金额 |
| 商品需求结构分析 | 创意礼品需求和传统礼品需求的占比;<br>消费者更喜欢的创意礼品的种类 |

续 表

| 分析项目 | 具体的分析内容 |
|---|---|
| 人口结构分析 | 消费者的年龄、性别、民族、文化程度和爱好；<br>不同年龄阶层的消费者对创意产品的需求有无不同 |
| 购买动机分析 | 消费者为什么会购买；<br>消费者注重产品的什么特征，价格、款式、实用性还是创意 |
| 购买行为分析 | 消费者对产品的品牌、性能、质量、款式和规格的要求；<br>消费者购买的时间、地点、方式；<br>谁负责购买 |

（4）小组合作撰写调研报告，并制作PPT，小组负责人上台进行成果展示。

（5）教师进行点评，并根据表3-10所示的评分标准为各组进行评分。

表3-10 探索活动评分标准

| 评价项目 | 评分标准 | 满分 | 实际得分 | 备注 |
|---|---|---|---|---|
| 准备工作 | 积极参与讨论 | 10 | | |
| | 所选的调研项目具有创意 | 10 | | |
| 市场调研 | 分工明确、合理 | 10 | | |
| | 设计的调查问卷涵盖了需要分析的各项内容 | 15 | | |
| | 按要求完成了调研工作 | 15 | | |
| 成果展示 | 调研报告结构完整、条理清楚 | 15 | | |
| | PPT制作精美 | 10 | | |
| | 讲解者表达流利、有独到见解 | 15 | | |
| 总 分 | | 100 | | |

# 项目四

## 创业实战准备

**学习目标**

（1）了解创业团队的构成要素、激励原则及方法，了解创业资源的种类、整合原则、获取途径、开发方法及创业融资渠道，了解创业计划书的构成。

（2）能够组建创业团队、整合创业资源、撰写创业计划书。

（3）涵养勇于创新、敢于创业的精神，并积极投身创业实践。

# 创业实战准备

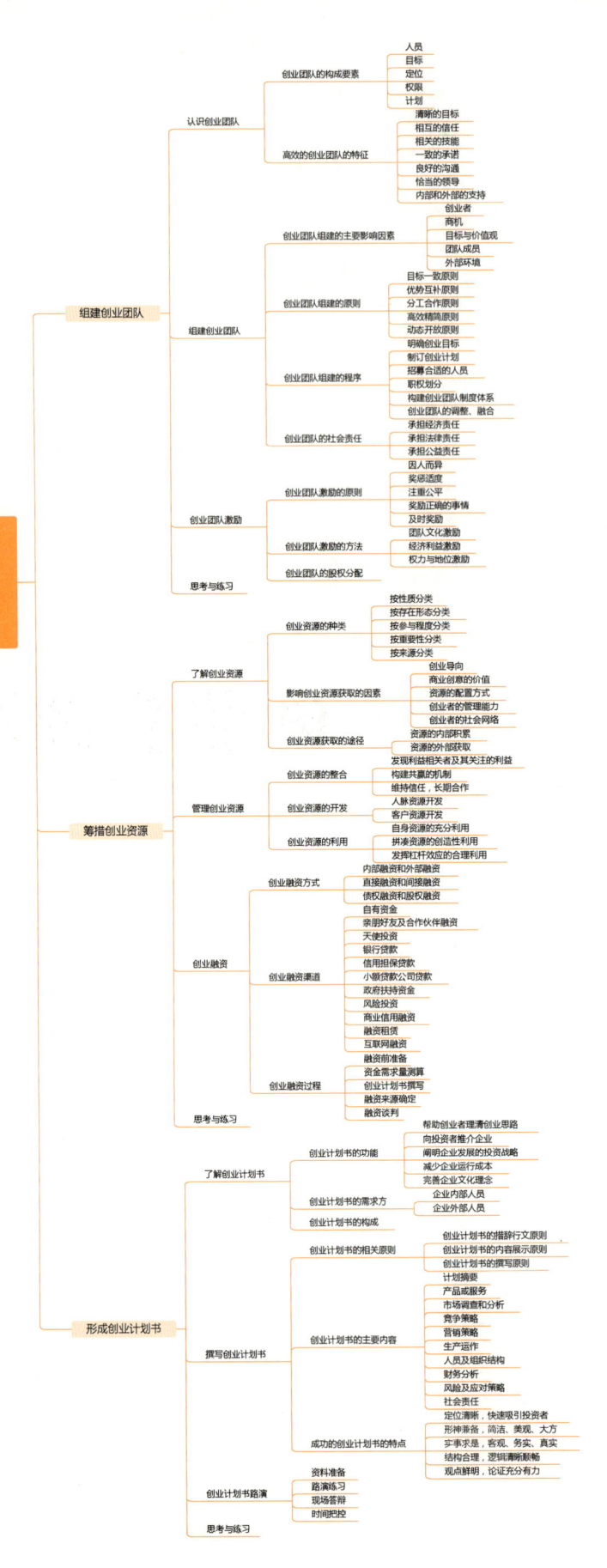

## 组建创业团队
### 认识创业团队
- 创业团队的构成要素
  - 人员
  - 目标
  - 定位
  - 权限
  - 计划
- 高效的创业团队的特征
  - 清晰的目标
  - 相互的信任
  - 相关的技能
  - 一致的承诺
  - 良好的沟通
  - 恰当的领导
  - 内部和外部的支持

### 组建创业团队
- 创业团队组建的主要影响因素
  - 创业者
  - 商机
  - 目标与价值观
  - 团队成员
  - 外部环境
- 创业团队组建的原则
  - 目标一致原则
  - 优势互补原则
  - 分工合作原则
  - 高效精简原则
  - 动态开放原则
- 创业团队组建的程序
  - 明确创业目标
  - 制订创业计划
  - 招募合适的人员
  - 职权划分
  - 构建创业团队制度体系
  - 创业团队的调整、融合
- 创业团队的社会责任
  - 承担经济责任
  - 承担法律责任
  - 承担公益责任

### 创业团队激励
- 创业团队激励的原则
  - 因人而异
  - 奖惩适度
  - 注重公平
  - 奖励正确的事情
  - 及时奖励
- 创业团队激励的方法
  - 团队文化激励
  - 经济利益激励
  - 权力与地位激励

### 创业团队的股权分配
### 思考与练习

## 筹措创业资源
### 了解创业资源
- 创业资源的种类
  - 按性质分类
  - 按存在形态分类
  - 按参与程度分类
  - 按重要性分类
  - 按来源分类
- 影响创业资源获取的因素
  - 创业导向
  - 商业创意的价值
  - 资源的配置方式
  - 创业者的管理能力
  - 创业者的社会网络
- 创业资源获取的途径
  - 资源的内部积累
  - 资源的外部获取

### 管理创业资源
- 创业资源的整合
  - 发现利益相关者及其关注的利益
  - 构建共赢的机制
  - 维持信任,长期合作
- 创业资源的开发
  - 人脉资源开发
  - 客户资源开发
- 创业资源的利用
  - 自身资源的充分利用
  - 拼凑资源的创造性利用
  - 发挥红杉效应的合理利用

### 创业融资
- 创业融资方式
  - 内部融资和外部融资
  - 直接融资和间接融资
  - 债权融资和股权融资
- 创业融资渠道
  - 自有资金
  - 亲朋好友及合作伙伴融资
  - 天使投资
  - 银行贷款
  - 信用担保贷款
  - 小额贷款公司贷款
  - 政府扶持资金
  - 风险投资
  - 商业信用融资
  - 融资租赁
  - 互联网融资
- 创业融资过程
  - 融资前准备
  - 资金需求量测算
  - 创业计划书撰写
  - 融资来源确定
  - 融资谈判

### 思考与练习

## 形成创业计划书
### 了解创业计划书
- 创业计划书的功能
  - 帮助创业者理清创业思路
  - 向投资者推介企业
  - 阐明企业发展的投资战略
  - 减少企业运行成本
  - 完善企业文化理念
- 创业计划书的需求方
  - 企业内部人员
  - 企业外部人员
- 创业计划书的构成

### 撰写创业计划书
- 创业计划书的相关原则
  - 创业计划书的措辞行文原则
  - 创业计划书的内容展示原则
  - 创业计划书的撰写原则
- 创业计划书的主要内容
  - 计划摘要
  - 产品或服务
  - 市场调查及分析
  - 竞争策略
  - 营销策略
  - 生产运作
  - 人员及组织结构
  - 财务分析
  - 风险及应对策略
  - 社会责任
- 成功的创业计划书的特点
  - 定位清晰,快速吸引投资者
  - 形神兼备,简洁、美观、大方
  - 实事求是,客观、务实、真实
  - 结构合理,逻辑清晰顺畅
  - 观点鲜明,论证充分有力

### 创业计划书路演
- 资料准备
- 路演练习
- 现场答辩
- 时间把控

### 思考与练习

## 任务一　组建创业团队

### 导入案例

**携程创业"四君子"**

1999年春节后的一天，季琦与梁建章、沈南鹏等上海交通大学的校友聚会上，几个年轻人经过热烈的讨论，最后做出决定：一起做一个向大众提供旅游服务的电子商务网站。当年，季琦与梁建章、沈南鹏、范敏共同创建了携程旅行网。季琦任总裁，梁建章任首席执行官，沈南鹏任首席财务官，范敏任执行副总裁，人称"携程四君子"。

民企出身的季琦富有激情、锐意开拓；来自华尔街的沈南鹏擅长融资，是个具有多年投资经验的银行家；从事IT咨询的梁建章偏理性，善于把握整体，眼光长远；国企出身的范敏则善于经营，方方面面的关系都平衡得很好。在这一创业团队的分工合作下，携程很快成长为国内知名的旅游服务电子商务网站。

案例点评：携程创业"四君子"目标明确、一致，四人特长各异，各掌一端，分工合作，优势互补。他们相互取长补短，配合默契，各自发挥自己的专业才能，使得携程从无到有、从小到大，稳健发展，创造了良好的成绩。

### 一、认识创业团队

创业团队是由两个或两个以上具有一定利益关系、共同承担创建新企业责任的人组建而成的工作团队。他们对企业的将来负责，拥有共同的财务及其他方面的义务，在完成实现共同目标的工作中相互依赖，在创业的初期阶段处于执行层的位置，并负责企业的主要执行工作。创业团队有着共同目标、共享创业利益、共担创业风险，他们才能互补，容易形成凝聚力、忠诚感和信任感，通过提供新的产品或服务给社会提供新价值。

#### （一）创业团队的构成要素

任何创业团队都包括五个必不可少的要素，即人员（people）、目标（purpose）、定位（place）、权限（power）和计划（plan），简称"5P"。

**1. 人员**

创业团队成员是创业成功的关键因素，只有适合创业的成员被吸收进入创业团队，才能够保证创业企业的稳健经营。选择团队成员的方法主要是根据团队的目标和定位，明确团队需要的技能、学识、经验和才华等，然后根据个人的知识结构、性格、兴趣、价值观念选择合适的人选。创业团队要注重成员知识、技能结构的互补，根据各个成员的特长，使之各司其职。

**2. 目标**

创业团队对其所要达到的共同目标要有明确的认识。目标的重要性在于能激励团队成员把个人目标升华为群体目标,团队成员为实现共同目标做出承诺时,清楚地知道自己该做什么工作,以及应该怎样共同工作才能实现共同目标。共同、远大的目标可以使团队成员精神振奋,与创业企业的政策和行动协调、配合,充分发挥个人的潜能,创造出超乎寻常的成果。

#### 3. 定位

定位包括两层含义。一是创业团队的定位,即创业团队在企业中处于什么位置,由谁选择和决定团队的成员,创业团队最终应对谁负责,创业团队采取什么方式激励成员。二是团队成员的定位,即作为成员在创业团队中扮演什么角色,是制订计划还是具体实施或评估技术;是大家共同出资,共同参与管理,还是共同出资,聘请第三方职业经理人管理。

#### 4. 权限

权限是指团队负有的职责和享有的权利。对团队的权限进行界定,也就是要明确团队的工作范围、工作重心和不同团队的界限。团队的权限范围必须和它的定位、工作能力和资源相一致。适当的、合理的权限是调动团队积极性的关键因素。

#### 5. 计划

计划就是将创业团队的权限分配给团队成员,并明确团队成员如何进行分工、合作。创业团队的工作计划一般包括创业团队需要多少成员,创业团队领导者的特征、权限和职责,创业团队中沟通的方式,创业团队的工作任务,每位创业团队成员的工作时限,对完成创业团队任务的界定,评价和激励创业团队成员的方式,这些内容应根据创业团队的本身特点和实际需要确定。

### (二) 高效的创业团队的特征

高效的创业团队一般具备以下特征。

#### 1. 清晰的目标

高效的创业团队对要达到的目标有清楚的理解,并坚信这一目标具有重大的意义和价值。在高效的创业团队中,成员愿意为实现团队目标做出承诺,清楚地知道团队希望他们做什么工作,以及他们应怎样共同工作以实现目标。

#### 2. 相互的信任

成员间相互信任是高效的创业团队的显著特征,也就是说,每个成员对其他人的品行和能力都确信不疑。所以,维持群体内的相互信任需要引起管理层足够的重视。

#### 3. 相关的技能

高效的创业团队是由一群有能力的成员组成的。他们具备实现目标所必需的技术和能力,而且有善于合作的个人品质,从而能出色完成任务。

#### 4. 一致的承诺

高效的创业团队成员对创业团队表现出高度的忠诚和承诺,为了使团队获得成功,他们愿意去做任何事情,我们把这种忠诚和奉献称为一致承诺。一致承诺表现为对团队目标的奉献精神,愿意为实现这一目标而调动和发挥自己的最大潜能。

#### 5. 良好的沟通

良好的沟通是高效的创业团队必不可少的特点。组织成员通过畅通的渠道交流信息。此外,管理层与创业团队成员之间健康的信息反馈也是良好沟通的重要特征,它有助于指导创业团队成员的行动,消除误解。

### 6. 恰当的领导

优秀的领导者能够让创业团队跟随自己共同度过最艰难的时期,能为创业团队指明前途所在,鼓舞创业团队成员。高效的创业团队的领导者担任的往往是教练和后盾的角色,他们为创业团队提供指导和支持,但并不试图去控制它。

### 7. 内部和外部的支持

高效的创业团队还有一个必需条件,就是内部和外部的支持。从内部条件来看,创业团队应拥有一个合理的运营机制,来强化成员行为,以取得高绩效水平;从外部条件来看,管理层应给创业团队提供完成工作所必需的各种资源。

## 二、组建创业团队

创业团队是创业企业的核心,建立在创业团队基础上的企业绩效往往要好于单个创业者所创办的企业绩效。创业团队会对创业的成功起到至关重要的作用。

### (一)创业团队组建的主要影响因素

创业团队的组建受多种因素的影响,这些因素相互作用,共同影响着组建过程,并进一步影响着团队建成后的运行效率。

#### 1. 创业者

创业者的能力和思想意识从根本上决定了是否要组建创业团队、组建创业团队的时间表,以及由哪些人组成创业团队。创业者只有意识到组建创业团队可以弥补自身能力与创业目标之间存在的差距,才会考虑是否需要组建创业团队,并对什么时候需要引进什么样的人员才能和自己形成互补做出准确判断。

#### 2. 商机

开发不同类型的商机需要不同类型的创业团队。创业者应根据自身情况与商机间的匹配程度,决定是否要组建创业团队,以及何时、如何组建创业团队。

#### 3. 目标与价值观

共同的价值观、一致的目标是组建创业团队的前提,创业团队成员若不认可创业团队目标,就不可能全心全意为实现此目标而与其他创业团队成员相互合作、共同奋斗。而不同的价值观将直接导致创业团队成员在创业过程中脱离创业团队,进而削弱创业团队发挥的作用。没有共同的价值观和一致的目标,创业团队即使组建起来,也无法有效发挥协同作用,缺乏战斗力。

#### 4. 团队成员

创业团队成员的能力的总和决定了创业团队的整体能力和发展潜力。创业团队成员才能互补是组建创业团队的必要条件。创业团队成员间的信任是形成创业团队的基础。信任的缺乏将直接导致创业团队成员间协作障碍的出现。

#### 5. 外部环境

创业团队的生存和发展直接受到制度环境、经济环境、社会环境、市场环境、资源环境等多种外部要素的影响。这些外部环境要素从宏观上间接地影响着对创业团队类型的要求。

### (二)创业团队组建的原则

组建创业团队应遵循以下几条原则。

微课 11:如何组建创业合伙人团队

### 1. 目标一致原则

团队发展目标是灯塔，指引着创业团队前进的方向。组建创业团队时，必须形成一个明确的团队发展目标，这个目标是可以经过大家的努力协作最终实现的。有了明确、一致的目标，创业团队才能志同道合、齐心协力，即使遇到困难和挫折，也能有难同当、同舟共济，最终赢得成功。

### 2. 优势互补原则

建立优势互补的创业团队是保持团队稳定的关键，创业团队必须由有不同才能的人员组成，团队成员间在知识、技能、经验等方面实现互补，整合个体优势，弥补个体不足，才有可能通过相互协作发挥整体的最大效益和作用。团队应包括的基本人才有管理型人才、营销型人才、技术型人才等。

### 3. 分工合作原则

每个人都有其不同的长处和不足，要根据成员的特点进行分工，扬长避短。合作可以弥补各成员的缺陷，使企业在竞争中迅速站稳脚跟。没有团结合作，就没有优势互补，就形成不了整体力量。团队成员需要精诚合作、荣辱与共。

### 4. 高效精简原则

为了减少创业期的运作成本、最大比例地分享成果，创业团队的人员构成应在保证企业能高效运作的前提下尽量精简。

### 5. 动态开放原则

创业过程是一个充满了不确定性的过程，创业团队中，可能因为能力、观念等多种原因不断有人离开，同时也不断有人加入。因此，在组建创业团队时，应注意保持创业团队的动态性和开放性，使真正适合的人员能被吸纳到创业团队中来。

### 案例 4-1

#### 全锐科技的创业团队构成

全锐智能科技发展（苏州）有限公司是苏州经贸职业技术学院毕业生卜飞全于 2017 年 10 月在苏州高新区创办成立的研发、销售全自动智能裁剪柔性生产线的科技公司，致力于服装裁剪的智能化生产、研发。其创业团队和顾问团队的构成如表 4-1、表 4-2 所示。

表 4-1　全锐科技的创业团队构成

| 姓 名 | 职 位 | 介 绍 |
| --- | --- | --- |
| 卜飞全 | 总经理（创始人） | 服装设计专业毕业，负责公司整体运营 |
| 李 楠 | 研发部总监 | 博士，前微软亚洲互联网工程院（苏州）资深研发总监，主要从事数据库开发 |

续表

| 姓　名 | 职　位 | 介　绍 |
|---|---|---|
| 王　成 | 研发部副总监 | 国家技术能手,苏州高新区技能大师(名师)工作室负责人,专注精密加工的研发制造、实际应用 |
| 王　超 | 研发部骨干 | 博士,专注机电一体化系统,研究控制器、检测装置、动力装置和传动装置 |
| 陈　李 | 营销部总监 | 毕业于苏州经贸技术学院服装专业,有纺织服装行业的近十年从业经验,负责品牌推广建设与市场运营 |
| 李启明 | 营销部副总监 | 毕业于苏州经贸职业技术学院数字媒体专业,擅长营销策划,负责华东地区的销售业务、客户管理与新市场开拓 |
| 俞梁英 | 质管部总监 | 质量管理工程学博士,有多项实用新型发明专利,具有较强的全局思维和分析、判断、决策及处理突发事件的能力 |
| 刘俊杰 | 工程部副总监 | 毕业于苏州经贸职业技术学院环境艺术设计专业,负责项目的质量安全、造价等工作的管理 |
| 周　丹 | 财务部总监 | 拥有人力资源管理与国际贸易双学位和多年行政管理经验,国际商务师,注册会计师,主要负责公司财务与人事工作 |

表4-2　全锐科技的顾问团队构成

| 姓　名 | 职　位 | 介　绍 |
|---|---|---|
| 蔡　艳 | 行业顾问 | 旅法设计师,法国兰斐婚纱礼服品牌创始人兼首席设计总监,AM.IXAM的联合创始人 |
| 虞黎达 | 运营顾问 | 量品品牌创始人,在衬衫制造行业拥有超过20年的从业经验,曾管理阿玛尼、LV等众多一线品牌衬衫的代加工工厂 |
| 闵大勇 | 技术顾问 | 全国专业标准化技术委员会委员,激光加工国家工程研究中心副主任,全国激光加工专业委员会副主任委员 |

从全锐科技创业团队的构成来看,其团队成员来自不同领域,保证了团队分工的合理性,他们有着丰富的科研经验及任职经历,配合默契,可以保证项目的长期可持续运行。公司也拥有知名的技术顾问、行业顾问和运营顾问。

(三)创业团队组建的程序

创业团队的组建是一个相当复杂的过程,不同类型的创业项目所需的团队不一样,其创建步骤也不完全相同。大致的组建程序及主要工作如下。

1. 明确创业目标

创业团队的总目标就是通过完成创业阶段的技术、市场、规划、组织、管理等各项工作来实现企业的从无到有、从起步到成熟。总目标确定之后,再将总目标加以分解,设定若干可行的、阶段性的子目标。

#### 2. 制订创业计划

在确定目标之后,就要研究如何实现这些目标,这就需要制订周密的创业计划。创业计划是在对创业目标进行具体分解的基础上,从创业团队整体出发考虑后形成的计划。创业计划确定了在不同的创业阶段需要完成的阶段性任务,通过逐步实现这些阶段性目标来最终实现创业目标。

#### 3. 招募合适的人员

招募合适的人员是创业团队组建中最关键的一步。创业团队成员的招募主要应考虑两个方面。一是考虑互补性,即考虑其能否与其他成员在能力或技术上形成互补。一般而言,创业团队至少需要管理、技术和营销三个方面的人才。只有这三个方面的人才形成良好的沟通协作关系,创业团队才可能实现稳定、高效。二是考虑适度规模,适度的团队规模是保证团队高效运转的重要条件。创业团队成员太少,则无法实现创业团队的功能和优势,而过多又可能会产生交流的障碍,进而大大削弱创业团队的凝聚力。一般认为,创业团队的规模控制在2~12人最佳。

#### 4. 职权划分

为了保证创业团队成员顺利执行创业计划、开展各项工作,必须预先在创业团队内部进行职权的划分。创业团队的职权划分就是根据执行创业计划的需要,具体确定每个创业团队成员所要担负的职责及所相应享有的权限。创业团队成员间职权的划分必须明确,既要避免职权的重叠和交叉,又要避免无人承担造成工作上的疏漏。此外,由于处于创业过程中,面临的创业环境又是动态、复杂的,会不断出现新的问题,创业团队成员可能不断出现更换,创业团队成员的职权也应根据需要不断地进行调整。

#### 5. 构建创业团队制度体系

创业团队制度体系体现了创业团队对成员的控制和激励能力,主要包括团队的各种约束制度和激励制度。一方面,创业团队通过各种约束制度(主要包括纪律条例、组织条例、财务条例、保密条例等)指导其成员避免做出不利于创业团队发展的行为,对其行为进行有效的约束,保证创业团队的稳定秩序。另一方面,创业团队实现高效运作要建立有效的激励机制(主要包括利益分配方案、奖惩制度、考核标准、激励措施等),使创业团队成员看到随着创业目标的实现,其自身利益会得到怎样的改变,从而达到充分调动成员的积极性、最大限度地发挥创业团队成员作用的目的。

#### 6. 创业团队的调整、融合

完美组合的创业团队并非创业一开始就能建立起来的,很多时候是在企业创立一定时间以后随着企业的发展逐步形成的。随着创业团队的运作,创业团队组建时在人员匹配、制度设计、职权划分等方面的不合理之处会逐渐暴露出来,这时就需要对创业团队进行调整、融合。由于问题的暴露需要一个过程,创业团队的调整、融合也应是一个动态持续的过程。在完成前面的工作步骤之后,创业团队针对运行中出现的问题不断地对前面的步骤进行调整,直至满足企业需要为止。

微课12:管理创业团队的策略和技巧

### (四)创业团队的社会责任

创业团队在创造利润和对团队成员及股东承担法律责任的同时,还要承担对企业员工、消费者、社区和环境等的责任。创业团队的社会责任主要包括以下几个方面。

#### 1. 承担经济责任

创业团队应创办和经营好企业,做到赢利,尽可能扩大销售、降低成本、正确决策,保障利益相关者的合法权益。党的二十大报告提出"就业是最基本的民生""完善促进创业带动就业的保障制度"。作为创业者,要争取把企业做大做强,创造更多的就业岗位,为解决社会就业问题和促进社会安定尽一份力。

#### 2. 承担法律责任

创业团队的所有行动都要遵守法律法规,带头诚信经营、合法经营,承兑保修允诺,完成所有的合同义务,并带动企业的雇员、企业所在的社区等共同遵纪守法,共建法治社会。

#### 3. 承担公益责任

创业团队应努力使企业运营活动、产品及服务对社会产生积极影响和作用,致力于加速产业技术升级和产业结构优化,大力发展绿色产业,为环境保护尽一份力。企业应充分发挥资源优势,积极支持社区服务、健康教育、人文关怀、文化艺术、城市建设等项目的发展,帮助改善公共环境,为发展社会事业做出贡献。

## 三、创业团队激励

创业团队激励,就是创业团队通过设计适当的外部奖酬形式和工作环境,以一定的行为规范和惩罚性措施,借助信息沟通,来激发、引导、保持和规范组织成员的行为,以有效实现创业企业及其成员个人目标的系统活动。激励的出发点是满足创业团队成员的各种需要,科学的激励工作需要奖惩并举,既要对创业团队成员符合企业期望的行为进行奖励,又要对不符合企业期望的行为进行惩罚。激励贯穿于创业团队运作的全过程中,包括对创业团队成员个人需要的了解、个性的把握、行为过程的控制和行为结果的评价等。

### (一)创业团队激励的原则

创业团队激励应遵循以下原则。

#### 1. 因人而异

不同创业团队成员的需求不同,所以,相同的激励政策起到的激励效果也会不尽相同。即便是同一位创业团队成员,在不同的时间或环境下,也会有不同的需求。激励效果取决于创业团队成员的主观感受,因人而异。在制定和实施激励政策时,首先要了解每个创业团队成员的真正需求是什么,并将这些需求整理、归类,然后制定相应的激励政策,帮助创业团队成员满足这些需求。由于每位创业团队成员能被激励的方式不同,创业企业应该模仿"自助餐"的做法,提供多元激励,供创业团队成员选择。

#### 2. 奖惩适度

奖惩不适度会影响激励效果,同时增加激励成本。奖励过重会使创业团队成员产生骄傲和满足的情绪,失去进一步提高自己的欲望;奖励过轻,起不到激励效果,或者让创业团队成员产生不被重视的感觉。惩罚过重会让创业团队成员感到不公,或者失去对创业企业的认同,甚至产生怠工或破坏的情绪;惩罚过轻会让创业团队成员轻视错误的严重性,可能还会犯同样的错误。

### 3. 注重公平

注重公平是创业团队成员激励中一个很重要的原则,创业团队成员感到的任何不公都会影响他的工作效率和工作情绪,并且影响激励效果。取得同等成绩的创业团队成员一定要获得同等层次的奖励;同理,犯同等错误的创业团队成员也应受到同等层次的处罚。如果做不到这一点,宁可不奖励或者不处罚。创业团队领导者在处理创业团队成员问题时,一定要有公平的心态,不应有任何偏见和喜好。

### 4. 奖励正确的事情

如果我们奖励错误的事情,错误的事情就会经常发生。这个问题虽然看起来很简单,在实施激励时却往往会被创业团队领导者忽略。实施激励时最糟的莫过于奖励的初衷与奖励的结果存在很大差距,甚至南辕北辙。

### 5. 及时奖励

在创业团队成员有良好的表现时,应该尽快给予奖励。等待的时间越长,奖励的效果越可能打折扣。

## (二) 创业团队激励的方法

创业团队成员本身具有分离倾向,团队管理稍有松懈,就可能导致团队绩效大幅下降。领导者变更、计划不连续、裁减成员、规则不连续等都会冲击团队的合力,如果缺乏有效的激励,团队或组织的生命就难以长久。有效激励是企业长久保持团队士气的关键。

有效激励要求给予团队成员合理的利益补偿。利益补偿往往分为两种形式:一种是物质条件,比如钱、工作环境;另外一种是心理收益,比如工作成就感和地位,感受到尊重、承认和友爱等。

### 1. 团队文化激励

团队文化是固化剂,团队凝聚力的培养离不开团队文化的建设。团队文化激励对团队建设的积极作用主要表现在通过营造一种积极向上、相互尊重、相互信任的文化氛围来协调企业内外的人际关系,通过调动成员的积极性、主动性和创造性来增强团队的凝聚力和竞争力,使团队成员与整个团队同呼吸、共命运。把领导者、团队成员与团队整体紧紧联结在一起的团队文化的精髓就是强调合作精神,团结合作才能实现共同的目标,从而满足团队成员的各自需求,为团队营造一种快乐工作和积极进取的氛围。

### 2. 经济利益激励

创业企业的产权一般比较明晰,机制灵活,所以可以把期权激励作为经济激励的一项重要内容,把传统的以现金为代表的短期经济激励和以期权为代表的长期经济激励结合起来,体现人力资源的价值。由于期权激励工具对激励对象利益的兑现附带有服务期的限制,这种做法较好地实现了对团队成员的持续激励,对于稳定团队的作用也比较明显。

此外,还可以建立鼓励团队合作的奖励机制。将给个人的一部分报酬,尤其是浮动薪酬与团队成果有机地结合起来。同时,在进行年度固定薪酬调整时,也应考虑个人在团队合作方面的表现,以此鼓励队员协同作战,将个人利益与团队利益有机地结合在一起,为实现团队的共同目标而努力。

### 3. 权力与地位激励

一方面,创业团队成员具有极强的进取精神,他们不仅为了追求经济利益,而且为了得到成就感,以及权力和地位上的满足而进行创业活动。对于具有权力和地位需要的人来说,从成就和权力中得到的激励远远超过从物质中得到的激励。

另一方面,从团队生命周期来看,团队发展到追逐权力阶段后,团队冲突增加,矛盾加剧,团队效率降低,部分核心成员选择离开团队。对于创业企业来说,此时生存和发展会面临重大危机。如何突破这个瓶颈,实现团队自我超越是创业团队建设应考虑的关键议题。因此,随着企业的发展,创业团队领导者应注重权力与地位激励,将创业团队成员的工作成效与其职业生涯发展、地位提升有效地结合起来。基于不同的工作情景和分工,团队成员可以共享领导角色,在各自的领域中发挥领导作用。

### (三) 创业团队的股权分配

创业企业通常采取股份制的所有制形式。如何给各个成员分配股份是一个非常重要并且要认真考虑的问题。如果某成员的股份太少,他的能动性就无法完全发挥;如果某成员的股份太多,一旦其犯错,代价会很大。实际上,一切关于利益和表决权分配的问题对于小团队来说,都是足以影响全局的大问题。

从所有权角度来说,持有的股份代表对团队资产的所有量。从表决权角度来说,股份就代表说话的分量。从利益分配角度来说,股份代表着可获得的分红量。分配股份的目的,在于把成员的利益同团队的利益硬性关联起来,以此激发各个成员的能动性,促使成员为团队的长期利益考虑,从而使每个成员的利益长期最大化。

股份的分配应尽可能达到上述目的。因此,股份分配的基本原则是:某成员投入的资产(不仅包含实物资产和资金,而且包含"软资本",也就是劳动,这就是常说的资金入股和技术入股)越多,他的股份就应当越多;某成员对行业理解越深刻,越能把团队带向正确的方向,他说话的分量就应当越重,他的股份也应当越多。

> **拓展阅读**
>
> ## 创业团队对于创业成功的重要性
>
> ### 1. 优秀的创业团队是创业成功的第一壁垒
>
> 在信息全球化的21世纪,单独创业已经逐渐淡出人们的视野。有远见的创业者能够意识到,创业对于人的素质要求是较高的,没有任何一个人能够具备所有的技能及完全拥有必要的资源。从数量上来看,成功的创业企业大多是通过团队创业实现目标的;从质量上来看,团队创业无论在速度还是品质上,也都远远超过个人创业。一个创业团队在实现了很好的组建及管理后,能够拥有更强的抗风险能力、更广阔的视野及更丰厚的资源,能够使创业成功的可能性大大提高。
>
> ### 2. 优秀的创业团队领袖是创业成功的方向标
>
> 创业者往往会被市场经验影响下的局限思维左右,且团队成员的意见难以统

一。这时,一个有远见的领袖做出的决定会对企业的发展起到关键性的作用。

3. 优秀的创业团队精神是创业成功的润滑剂

优秀的创业团队精神犹如企业无形的强大心脏,它激励着企业中的每一位工作者不断向前,也支持着企业不断地进步。

(资料来源:李莉,韩燕平.创业管理实务[M].北京:电子工业出版社,2021)

### 思考与练习

1. 创业团队的构成要素和组建原则有哪些?
2. 创业团队的激励原则和激励方法有哪些?
3. 组建创业团队练习。

(1) 实训目标:围绕在校内创业园开设玩具店,在本学院内组建创业团队。

(2) 实训主题:组建创业团队,开启创业之路。

(3) 实训要求:① 同学们通过自由组合的方式进行分组,每组4~6人,自由推选出组长一名;② 以小组为单位,结合创业项目的需要,组建创业团队;③ 小组成员围绕个人特长进行充分讨论,制作团队成员表,明确团队成员的分工及职责;④ 组长用5分钟左右的时间,向全班同学说明你们的创业团队组建的原则,以及组建创业团队时的各项考虑因素。

## 任务二 筹措创业资源

### 导入案例

#### 光伏新秀:"硅王"协鑫

在徐州市开发区杨山路上,随处可见标着蓝绿色LOGO及"GCL"字样的工厂。这些工厂都隶属于同一个公司——协鑫(集团)控股有限公司。协鑫是中国最大的非公有制电力控股企业,也是全球最大的光伏材料制造商,业务涉及各类发电、光伏材料多晶硅及硅片、系统集成,以及油气开发等。

协鑫的创始人朱共山早年靠生产和销售电气产品起家,因常年向电厂销售强电产品而投身到环保电力行业。朱共山踏足光伏领域,其实是关注到了光伏发电这样的新领域,在光伏发电还成本高昂的当时,他借机进入光伏发电设备制造领域的原料端,生产多晶硅,杀入了这个此前从未涉足的行业。三个月后,第一条产能为1 500吨的多晶硅生产线开工建设,这个规模当时属国内最大。第一条生产线从开工到投产仅花了一年零三个月,亦创造了纪录。

由于原本计划多晶硅资产单独赴美上市,在2007年10月,协鑫集团将旗下10家电厂资产整合后组建保利协鑫,成功在香港上市。当时,保利协鑫的市值仅为20多亿港元。在2009年6月,保利协鑫以263.5亿港元收购了中能100%的股权。当年11月,中投又以55亿港元认购了保利协鑫逾31亿股新股。至此,协鑫仅用了五年的时间就走完了海外多晶硅企业巨头走的路,多晶硅产量排名全球第一。

将产业链往下延伸,布局硅片业是顺理成章的产业延伸。为了加快进度,项目部甚至决定不拆模板、支架,直接浇筑水泥。投产当月,保利协鑫以8.54亿元收购了高佳太阳能70.19%的股权。2015年上半年,保利协鑫实现营收179.39亿港元、毛利38.94亿港元,归属于股东的利润为8.26亿港元。这其中,92%的收入来自硅片业务。对资金的有效整合,促使协鑫在发展之路上越走越远。

**案例点评**:创业者获取创业资源的最终目的是组织这些资源,追逐并实现创业理想,提高创业绩效,获得创业成功。无论是要素资源还是环境资源,无论是否直接参与企业的生产,创业资源都会对创业绩效产生积极的影响,直接促进新创企业的成长。协鑫非常善于吸纳与整合创业资源,在合理利用筹措到的资金的基础上,逐渐成长为世界硅业巨头之一。

## 一、了解创业资源

创业资源是企业创立及成长过程中所需要的各种生产要素和支撑条件,是新创企业在创造价值过程中所需要的特定资产。

### (一)创业资源的种类

根据资源基础理论,常见的创业资源分类如下。

#### 1. 按性质分类

创业资源按性质可以分为人力资源、财务资源、物质资源、技术资源和组织资源五种。

(1)人力资源。人力资源不仅包括创业者及创业团队的知识、技术和经验等,而且包括团队成员的专业智慧、判断力、视野和愿景,甚至创业者本身的人际关系网络。创业者是新创企业最重要的人力资源,其价值观念和信念是新创企业的基石,其所拥有的人际和社会关系网络使其能够接触到大量外部资源,降低潜在的创业风险。

(2)财务资源。财务资源主要是指货币资源、通常是新创企业向债权人、权益投资者通过内部积累筹集的负债资金、权益资金和留存资金。

(3)物质资源。物质资源是创业和企业经营所需要的有形资源,如建筑物、设施、机器、办公设备、原材料等。一些自然资源如矿山、森林等有时也会成为新创企业的物质资源。

（4）技术资源。技术资源包括关键技术、制造流程、作业系统、专用生产设备等。技术资源大多与物质资源相结合,可以通过法律的手段予以保护。

（5）组织资源。组织资源一般指企业的正式管理系统,包括企业的组织结构、作业流程、工作规范、信息沟通、决策体系、质量系统,以及正式或非正式的计划活动等,有时候组织资源也可以表现为个人的技能或能力。其中,组织结构是一种能够使组织区别于竞争对手的资源。

#### 2. 按存在形态分类

创业资源按其存在的形态可以分为有形资源和无形资源。有形资源是具有物质形态的、价值可用货币度量的资源,如组织赖以存在的自然资源,以及建筑物、机器设备、原材料、产品、资金等。无形资源是非物质形态的、价值难以用货币精确度量的资源,如信息资源、关系资源、权力资源,以及企业的信誉、形象等。无形资源是撬动有形资源、使有形资源更好地发挥作用的重要工具。

#### 3. 按参与程度分类

按照对创业过程的参与程度,创业资源可以分为直接资源和间接资源。直接资源是直接参与企业战略规划的资源要素,如财务资源、管理资源、市场资源、人才资源、科技资源等。间接资源是不直接参与创业战略的制定和执行的资源,如政策资源、信息资源等,它们对于创业的影响更多的是提供便利和支持,对于创业战略的规划起间接作用。

#### 4. 按重要性分类

创业资源按照对企业核心竞争力影响的重要性,可分为核心资源与非核心资源。核心资源主要包括技术和人力资源,这些资源涉及新创企业有别于其他企业资源的核心竞争力。非核心资源主要包括资金、场地和环境资源,这些资源是新创企业成功创办和持续经营所需的基本资源。

#### 5. 按来源分类

创业资源按来源可以分为内部资源和外部资源。内部资源是创业者或创业团队自身所拥有的可用于创业的资源。如创业者自身拥有的可用于创业的资金、技术、创业机会信息等。外部资源来自对外部机会的发现,是创业者从外部获取的各种资源,包括从朋友、亲戚、商务伙伴或其他投资者处筹集到的投资资金、设备或其他原材料等。内部资源(特别是技术和人力资源)的拥有状况会影响外部资源的获得和运用。

### （二）影响创业资源获取的因素

资源获取是在确认并识别资源的基础上得到所需资源并使之为创业服务的过程。创业资源的获取对于创业的成功非常重要。影响创业资源获取的因素主要有创业导向、商业创意的价值、资源的配置方式、创业者的管理能力及创业者的社会网络。

#### 1. 创业导向

创业导向是一种态度或意愿,这种态度或意愿会导致一系列创业行为。创业导向会促进机会的识别和开发,进而促进对资源的获取。因此,创业者要注重创业导向的培育和落实,充分关注创业者特质、组织文化和组织激励等影响创业导向形成的重要因素。

#### 2. 商业创意的价值

创业的关键在于商业创意。商业创意为资源获取提供了杠杆,但获取资源还有赖于商业创意的价值被资源所有者认同的程度。换言之,能被资源所有者认同的、有价值的商业创意,才有助于降低创业者获取资源的难度。

#### 3. 资源的配置方式

由于资源的异质性、效用的多维性和知识的分散性,人们对于同样的资源往往具有不同的效用期望,有些期望难以依靠市场交换得到满足,因此,如果通过资源配置方式创新开发出其新的效用,使之更好地满足资源所有者的期望,创业者就有可能从资源所有者手中获得资源使用权。

#### 4. 创业者的管理能力

创业者的管理能力是企业软实力的主要表现,其管理能力越强,获取资源的可能性越大。创业者的管理能力可以从其沟通能力、激励能力、行政管理能力、学习能力和协调能力等多方面予以衡量。创业者在通过管理能力获取必要资源的同时,也能为企业创造良好的发展环境。

#### 5. 创业者的社会网络

社会网络是由机构之间及人与人之间比较持久的、稳定的多种关系组合而成的网络。创业资源广泛存在于各种资源所有者手中,这些所有者又处于一定的社会网络之中,而且人们对于商业活动的认识和参与客观上会受到自己所处的网络及在网络中地位的影响,所以,社会网络对于创业资源的获取具有重要的意义。不同的社会网络和网络地位,为人们之间的沟通、协作提供了不同的渠道。在社会网络中处于优势地位的创业者具有较好的社会关系依托,可以有选择地了解不同对象的效用需求,有针对性地向不同对象传递商业创意的不同方面,有目的地获取不同资源所有者的理解和信任,最终成功地从不同网络成员那里获取所需的资源,为自己进行资源配置方式创新提供基础。

另外,创业者的资源辨识能力和外部社会环境等也会对创业资源的获取产生一定影响。

### (三)创业资源获取的途径

创业资源的获取对新创企业的成长非常重要,因此在创业过程中要积极拓展获取创业资源的途径。创业资源获取的途径包括资源的内部积累和资源的外部获取。

#### 1. 资源的内部积累

资源的内部积累包括利用创业者自身所拥有的用于创业的资源和利用现有资源在企业内部通过培育形成所需资源,如利用创业者自身拥有的知识、资金、技术、管理才能、员工、土地、厂房、设备、机器、原材料,自建营销网络,在企业内开发新技术,通过培训提升的员工的技能和知识,通过营销网络获得市场订单,通过企业自我积累获得资金等。职业院校的学生自身拥有的内部资源较少,可以通过积累逐步获得创业所需的能力和资源。如拥有产品方面的专利技术就能吸引投资,获得学校和政府的支持。

#### 2. 资源的外部获取

资源的外部获取主要包括资源购买、资源租赁、资本运营三种方式。

(1) 资源购买。资源购买是指利用财务资源,通过市场购入的方式获取外部资源,主要包括购买厂房、设备等物质资源,购买专利和技术,雇用有经验和技能的员工,以及完成外部融资等。

(2) 资源租赁。资源租赁是指创业者通过支付一定费用获得所需要的创业资源。但是创业者由此获得的是在一段时间内使用该资源的权利,而非所有权。资源租赁主要有房产租赁、融资租赁、企业租赁、设备租赁等。

(3) 资本运营。资本运营是通过兼并收购和联盟的方式获取所需要的资源。

① 兼并收购。兼并收购简称并购。兼并指两家或者更多的独立企业合并组成一家企业,通常由一家占优势的企业吸收一家或者多家企业。收购指一家企业用现金或者有价证券购买另一家企业的股票或者资产,以获得对该企业的全部资产或者某项资产的所有权,或对该企业的控制权。

② 联盟。联盟是指通过联合其他企业或组织共同开发一些单靠自身力量难以或根本无法开发的资源,或自主地进行互补性资源交换。联盟的各方有着共同的利益目标,共同分担风险、分享资源。

## 二、管理创业资源

### (一) 创业资源的整合

创业者在获得了创业资源之后,并不能保证新创企业可以生存下去、成长起来,而且创业之初的资源并不会自动地转化为竞争优势。创业者必须运用自身的整合能力,对各种创业资源进行科学合理的匹配、利用,才能形成新创企业的核心竞争力。资源整合就是通过对一定范围内所拥有的人力、物力、财力、信息等资源进行识别和选择,优化配置,将有价值的资源有机地融合,发挥这些资源的最大使用价值,产生最佳的商业效益,为新创企业带来利润。资源整合应当遵循如下原则。

#### 1. 发现利益相关者及其关注的利益

创业资源整合的目的是使资源创造出价值。既然资源和利益相关,整合资源时就要关注有利益关系的组织和个人。股东、管理者、原材料供应商、债权人、顾客、销售商、广告商、所在社区、政府部门、媒体等都有可能成为企业的利益相关者,但是各个利益相关者对利益的诉求有显著的不同。如股东要求高额的财务回报,员工要求高额薪酬,顾客要求价廉物美,债权人要求良好的偿债信誉,供应商要求满意的交易,政府要求遵守法律法规,社区要求对社区发展有贡献。所以并非找到利益相关者就能实现资源整合,还要分析每一个利益相关者所关注的利益。

#### 2. 构建共赢的机制

有了共同的利益或利益共同点,不一定就可以开展合作,只是具备了合作的前提条件。要实现真正的与外部资源所有者的合作,需要让对方看到潜在的收益,对方才会为获得收益而投入资源,才会吸引更多的利益相关者加入,新创企业最终才可能有所收益,形成共赢的机制。

#### 3. 维持信任,长期合作

资源的整合以利益为基础,需要以沟通和信任来维持。沟通是产生信任的前提,是创业者与利益相关者之间相互了解的重要手段。而信任关系的建立有助于资源整合,从而降低风险、扩大收益。

### (二) 创业资源的开发

创业资源开发是指创业者开拓、发现、利用新的资源或资源新的用途的活动。在创业过程中,创业者需要在实现资源价值的基础上丰富资源库,进一步拓展资源的来源、用途,使新创企业获得持续的竞争优势。在此重点介绍人脉资源开发和客户资源开发。

#### 1. 人脉资源开发

人脉即人际关系、人际网络,体现为人的社会关系。很多成功的商界人士都深深意识到人脉资源对自己事业成功的重要性。开发人脉资源不仅要对自己的人脉网络进行规划,了解拓展人脉的途径和人脉的经营原则,而且要不断提高自己的人际交往能力。

(1) 人脉规划。在制订人脉规划时,应注意以下几个问题。

第一,人脉资源的结构要科学、合理,包括性别结构、年龄结构、行业结构、学历与知识素养结构、高低层次结构、内外结构、现在和未来的结构等。

第二,人脉资源要平衡物质和精神方面的需要,并重视心智方面的需要。创业者的社会关系网络中既应该有真性情的朋友和善于倾听的伙伴,又应该有专家、学者、教授等。

第三,注意人脉的深度、广度和关联度。人脉资源既要有广度和深度,又要有关联度,要善于利用他人的介绍等去拓展人脉资源,从长远考虑,需要关注成长性和延伸空间。

(2) 人脉拓展。一般来说,人脉资源的拓展主要有三种途径。

第一,熟人介绍。熟人介绍是一种事半功倍的人脉资源拓展方法,它具有倍增的力量,可以加快人与人之间产生信任的速度,提高合作成功的概率,降低交往成本,是人脉资源积累的一条捷径。

第二,参与社团。在参与社团时,人与人的交往和互动是在自然的情况下进行的,这有助于建立情感和信任,而且,通过社团里面的公益活动、休闲活动,可以产生人际互动和联系。

第三,利用网络。网络现在已经成为社会交往中最便捷、廉价,应用范围最广的手段之一。网络使得人们之间的交往更加便利,因此,利用网络可以扩大自己的朋友圈,也可以了解到他人的真实需求和想法。

#### 2. 客户资源开发

创业者提供的产品或服务只有被消费者接受,才能实现企业的销售预期,才能给企业带来现金流和利润,所以,客户资源的开发和利用会影响企业的赢利能力和可持续发展能力。客户资源的开发包括开拓新客户和留住老客户。

(1) 开拓新客户。创业者需要通过创新的产品或服务为潜在的顾客提供价值,针对他们目前不满意的问题提供有明显改进的方案,或通过提供特殊待遇与优惠的方式吸引客户。为争取到重要的客户,创业者往往需要亲自出马,通过投入精力和时间等,用诚意获取客户的信任。

(2) 留住老客户。已有的客户资源是一座享用不尽的"金山"。根据经验数据,保持一个老客户所需的成本仅是开拓一个新用户成本的 20% 左右;而且,一个企业 80% 的收入和利润都来自 20% 经常惠顾的老客户。因此,留住老客户,可以提升客户资源的价值,提高企业的赢利能力。

### (三) 创业资源的利用

新创企业普遍缺乏资源。同时，由于没有经营业绩，未来发展的不确定性使新企业在资源获得方面处于劣势。在获得创业资源后，创业者就必须考虑如何最大限度地利用这些资源，使之发挥更大的作用和价值。创业者利用资源的方法主要包括自身资源的充分利用、拼凑资源的创造性利用、发挥杠杆效应的合理利用。

#### 1. 自身资源的充分利用

创业者可分多个阶段投入创业资源，并在每个阶段或决策点投入最少的资源，如果看到成功的希望则扩大投入，如果不成功则马上停止，使风险、成本降低，让所拥有的资源发挥更大的效用，这种方法被称为步步为营。步步为营的策略原则表现为有志向，精打细算，量力而行，稳扎稳打，也就是创业起步求稳，从小做起，逐步发展，把风险降到最低。

#### 2. 拼凑资源的创造性利用

创造性的资源拼凑是指在资源有限的条件下，创业者为了解决新问题、利用新机会，整合现有的资源，创造出独特的服务和价值。创业资源拼凑的核心内容就是把在他人看来也许无用的、废弃的创业资源，通过自己的经验和技术进行巧妙的整合，最终实现自己的目标。

衡量是否创造性拼凑资源有三个原则。一是使用手头的、身边的已有资源，包括那些很方便就可以得到的、非常便宜或者干脆就是免费的资源，往往被其他人认为没有用、不合标准而舍弃的资源。二是用于新的目的和用途。突破传统思维，为手头原有的资源加入一些新的元素，为了不同的目的进行重组和再利用，改变其原有的用途。三是使用后有效果。利用拼凑资源可能是低效率的、不全面的，存在缺陷或漏洞，但发挥了实实在在的作用，并可以改进和逐步完善。

#### 3. 发挥杠杆效应的合理利用

杠杆效应是指以尽可能少的付出获得尽可能多的收获。这里的杠杆可以是资金、时间、品牌形象、关系、能力素质等。新企业要成长发展、走向成功，就要善于利用一切可以利用的资源。单靠自身的资源是远远不够的，必须利用自身的资源撬动更多的资源，形成杠杆效应。成功的创业者都善于利用关键资源的杠杆效应，利用他人或者其他企业的资源来实现自己创业的目的。

对创业者来说，容易产生杠杆作用的是其社会资源，即由人际和社会关系网络形成的关系资源。很多成功的创业者都是会建立和运用良好关系网络的人。校友、同学资源就是一种很好的杠杆资源。

## 三、创业融资

### 案例 4-2

#### 众筹，让农业更时尚

随着城市生活节奏的加快，许多人少了亲近田野、亲近自然的机会。然而，甘肃省武威市民勤县大滩镇果果精灵农场推出的农业众筹模式,使许多人在家门口就可以参与农业生产,圆了不少城市人的农场梦。

大滩镇果果精灵农场推出的农业众筹模式由消费者众筹资金,农户根据订单决定生产安排,等农作物成熟后,再将农产品直接送到消费者手中,被称为"从田间到舌尖"的发展模式。合作公司的工作人员介绍:"我们公司在大滩镇打造了'互联网+'绿色种植基地,通过天猫、京东等平台众筹下订单的模式,已提前预订了8棚人参果,每棚人参果的销售收入超过10万元。"

在传统农业发展过程中,农产品通过流通环节层层销售,众多环节使农产品的流通成本逐级增加。农业众筹作为农业发展新模式,可实现按需生产,解决食品安全、信息不对称、产销不对称等问题,有效降低成本,提升农产品质量,降低农户风险,增加农民收入。

目前,果果精灵农场有工人20多人,周边农户也可利用农闲时间来农场打工。农业众筹让农业更时尚。依靠农业众筹模式,农民实现了订单化生产,在家门口就挣到了钱,实现了致富奔小康。

融资是企业经营中的基本问题,企业为了正常运行,往往需要多渠道融资。创业融资是指创业者根据其创业计划或自身的生产经营现状,以及资金运用情况和发展需要,通过不同的渠道,采用一定的方式,利用内部积累或向企业的投资人或债权人筹集资金,满足新创企业需要的经济行为。

任何企业的生产经营活动都需要资金的支撑。对于新创企业来说,无论是进行产品研发还是进行产品生产和销售,都需要大量的资金投入。如何有效筹集资金是创业者极为关注的问题之一。创业者通过合理选择融资渠道和融资方式,可以降低资金成本,将创业企业的财务风险控制在一定范围之内。

## (一) 创业融资方式

创业融资主要可分为以下几种类型。

### 1. 内部融资和外部融资

按照资金的来源,创业融资可以分为内部融资和外部融资。

内部融资是指企业通过经营活动产生资金,即从企业内部筹集资金的方式,它主要由留存收益和折旧构成,是企业不断将储蓄转化为投资的过程。

外部融资是指企业通过一定方式向其他经济体筹集资金。外部融资方式包括银行贷款、企业债券、发行股票等。

微课13:掌握常见的筹资渠道和筹资方式

### 2. 直接融资和间接融资

按照资金的融通是否经过金融媒介,创业融资可以分为直接融资和间接融资。

直接融资是指资金的供给者与资金的需求者通过一定的金融工具直接形成债权债务关系的金融行为,中间没有金融中介机构的介入。企业发行的股票、债券,企业之间、个人之间的直接借贷等都属于直接融资。

间接融资指通过银行融资,本质上是通过银行这一中介将储户存的钱借过来。

### 3. 债权融资和股权融资

按照资金的性质，创业融资可以分为债权融资和股权融资。

债权融资是指企业通过借钱的方式进行融资。对所获得的资金，企业首先要支付利息，另外，在借款到期后，要向债权人偿还资金的本金。债权融资包括银行贷款、企业债券、政府贴息贷款、政府间贷款、金融租赁等。

股权融资是企业的股东愿意让出部分企业所有权，通过企业增资的方式引进新的股东的融资方式。对股权融资所获得的资金，企业无须还本付息，新股东还可以和老股东同样分享企业的盈利。股权融资包括风险投资基金、天使基金、股票融资等具体形式。

## (二) 创业融资渠道

常见的创业融资渠道有以下几种。

### 1. 自有资金

创业者的自有资金主要来自其个人和家庭的积蓄。几乎所有的创业者都会将自有资金投入新创企业。许多没有积蓄的创业者在萌生了创业想法之后，会通过先工作赚钱，有了积蓄后再出来创业的方式开启自己的创业之路。

### 2. 亲朋好友及合作伙伴融资

在创业初期，由于缺少抵押及担保、缺少商业信用，从亲朋好友处借款或寻找持有资金者作为合作伙伴成为很多创业者采取的主要融资方法。其优点是融资成功率高、利息条件较为优惠、手续简单、资金能迅速到位。但值得注意的是，为避免日后的风险和可能的纠纷，在借款时，即便是对亲朋好友，也最好以书面的形式订立字据，并按期归还资金。对合伙人投资，则按照共同投资、共同经营、共担风险、共享利润的原则筹集资金。

### 3. 天使投资

天使投资是股权投资的一种形式，指个人或机构对具有专门技术或独特概念的原创项目或小型初创企业进行一次性的前期投资。这些个人很多是曾经的创业者或大企业的高管。天使投资人不但可以带来资金，而且可以带来社会资源网络。

### 4. 银行贷款

比较适合新创企业的银行贷款主要有抵押贷款和担保贷款。现在，银行的贷款方式也有很多创新。除了不动产抵押贷款，还可以将你拥有的发明专利、核心技术作为质押来获得银行贷款。

### 5. 信用担保贷款

信用担保是指在企业向银行融资的过程中，由担保机构为作为债务人的企业提供担保。当企业不能还款时，由担保机构代替企业承担合同约定的偿还责任，还款给银行，从而保障银行债权的实现。

### 6. 小额贷款公司贷款

小额贷款公司是由自然人、企业法人和其他社会组织投资设立的，不吸收公众存款，只经营小额贷款业务的公司。与银行相比，小额贷款公司的服务更加便捷、迅速，适合新创企业、小微企业。与一般的民间借贷相比，小额贷款公司贷款更加规范，贷款利率可以协商确定。

#### 7. 政府扶持资金

多年来,从中央到地方各级政府都设立了种类繁多的基金、专项资金,针对中小企业的创业和发展提供资助和扶持。如有科技型中小企业技术创新基金、中小企业发展专项资金、中小企业国际市场开拓资金、国家重点新产品补助、节能产品贴息项目计划、电子信息产业发展基金,各地还有小额贴息贷款、一次性创业资金补助等。新创企业要得到国家和地方的资金支持,首先要对有关政策和资金的情况有全面的了解和把握,其次要做好申请前的准备工作,最后要填写申请材料。

#### 8. 风险投资

风险投资又被称为创业投资,是个人或机构将资金投向有潜力的成长性企业,并在恰当的时候通过企业的上市或并购而获得高资本收益的行为。投资的对象一般是处于创业期的中小企业和新兴企业,而且多为高新技术企业或具有高成长潜力的企业。投资方式一般为股权投资,个人或机构通常占被投资企业30%左右的股权,而不要求控股权,也不需要任何担保或抵押,目的是追求超额回报。风险投资个人或机构或一般会积极参与经营管理,帮助所投企业增值,然后通过上市、收购兼并或股权转让的方式撤出资本,实现收益。

#### 9. 商业信用融资

企业信用融资是指企业利用其商业信用,在销售商品、提供服务的经营过程中向客户收集资金的行为,包括收取客户的预付款、押金、定金等,具有筹资方便、成本低、限制条件少的特点,目前已成为新创企业筹集短期资金的重要方式。

#### 10. 融资租赁

融资租赁又称设备租赁,是集融资与融物、金融与贸易于一体的所有权和使用权一体的融资方式。企业可以委托金融租赁公司购买所需设备,然后以租赁的方式取得设备使用权,在付清租金后获得该设备的所有权。通过这种方式,原本无力购买设备的企业可以获得所需的先进设备,还可以边使用边还租金,既节约了资金,又提高了资金的利用率。对资金不足又需要购买大件设备的初创企业来说,这是十分有效和重要的融资方式。

#### 11. 互联网融资

互联网融资是利用互联网技术和信息通信技术实现资金融通的新型金融业务模式,主要包括众筹融资、网络借贷等。

众筹融资就是利用众人的力量,集中大家的资金、能力和渠道,为创业企业进行某项活动等提供必要的资金援助。众筹分为商品众筹和股权众筹。商品众筹是指将产品发布在众筹平台上,买家看到感兴趣的产品后,可以进行投资,在预定时间达到预期数额即为众筹成功,筹集的资金可以被投入进一步大规模生产。股权众筹出售的是企业的股权,买家可以选择认为有前景的项目或企业进行投资。

网络借贷指借入者和借出者通过网络平台实现借贷的在线交易。网络借贷分为B2C(企业对个人)和C2C(个人对个人)模式。网络小额贷款是指互联网企业通过其控制的小额贷款公司,利用互联网向客户提供小额贷款,包括个体网络借贷和网络小额贷款。

### (三) 创业融资过程

一般来说,创业融资过程包括融资前准备、资金需求量测算、商业计划书撰写、融资来源确定及融资谈判五个环节。

### 1. 融资前准备

尽管新创企业融资较为困难,但创业融资是新创企业顺利成长的关键。因此,创业者一定要在融资之前做好充分的准备:对融资过程有一定了解,建立和维护个人信用,积累人脉资源,学习估算创业所需资金的方法,知晓融资渠道,熟悉商业计划书的结构和编写策略,提高自己的谈判技巧,以提高融资成功的概率。

### 2. 资金需求量测算

关于开办企业需要多少资金,创业者在融资之前要根据企业创办和发展情况进行全面的考虑,并正确地测算出资金的需求量,包括:

(1) 测算启动资金,这笔钱用于投资和作为流动资金;

(2) 测算销售收入,制订成本计划和现金流计划,准确确定企业的赢利能力和所需要的资金,编制财务报表。

### 3. 创业计划书撰写

关于资金需求,创业者需要通盘考虑企业创办和发展的方方面面,有全面的筹划。编写创业计划书是一种很好的对未来企业进行规划的方式,在创业计划书中,创业者需要估计未来可能的销售状况、为实现销售需要配备的资源,并进而计算出所需要的资金数额。

### 4. 融资来源确定

确定了新创企业需要的资金数额之后,创业者需要进一步了解可能的融资渠道、不同融资渠道的优缺点,根据筹资机会的大小及自己对企业未来的所有权规划充分权衡利弊,确定融资来源。

### 5. 融资谈判

选定融资来源之后,创业者即需要与潜在的投资者进行融资谈判。提高谈判成功的概率,要求创业者对自己的创业项目非常熟悉、充满信心,并对潜在投资者可能提出的问题做出猜想,事先准备相应的答案,另外,在谈判时,要抓住时机陈述重点,做到条理清晰。一般情况下,还应向有经验的人士进行咨询,以提高谈判成功的概率。

## 思考与练习

1. 影响创业资源获取的因素有哪些?获取创业资源的途径有哪些?
2. 创业资源的整合原则有哪些?创业融资渠道有哪些?
3. 创业融资练习。

(1) 实训目标:围绕在校内创业园开设玩具店,制订一份融资计划。

(2) 实训主题:制订融资计划,开展创业实践。

(3) 实训要求:① 全班同学通过自由组合的方式进行分组,每组4~6人,每组自由选出1名组长;② 各小组分组讨论,围绕玩具店的创业项目进行策划;③ 各小组分别查阅相关资料,开展市场调研,确定开设玩具店的各项可能支出情况;④ 小组成员通过充分讨论,预测在校园内开设玩具店的资金需求,制作融资计划表;⑤ 每小组讨论后,推荐一名代表作为汇报人,用5分钟左右时间,向同学们介绍你们的融资计划,以及选择某种融资方式的理由。

## 任务三　形成创业计划书

### 导入案例

**以创业计划书赢得创业资源**

李伟是江城机电高等职业技术学校数控专业毕业生。2010年下半年,他进入中国联通江城机电高职营业厅实习,主要负责校园市场中的营销与推广。经过一年半的实践锻炼,他的市场分析能力、营销策划能力、带领团队能力等都得到了极大的提升。

实习期间,他又有了新的创业想法。他觉得奶茶市场正在兴起和壮大,为此他开展市场调查,撰写了《有杯奶茶创业计划书》,并顺利通过了学校专家评审。"有杯奶茶店"于2013年5月入驻江城机电高职创业园。

随着"互联网+"潮流的到来,李伟发现广大消费者对网络订餐、生活用品订购有着广泛的需求。为了将创业想法变成现实,他带领团队进行大量的市场调查,并撰写了《江城恒辉网络科技有限公司创业计划书》。在学校和京口区人力资源和社会保障局的推荐下,李伟向江城市创业指导服务中心提交了创业计划书,并最终获批。该项目于2014年7月成功入驻江城市创业园孵化。

2014年9月,李伟携带《江城恒辉网络科技有限公司——"江城汇"外卖订餐公众平台创业计划书》参加了首届"盐商杯"中国青年创新创业大赛,获得了江苏赛区三等奖。

2015年6月,李伟以《江城恒辉网络科技有限公司——App"搞定了"创业计划书》参加了京口区人社局组织的"创业的青春最美丽"青年(大学生)创业项目竞赛,荣获优秀奖。为了推广实体模式,实现"江城汇"和App"搞定了"两大平台与实体餐饮店对接,李伟创建了"六扇门"餐饮品牌,主营传统美食肉夹馍,于2015年7月正式运营,目前在江城已有2家实体店,实现了线上订餐与实体运营的完美结合。

(资料来源:梅强.创业基础与实务[M].南京:江苏凤凰传媒出版社,2015)

**案例点评**:通过李伟的创业经历可以看出创业计划书的重要性。无论是寻找合伙人、投资人、商家,还是参加各类创业大赛,抑或是推动企业的运行发展,扩大企业社会影响力,都需要用创业计划书来说话,用它来引路,用它来获取外界资源,助力企业发展壮大。

### 一、了解创业计划书

当你选定了创业目标,且在资金、人脉、市场等各方面都已积累了相当的实力,这时候就必须撰写一份完整的创业计划书。创业计划书是创业的行动向导和路线图,旨在为创业者开展创业活动提供指导,也可以为创业者寻找创业资源提供基本依据与决策参考。

### (一)创业计划书的功能

创业计划书是企业创建、经营管理、战略布局及融资等的蓝图,更是企业的行动纲领和执行方案,是全面介绍企业和项目运作情况,阐述产品市场及竞争、风险等未来发展前景和融资要求的书面材料。其具体有以下几种功能。

#### 1. 帮助创业者理清创业思路

创办企业是一项系统工程,需要对产品定位、市场细分、启动资金需求等做整体设计。针对什么客户卖什么产品,生产这些产品所需的资金量有多大,对这些问题,都需要将其落实到创业计划书中,给出逐一解答。

#### 2. 向投资者推介企业

创业计划书一个非常重要的功能是帮助寻找创业合伙人、吸纳资金,将企业做大做强。因而,创业计划书必须回答合伙人、投资者极为关心的企业发展态势、盈利水平、投资回报等关键问题。

#### 3. 阐明企业发展的投资战略

从投资视角看,创业计划书要能够给出关于投资的定位、规模、周期及回报等长远发展的计划或方案,帮助投资者进行战略布局和调控。

#### 4. 减少企业运行成本

压缩成本并提高利润是企业赖以持久生存、发展的基础。创业计划书可以帮助充分整合企业运行各关键环节涉及的资源,准确计量,严格控制,在保证质量和效益的前提下最大限度地减少成本。

#### 5. 完善企业文化理念

通过创业计划书的梳理,可以凝练出企业经营的秘诀或是发展之道,进而将其提升到文化理念的高度,最终形成所有人员都能够认同的价值观,以此引领企业风尚。

### (二)创业计划书的需求方

创业计划书的需求方主要有两个,一是企业内部人员,如创业者、新创企业管理团队人员;二是企业外部人员,如合伙人、资金提供方等。

#### 1. 企业内部人员

随着新创企业开始运营,创业者在考虑问题时必须更加全面、更加严谨。创业计划书是帮助创业者集中精力思考企业发展重要问题的工具。创业者和企业管理团队可以借助创业计划书明确企业发展的战略、目标,了解市场情况,制定可行的营销策略,评估企业财务状况,防止资金链断裂,促进企业在可控之中发展。员工需要了解个人职业发展和企业发展的关系,创业计划书则是新创企业向员工展示和描绘公司未来发展愿景的重要工具。

#### 2. 企业外部人员

创业者想实现企业扩容,促进企业发展壮大,通过各种渠道吸纳外界资金是必不可少的。吸纳资金的重要渠道有民间借贷、小贷公司、担保公司、天使投资、政府项目资助等。向新创企业提供资金的部门和人员都需要创业者提供创业计划书,了解项目发展现状、产品销售情况、产品创新情况、创业团队管理情况、企业未来发展潜力等。如果创业计划书得不到资金提供方的认可,企业是获取不到资金支持的。

### (三) 创业计划书的构成

创业计划书应具有完整性,条理清晰,重点突出,力求简洁,相关数据真实、准确,能有效展现创业运营项目全貌,具体包括以下几个方面。

(1) 项目概述。简明扼要地介绍企业的产品(服务)的竞争优势、商业模式、投资收益及未来展望等内容。

(2) 公司介绍。简要阐述企业的市场机会、商业创意、业务类型、法律架构、注册信息、宗旨/使命及创业项目的创新之处等。

(3) 产品介绍。准确定义产品的概念、功能及特性,分析产品的创新性和市场竞争力,预测产品的市场前景等。

(4) 市场分析。在充分调研的基础上,分析行业发展的前景、趋势,分析产品的市场现状、竞争状况、目标顾客、市场容量及发展潜力等。

(5) 公司战略。结合竞争优势分阶段制定公司的发展计划与目标,说明公司的产品创新和市场扩张策略等。

(6) 团队管理。突出公司主要人员所具有的能力,明确公司组织架构、人员分工及岗位职责。

(7) 营销策略。根据创业项目特点,分析目标客户特征,制定恰当的价格,选择合适的渠道,制定适合本企业产品的营销推广策略。

(8) 财务分析。合理确定启动资金结构和规模,进行产品(服务)销售预测、费用分析、利润分析及投资回报分析等,确保创业项目财务分析准确、可信。

(9) 风险及应对策略。客观分析创业项目可能面临的技术、市场、财务等风险,提出合理可行的规避措施。

(10) 社会责任。说明企业将合法经营、诚实守信,树立可持续发展的理念,积极参与公益活动,承担应有的社会责任。

## 二、撰写创业计划书

### (一) 创业计划书的相关原则

#### 1. 创业计划书的措辞行文原则

创业计划书在措辞行文方面,应遵循以下原则。

(1) 简明扼要。撰写创业计划书的目的主要是获取资金支持,或者向合作者宣讲企业的创新发展之路、争取在创业大赛中获奖等,因此,行文或口头表达时要直截了当、简明扼要。对于创业计划书的阅读者而言,在一份创业计划书上花费的时间一般为3~10分钟。在最短时间内展示创业计划书的关键信息点,简明扼要就显得尤为关键。

(2) 思路清晰。创业计划书的主线一定要清晰可见,这对创业者的写作水平和文字功底有着较高的要求。对创业想法表达不清楚可能导致企业发展失败。表达清晰的创业计划书可以使新创企业创办的理念更具有可信度,有关数据要有说服力,具备相应的证据支撑。

(3) 客观公正。创业者要深入进行市场调查,充分运用权威数据进行描述。创业者的客观公正可以让阅读者相信创业团队是务实的、脚踏实地的,创业计划书中的每个部分都是团队深思熟虑的结果,是有相应的支撑、说明的。

**2. 创业计划书的内容展示原则**

创业计划书在内容展示方面,应遵循以下原则。

(1) 客户价值至上。企业价值的实现是以客户价值的实现为前提的,只有客户认可企业的产品(服务),进而产生购买意愿,并成功产生购买行为,企业才能够获得生存和发展的动力。从这个意义上看,企业在市场中取得成功的关键在于以客户喜欢的方式满足客户的需求。客户价值至上对投资人或合伙人而言是衡量企业发展情况并决定是否向企业注入资金的关键点,他们更加关注企业是如何拓展市场、满足客户需求的,而不太关心产品本身的技术特征。

(2) 产品描述清楚。在撰写创业计划书时,创业者应将企业提供的所有产品(服务)相关细节描述清晰。创业计划书应尽量用简单的语言将产品(服务)描述清楚,让投资者或合伙人产生兴趣、受到鼓舞。

(3) 市场调研细致。创业计划书要让阅读者相信创业者对市场非常熟悉,对客户特征、客户能够接受的价格、购买渠道、竞争对手的市场情况、营销策略及核心竞争力等进行了细致的市场研究,能让创业合伙人或投资者预见到新创企业运行的预期收益。

(4) 竞争分析全面。竞争是企业在发展中必须始终面对的。在创业计划书中,应对现实竞争对手、潜在竞争对手、替代品等均进行细致的调研和对比、分析,以不回避、认真负责的态度密切关注竞争对手的最新相关产品,虚心学习竞争对手的长处,对标找差,发现自身的短板。

(5) 行动计划周密。创业者应该为企业运行制订一个周密的行动计划。这个计划应该包括下列内容:详细的1~2年发展战略和计划,主攻的目标市场在哪里,客户有怎样的特质,企业如何将产品(服务)推向目标客户,企业的运行成本、资金需求、风险评估,企业的社会责任等。

(6) 创业团队团结。创业成功的关键因素就是有一支学习型的、战斗力强的创业团队。团队成员必须有较扎实的专业知识、较强的团队合作意识,能给投资者留下"投资他们就是投资成功"这样一种印象。在制定创业计划书时,可以事先考虑新创企业整体的战略规划与需求,分析每位创业团队成员的才能和优势,将企业任务分配至每个成员,在企业运行中磨合、调整,使创业团队卓越、高效、富有战斗力。

**3. 创业计划书的撰写原则**

创业计划书在撰写方面,应遵循以下原则。

(1) 文本篇幅适当。创业计划书的文本内容应尽可能控制在 40 页以内,这就要求创业者用精练的语言描述出最能吸引投资人或创业合伙人的构思和结论。

(2) 版面设计精致。创业计划书要求版式精美,行距、字距合理,各级标题层次分明,目录、页码编排整齐,内容无错别字、语句不通等低级错误,富有严谨性。

(3) 方便读者阅读。可以设计符合企业文化的创业计划书封面,把企业的名称、地址、联系人、联系方式等信息印在上面,使感兴趣的投资人或有意向的合伙人能方便地联系到创业者。必要时可以请专家、学者、会计师、律师及专业咨询师帮助审阅,查找问题,让创业计划书尽善尽美。

## (二) 创业计划书的主要内容

创业计划书一般包括计划摘要、产品或服务、市场调查和分析、竞争策略、营销策略、生产运作、人员及组织结构、财务分析、风险及应对策略、社会责任十个方面。

### 1. 计划摘要

计划摘要一般包括企业介绍、主要产品和业务范围、市场概貌、营销策略、销售计划、生产管理计划、管理者及其组织、财务计划、资金需求状况等。

计划摘要位于创业计划书的最前面,它是浓缩了的经营计划的精华。计划摘要涵盖了计划的要点,以求一目了然,以便读者在最短的时间内了解计划并做出判断。在介绍企业时,首先要说明创办新企业的思路、新思想的形成过程及企业的目标和发展战略,还要介绍创业者自己的背景、经历、经验和特长等。创业者的素质对创业企业的发展往往起着关键性作用,因此,创业者应尽量突出自己的优点并展示自己强烈的进取精神,给投资者留下一个好印象。

### 2. 产品或服务

产品服务介绍应包括以下内容:产品(服务)介绍、产品(服务)的市场竞争力、产品(服务)的研究和开发过程、发展新产品(服务)的计划和成本分析、产品(服务)的市场前景预测、产品(服务)的品牌和专利。在进行投资项目评估时,投资人最关心的问题之一就是企业的产品(服务)能否及能在多大程度上解决现实生活中的问题,或者能否帮助顾客节约开支、增加收入。因此,产品(服务)介绍是创业计划书中必不可少的一项内容,创业者要对产品(服务)做出详细的说明,说明要准确、通俗易懂,使不是专业人员的投资人也能明白。

### 3. 市场调查和分析

市场调查和分析应包括市场状况、变化趋势及潜力,竞争厂商概览,本企业产品(服务)的市场定位,市场细分和特征,目标顾客和目标市场等。当企业要开发一种新产品(服务)或向新的市场扩展时,首先要进行市场预测。如果预测的结果并不乐观,或者预测的可信度让人怀疑,那么投资者就要承担更大的风险,这对多数投资人来说都是不可接受的。

市场调查和分析首先要对需求进行了解:市场中是否存在对这种产品的需求?需求程度是否可以给企业带来所期望的利益?新的市场规模有多大?需求发展的未来趋向及其状态如何?影响需求的有哪些因素?其次,还要对市场竞争的情况、企业所面对的竞争格局进行分析。市场中主要的竞争者有哪些?是否存在有利于本企业产品的市场空当?本企业预计的市场占有率是多少?本企业进入市场会引起竞争者怎样的反应?这些反应对企业会有什么影响?

### 4. 竞争策略

竞争策略的内容包括现有和潜在的竞争者和替代产品分析,如何找到合作伙伴、扫清产品或服务进入市场的障碍、划出竞争空间,竞争优势和战胜对手的方法。应着重说明竞争者给本企业带来的风险及本企业将采取的对策。

### 5. 营销策略

营销策略的内容包括市场机构和营销渠道的选择、营销队伍和管理、促销计划和广告策略、价格决策等。营销是企业经营中最富挑战性的环节,影响营销策略的主要因素有消费者的特点、产品的特性、企业自身的状况、市场环境方面的因素,最终影响营销策略的则是营销成本和营销效益因素。

### 6. 生产运作

生产运作应包括以下内容:产品制造和技术设备现状,原材料、工艺、人力等安排,新产品投产计划,技术提升和设备更新的要求,质量控制和质量改进计划等。

在寻求资金的过程中,为了增大企业在投资前的评估价值,创业者应尽量使生产运作情况更加详细、可靠。一般,生产运作情况部分应回答以下问题:企业生产制造所需的厂房、设备情况如何?怎样保证新产品在进入规模生产时的稳定性和可靠性?设备的引进和安装情况如何?供应商是谁?生产线的设计与产品的组装是怎样的?供货者前置期资源的需求量是多少?生产周期标准的制定及生产作业计划的编制情况如何?物料需求计划及其保证措施如何?质量控制的方法是怎样的?

### 7. 人员及组织结构

人员及组织结构应包括以下内容:对主要管理人员加以阐明,介绍他们所具有的能力、他们在本企业中的职务和责任、他们过去的详细经历及背景;对企业结构做简要介绍,包括企业的组织机构,各部门的功能与责任,各部门的负责人及主要成员,企业的报酬体系,企业的股东名单,包括认股权、比例和特权,公司的董事会成员及各位董事的背景资料。企业管理的好坏直接决定了企业经营风险的大小,而高素质的管理人员和良好的组织机构则是管理好企业的重要保证。因此,风险投资者会特别注重对管理队伍的评估。企业的管理人员应该是互补的,要有团队精神。一个企业必须具备产品设计与开发、市场营销、生产作业管理、财务管理等方面的专门人才。

### 8. 财务分析

财务分析主要包括企业的资金来源与使用、融资计划、融资后的财务预算与评估、收入分析、成本分析、利润分析、投资回报分析等,对财务进行合理预测。有两点需注意:一是不可能面面俱到,要重点突出、详略有度;二是不能千篇一律,要体现特色、彰显风格。

### 9. 风险及应对策略

在创业计划书中,应主要介绍技术风险、市场风险、管理风险、财务风险及其应对。

(1) 技术风险及应对。技术风险如企业技术人员泄密核心技术或类似技术出现等。应对策略包括为企业核心技术申请专利,实施法律保护;企业与全体人员签订保密协议,防止技术及相关数据外泄;实现企业核心技术升级,保证技术独特性。

(2) 市场风险及应对。市场开拓风险如市场知名度低,进入现有市场需要一个过程,现有市场竞争激烈等。应对策略包括以新模式和产品质量取胜,注重整合客户资源,提供物美价廉质优的产品以打开市场,不断创新和改进现有产品,塑造企业品牌和良好形象。

(3) 管理风险及应对。随着企业人员增加,各种关系和利益交错,创业团队领导人管理经验相对缺乏,容易产生管理风险。应对策略包括加强学习型团队建设,培育创业团队的命运共同体意识,加强企业管理知识学习应用,建立岗位竞争制。

(4) 财务风险及应对。例如前期宣传推广成本较高,回报收益见效有一个过程,容易导致资金流断裂,还会出现举债规模大、亏损等风险。应对策略包括实施规范的财务会计制度建设,推行效益和任务挂钩;注重客户资源等的整合,以资源带动价值增值,提升企业创造价值的水平,以减少对现金的依赖,确保资金流动畅通。

## 案例 4-3

### 全锐智能科技发展(苏州)有限公司的风险分析

全锐智能科技发展(苏州)有限公司面临的风险可以从以下几个方面进行分析。

1. 技术风险

智能裁剪现在已经逐渐成为服装制造企业、服装代加工工厂、高级定制工作室的必需品,但其原始技术能够为其他企业利用,随着时间推移,技术必将一再升级。全锐需要继续创新,打造独具特色的核心技术竞争力。

全锐将从软、硬件两个方面不断创新。在软件方面,在全锐版型数据库、自动排版系统、智能裁剪控制系统、编码系统等数据库操作系统上继续改进、升级。在硬件方面,对于其他企业的需求继续跟进。送料装置可以扩大全锐在行业中的领先优势。自动编码系统虽然已成熟,但装置中的喷头仍需要从国外购买,下一步将对其技术进行解剖挖掘,研制出自己的喷墨喷头,打破外国在喷头制造上的技术壁垒。

2. 市场风险

智能生产线的出现影响了服装制造业的部分裁剪流程,很大程度上为服装制造企业、代加工工厂节省了人工、面料、仓储及维修成本,极大提高了企业利润。但目前市场上存在不少知名企业,如法国力克的裁剪设备已更新迭代数次,有一定的知名度、品牌效应;国内裁剪市场中,以武汉金运、爱科科技为代表的设备生产企业市场份额占比很大。一旦以上企业有较大的战略调整或者技术进步,全锐的智能生产线必将受到影响,不得不做出相应的调整。

3. 管理风险

随着公司规模的扩大,组织机构、管理方法和思想可能会不适应不断变化的内外部环境,成本管理、人员变动、资金运营等不确定因素将给企业带来一定的风险,从而影响企业的发展和收益。此外,由于智能裁剪柔性生产线还处于成长期,相关技术升级较快,能够持续为企业进行新技术、新产品研发升级,不断为企业产品进行改造的人才更为稀缺,难以吸收并且留住这部分人才成为新的管理风险。

4. 财务风险

企业目前处于成长阶段,财务风险主要体现为资金短缺,不能够满足企业快速发展的需求。企业前期需要大量资金用于支付软、硬件研发费用,企业办公场地租金,装修费用等。此外,资金利用率上的不确定因素及借入资金与自有资金的比例都可能形成财务风险。

10. 社会责任

社会责任主要是指企业在创造利润、对股东承担法律责任的同时,还要承担的对员工、消费者、社区和环境的责任。企业的社会责任要求企业必须超越把利润作为唯一目标的传统理念,强调在生产过程中对人的价值的关注,强调对环境、消费者、社会的贡献。在创业计划书中,要强调企业勇于承担社会责任的意识。

### (三)成功的创业计划书的特点

一份成功的企业计划书应具有以下特点。

#### 1. 定位清晰,快速吸引投资者

一份成功的创业计划书必须能在几分钟内抓住阅读者的眼球,激发他们继续阅读下去、做深入了解的兴趣。专业投资人有极其丰富的项目考察、评估和投资经验。他们通常会高强度地考察大量创业项目,如果一份创业计划书不能在短时间内吸引投资人,通常他们就没有兴趣再继续了解了。

#### 2. 形神兼备,简洁、美观、大方

创业计划书之形是指其直观呈现出来的内容和表现方式,包括创业计划书的外观、版式、思维方式、内容框架等。创业计划书之神是指其所蕴含的创业认知、创业方法、商业逻辑、价值理念等。形是神的载体,神是形的灵魂。一份成功的创业计划书既要有惊艳的外表,又要有深厚的内涵。

创业计划书在风格上要简洁,要在最短的时间内传递最有效的信息,要简洁明了,切忌冗余庞杂;在表达上要直接,要就事论事、直接明确,不能"假大空",也不需要堆砌大量的辞藻;在外观上要美观,人们对美好的事物天然会有好印象,美观的创业计划书会在感性上影响投资人或评委对项目的判断;在内容上要专业,尤其是在创业者的思维方式、认知能力、行为方式等综合创业能力的体现方面;在本质上要认真,形式的表达、内容的呈现体现的都是创业者的认真程度。

#### 3. 实事求是,客观、务实、真实

对于初创公司来说,创业计划书可能出现的问题是理想化和"假大空"。创业计划书一定要真实、扎实,要简洁、清晰、明了,切忌喊口号、夸大其词、弄虚作假。创业项目不可能蒙混过关,也不可能在弄虚作假中成功。

#### 4. 结构合理,逻辑清晰顺畅

创业计划书的结构一定要合理,重点要突出,详略要得当。创业计划书模块、要素的排列要有序、贯通,逻辑上一定要顺畅。从内容上讲,创业计划书包含的要点非常多,但这些要点是有主次之分的,切忌对所有要点事无巨细、面面俱到、平均用力,这样会淡化创业项目的特色和价值。

#### 5. 观点鲜明,论证充分有力

创业计划书的撰写过程就是创业项目论证的过程,是提出观点并逐步进行证明的过程。在这个过程中,首先要让观点鲜明、有力,让人一目了然,不能让人反复揣度却不知所云;其次,要证明观点的正确性,还需要提供充分、可靠、扎实、有力的证据,要经得起实践的检验;最后通过简单、直接、有效的分析,让观点更突出、更可信。

## 三、创业计划书路演

针对企业、项目、业务、产品的推介、演说等都可以称为路演。对创业者来说,路演是对创业项目做充分的解说、介绍、展示,以获取资金或其他资源的重要方式。目前,最主流

的创业项目路演方式是针对创业计划书做讲解、介绍。

## （一）资料准备

虽然说创业计划书是路演的主要展示资料，但一次完备的路演还需要做许多准备。综合不同的应用场景，对创业者来说，路演通常涉及四个方面的资料准备：创业计划书、演示幻灯片、短视频资料、产品（解决方案）现场演示。其中，演示幻灯片是最基础和最重要的路演资料，其他资料的准备可根据应用场景、具体要求和实际情况而定。

## （二）路演练习

创业者参加路演前一定要认真准备、认真对待、反复演练，力争起到最好的效果。创业团队在选择路演宣讲人时应注意，宣讲人必须是熟悉公司全部业务、商业模式及价值理念的人，通常应是公司创始人或联合创始人，至少是对公司发展战略、业务体系、商业模式、历史沿革、价值理念等非常熟悉且素质、能力较强的公司员工。如果让对企业的基本价值理念和发展战略不够了解的人员宣讲，无法起到路演效果，对一些具体问题可能会出现一问三不知的情况，甚至做出想当然的错误回答，会让评委和投资人觉得该创业团队在态度上对路演不够重视。

创业者在路演中最重要的任务是传递信心信号。在路演中，如果创业者对自己的项目极为熟悉，各项内容信手拈来，表达有条理清楚，能顺畅回答评委的全部问题，这说明创业者对行业和项目有长期、深度的研究，做好了充分的准备，创业者便能够传递给投资人强烈的自己能将项目做成功的信心信号。

## （三）现场答辩

创业计划书路演最好由一个人完成，路演结束后的答辩环节也应由该人完成，必要时团队其他核心成员可以做补充。参加路演的创业者一般有两种代表性风格，一种是激情洋溢型的，在现场具有很强的煽动性；另一种是自信沉稳型的，许多具有技术背景或年龄稍长的创业者都属于这种类型。无论是激情洋溢型，还是自信沉稳型，都能体现创业者自己的风格。路演虽然也是一种表演，但不需要什么固定套路，每个人都有不同的路演风格。对于创业者来说，答辩时应注意以下几点。

第一，要自信、自然、坦诚，要对项目精通，这是打动投资人或评委的利器。如果创业者对自己的项目不够精通，表现得不够坦诚或信心不足，就不可能呈现自然的状态，无法引起投资人或评委的兴趣，就不可能实现路演的目的。

第二，对于提问要做出合理的解释和说明，避免强词夺理式的争论。对于评委或投资人所提出的问题，应该坦诚地、平和地给予解答，要注意避免与评委或投资人发生争论及对抗。

第三，对于无法回答的问题要坦诚相告，不必勉强做经不起推敲的解释，牵强附会反而会适得其反。

## （四）时间把控

在不同的情况和场景下，路演的时间长度有所不同。当与投资人或评委一对一交流时，交流的时间通常会长一些，关键看投资人或评委的兴趣和想了解的内容。多项目路演会或创新创业大赛中对每个项目的路演和答辩会有明确的时间限定，这时投资人或评委通常只问问题，不做建议和表态，在会后或赛后才会对感兴趣的项目做进一步的沟通。有些创业者在路演时能做到时间控制得精准得当,他们必然经过了反复打磨、千锤百炼的努力。

## 思考与练习

1. 创业计划书的功能和构成部分有哪些?
2. 撰写创业计划书的步骤和原则有哪些?
3. 撰写创业计划书练习。

(1) 实训目标:撰写一份创业计划书。

(2) 实训主题:撰写创业计划书,踏上创业之路。

(3) 实训要求:① 学生通过自愿组合的方式分成小组,每个小组4~6人,自由选出1名组长;② 以小组为单位,寻找与自己所学专业相关的创业项目,或者从自己生活的环境中寻找创业项目,通过小组讨论,确定创业项目;③ 小组讨论创业计划书的基本结构与目录,并将其确定下来;④ 小组成员进行分工,每个成员编写创业计划书的一部分或几部分,最后由组长进行统稿并修改,创业计划书要求结构完整,篇幅为10~20页;⑤ 创业计划书完成后,同学之间可以交换阅读,指出对方的优点及缺点,相互学习。

# 项目五

# 创业项目运营

## 学习目标

（1）了解新企业注册的基本流程与要求、初创企业管理团队创建和初创期的风险，熟悉基本的风险防范措施。

（2）能够开展企业的注册申报，懂得初创企业管理团队管理，能识别并有效防范各类企业风险。

（3）初步具备团结协作、勇于创新、责任担当、诚实守信的创业精神。

# 创业项目运营

- 注册登记新创企业
  - 选择合适的企业法律形态
    - 个人独资企业
    - 合伙企业
    - 公司制企业
      - 有限责任公司
      - 股份有限公司
      - 有限责任公司和股份有限公司的区别
    - 不同企业法律形态的区分
  - 完成新创企业的注册
    - 初期开办准备
      - 选择经营地点
      - 撰写企业章程
      - 指定代表证明
      - 确定企业名称
      - 内部筹备会议
    - 内部事项确定
      - 确定法定代表人信息
      - 确定董事、监事、经理信息
      - 确定股东出资情况
      - 确定财务负责人信息
      - 确定联络人信息
    - 完成注册流程
      - 企业设立申请
      - 办理营业执照
      - 刻制企业印章
      - 开设银行账户
      - 社会保险登记
      - 社会保险开户
  - 思考与练习

- 建立初创企业管理体系
  - 组建企业管理团队
    - 明确组建企业管理团队的基本原则
      - 合伙人原则
      - 激情原则
      - 团队原则
      - 互补原则
    - 了解企业管理团队组建的主要影响因素
      - 创业者
      - 商机
      - 目标与价值观
      - 团队成员
      - 外部环境
    - 熟悉企业管理团队组建的程序
      - 明确企业目标
      - 制订运营计划
      - 健全管理团队
  - 用好股权激励
    - 认识股权激励在企业管理中的价值
    - 股权的内涵及分配对象
      - 创始人
      - 合伙人
      - 投资人
      - 核心员工
    - 不同的股权结构
      - 横向结构
      - 纵向结构
      - 时间维度结构
  - 思考与练习

- 识别与防范初创期的风险
  - 识别与防范初创期的资金风险
    - 了解资金风险
    - 初创期资金风险的形成原因
      - 资金来源不足
      - 目标不精准
      - 管理机制不健全
      - 资金管理水平低
    - 如何防范资金风险
      - 化解筹资风险
      - 化解投资风险
      - 化解流动性风险
      - 化解经营风险
  - 识别与防范初创期的管理风险
    - 了解管理风险
    - 初创期管理风险的形成原因
      - 管理人员的职业技能相对欠缺
      - 管理不公平
      - 管理人员缺少主动性
      - 管理人员营私舞弊
    - 如何防范管理风险
      - 管理者方面
      - 组织结构方面
      - 企业文化方面
  - 识别与防范初创期的市场风险
    - 了解市场风险
    - 初创期市场风险的形成原因
      - 对市场不够了解
      - 市场竞争加剧
      - 客观环境的变化
    - 如何防范市场风险
      - 选择好项目
      - 积极请教、学习
      - 学会借风造势
  - 思考与练习

## 任务一　注册登记新企业

> **导入案例**
>
> ### 从创业到企业：小张的企业注册之路
>
> 小张是苏州经贸职业技术学院三年级的学生，服装设计是她的专业，也是她的爱好。她在微博和新媒体号上分享服装设计的过程和作品已经有两年多了，粉丝们不但喜欢看她发的日记，还多次下单购买她的作品。小张欣喜地发现，自己的产品可能很有市场。
>
> 为了更准确地了解自己的产品是否真的有市场空间，小张邀请自己的好朋友经济管理学院的小王、电子信息学院的小李一起在苏州市进行了市场调研，并基于调研数据进行了可行性研究。在此基础上，小张准备和几个同学合伙，正式创办一家以服装设计为核心业务的企业。通过拉亲友赞助及投资人赞助入股等方式，她筹集到了50万元启动资金，来到校创业孵化基地，着手开始企业注册。
>
> 为了解企业注册的基本程序与事项，小张和几个合伙人首先学习了《中华人民共和国公司登记管理条例》等文件，并请教了创业与管理实战经验非常丰富的师兄卜飞全。卜飞全告诉小张注册一家新企业的基本流程、方法、注意事项等。在卜飞全的指导下，小张和几个创业团队成员通过熟悉相关法律法规，了解了企业注册的流程，并做好了相关材料的准备，成功注册了自己的企业。
>
> **案例点评**：小张同学基于自己的专业能力和爱好，实现了从专业到创意、从创意到创业、从创业到企业的过程。在这个过程中，小张通过咨询、请教，熟悉了企业注册的流程和准备工作，最终如愿注册了一家企业。

根据我国现行法律规定，企业需要经过一系列法定注册流程，获得合法的企业"身份证"后，才能正式开始经营。而在启动注册登记工作之前，首先需要确定自己企业的法律形态。

### 一、选择合适的企业法律形态

在正式注册企业之前，首先应该选择符合企业发起人实际情况的企业法律形态。企业法律形态是由法律规定的企业形态，又被称为企业的组织形式。随着我国的商事制度不断完善，企业的注册开办、营业活动和组织结构模式受到越来越严格的法律保护和约束。设立企业时只能选择法律规定的企业组织形式，不能随心所欲，任意塑造企业形态。

根据企业产权人的不同，企业法律形态主要有个人独资企业、合伙企业和公司制企业三种(图5-1)。

```
                    企业的主要法律形态
                           │
        ┌──────────────────┼──────────────────┐
   个人独资企业          公司制企业          合伙企业
                           │
                  ┌────────┴────────┐
              有限责任公司        股份有限公司
```

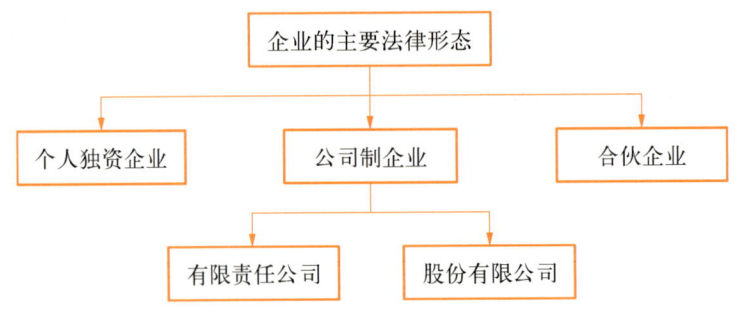

图 5-1　企业的主要法律形态

### (一) 个人独资企业

个人独资企业是指依法设立的,由一个自然人投资,资产为投资人个人所有,投资人以其个人财产对企业债务承担无限责任的经营实体。投资人享有企业的全部经营所得,独立承担企业风险,同时对企业债务负有完全的偿付责任。这种企业不具有法人资格,也无独立承担民事责任的能力,但是独立的民事主体,可以以个人的名义从事民事活动。个人独资企业的分支机构的民事责任由设立该分支机构的个人独资企业承担。

设立个人独资企业必须满足如下条件。

(1) 从投资人角度而言,如果在中国境内进行个人独资企业的登记注册,需要注意三点:第一,投资人只能为一个自然人,只能是中国公民,且不包括法人;第二,投资人不能为港、澳、台同胞;第三,国家公务员、党政机关领导干部、法官、检察官、警官、商业银行工作人员等不得投资设立个人独资企业。

(2) 从企业名称的角度而言,企业必须有合法的名称,企业名称中不得出现"有限""有限责任"或者"公司"字样。

(3) 从企业设立的条件角度而言,需要具备三个方面的基本条件:一是有固定的生产经营场所和必要的生产经营条件;二是有必要的从业人员;三是有投资人申报的出资。

### (二) 合伙企业

合伙企业是指由自然人、法人或其他经济组织设立的,由各合伙人订立合伙协议而形成的营利性组织,可分为普通合伙企业和有限合伙企业两种基本形态。合伙企业与个人独资企业一样,都不能领取企业法人营业执照。

普通合伙企业由两个以上普通合伙人组成,合伙人对合伙企业债务承担无限连带清偿责任。法律对普通合伙人承担责任的形式有特别规定的,从其规定。合伙人按照协议共同出资,合伙经营,共同分享企业所得,并对营业亏损共同承担完全责任。企业可以由部分合伙人经营,其他合伙人仅出资并共负盈亏,也可以由所有合伙人共同经营。

有限合伙企业由普通合伙人和有限合伙人组成,普通合伙人对合伙企业债务承担无限连带清偿责任,有限合伙人以其认缴的出资额为限对合伙企业债务承担责任。有限合伙企业由两个以上、五十个以下合伙人设立,法律另有规定的除外。有限合伙企业至少应当有一个普通合伙人。国有独资企业、国有企业、上市公司,以及公益性事业单位、社会团体不得成为普通合伙人。

### (三) 公司制企业

公司制企业是指依法由股东出资组成,或是由两个或两个以上股东联合出资而组成的企业。公司是法人,在法律上具有独立人格,这是公司制企业与个人独资企业、合伙企业的重要区别。公司按集资方式和股东承担的责任不同可分为多种形式,我国的公司制企业主要为有限责任公司和股份有限公司两种。

#### 1. 有限责任公司

有限责任公司是指由两人以上、五十人以下的股东共同出资,每个股东以其出资额对公司承担有限责任,公司以其全部资产对其债务人承担责任的法人。

有限责任公司的基本特点是:一是公司的资产不被分为等额股份,公司根据各股东出资份额的多少,向股东签发出资证明书,不发行股票;二是公司的股份转让有严格限制;三是股东人数在法律上有限制;四是股东按出资额享受相应额度的权利并承担相应义务。

#### 2. 股份有限公司

股份有限公司是指将注册资本分成等额股份,并通过发行股票或股权证筹集资本,股东以其所认购的股份对公司承担有限责任,公司以全部资产对公司债务承担责任的企业法人。

股份有限公司的基本特点是:一是股东人数须达到法定人数;二是股票可以自由交易和转让;三是股东以其持有的股份数量享有相应的权利,承担相应的义务;四是公司应将注册会计师审验后的财务报告公开。

#### 3. 有限责任公司和股份有限公司的区别

① 公司设立时对股东人数的要求不同。设立有限责任公司必须有两个以上的股东,最多不得超过五十个;设立股份有限公司应有三个或三个以上发起人,多者不限。

② 股东的股权表现形式不同。有限责任公司的权益总额不做等额划分,股东的股权是通过投资人所拥有的比例来表示的;股份有限公司的权益总额被平均划分为相等的股份,股东的股权是用持有多少股份来表示的。

③ 股份转让的限制不同。有限责任公司不发行股票,对股东只发放出资证明书,股东转让出资需要由股东会或董事会讨论通过;股份有限公司可以发行股票,股票可以自由转让和交易。

### (四) 不同企业法律形态的区分

进行不同企业法律形态区分的主要依据是法律层面的企业产权制度,而不同法律形态的企业由于其产权人情况不同,在法律依据、法律基础、法律地位、产权人人数、权利与义务、设立与解散、企业管理与运营等方面都会表现出差别。三种企业法律形态的区别见表 5-1。

## 二、完成新创企业的注册

在确定好企业法律形态后,企业还需要经过初期开办准备、内部事项确定与完成注册流程三个阶段来完成法定的注册登记工作(图 5-2)。

表 5-1 不同企业法律形态的区别

| 企业法律形态 | 业主数量和注册资本 | 成 立 条 件 | 利润分配和债务责任 |
|---|---|---|---|
| 个人独资企业 | 1. 业主是个人；<br>2. 无资本数量限制 | 1. 有相应的经营资金和经营场所；<br>2. 企业名称合法；<br>3. 投资人为自然人 | 1. 利润归个人或家庭所有；<br>2. 如由个人经营，其以个人资产对企业债务承担无限责任；如由家庭经营，其以家庭财产承担无限责任 |
| 合伙企业 | 1. 业主为两人以上；<br>2. 无资本数量限制 | 1. 有两个以上合伙人，其依法承担无限责任；<br>2. 签订书面合伙协议；<br>3. 合伙人实际缴付出资；<br>4. 企业名称合法；<br>5. 有经营场所；<br>6. 符合法律法规规定的其他条件 | 合伙人按照合伙协议分配利润，并共同对企业债务承担合伙人自有财产的无限连带责任 |
| 公司制企业 | 1. 股东(发起人)符合法定人数要求；<br>2. 一般公司无注册资本要求；<br>3. 法律、行政法规和国务院决定对某些公司的注册资本实缴和注册资本最低限额有规定的，从其规定 | 1. 有符合公司章程规定的全体股东(发起人)认缴(认购)的出资额(股本总额)；<br>2. 股东(发起人)共同制定公司章程，采用募集方式设立的经创立大会通过；<br>3. 有公司名称，建立符合要求的组织机构；<br>4. 有公司住所 | 1. 股东以其出资额(所认购的股份)享受相应的权利，并对公司债务承担有限责任；<br>2. 公司以其全部资产对其债务人承担责任 |

新企业注册的基本流程

初期开办准备
1. 选择经营地点
2. 撰写企业章程
3. 指定代表证明
4. 确定企业名称

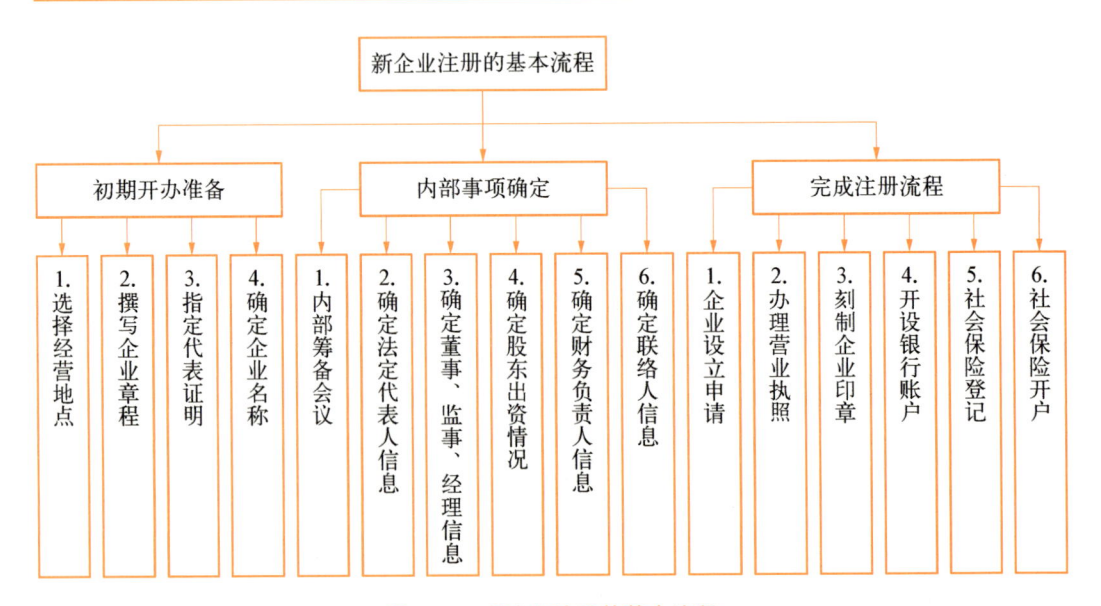

内部事项确定
1. 内部筹备会议
2. 确定法定代表人信息
3. 确定董事、监事、经理信息
4. 确定股东出资情况
5. 确定财务负责人信息
6. 确定联络人信息

完成注册流程
1. 企业设立申请
2. 办理营业执照
3. 刻制企业印章
4. 开设银行账户
5. 社会保险登记
6. 社会保险开户

图 5-2 新企业注册的基本流程

在实际操作之前,发起人可以通过网络事先了解企业注册所在地的最新相关规定。以江苏省一般工业企业注册办理流程为例,可打开"江苏政务服务一站通"首页(https：//www.jszwfw.gov.cn/col/col95162/index.html),选取新企业地址所在的市,如苏州市,并点击"了解更多集成服务",找到"一般工业企业注册办理流程",点击进入,即可了解企业注册步骤和注册流程(图5-3)。

图5-3 江苏省苏州市一般工业企业注册办理流程

在"江苏政府服务一站通"首页,在导航条上点击打开"企业全链通综合服务",可进入"江苏政务服务一站通官网统一身份认证"(图5-4)。如果是新的个人用户,点击"立即注册",即可进入用户注册页面(图5-5);如果是企业用户,无须另行注册。

(一)初期开办准备

在企业正式注册之前,必须进行开办初期的必要准备工作,包括选择经营地点、撰写企业章程、指定代表证明、确定企业名称四个步骤。

1. 选择经营地点

企业必须有经营场所,选址也需要符合法规。不是任何地点都可以作为企业经营场

项目五　创业项目运营

图5-4　江苏政务服务一站通统一身份认证

图5-5　江苏政务服务一站通统一身份认证系统用户注册

地的,例如普通住宅就无法作为经营地点。

(1)选择经营地点的一般步骤。

选择经营地点通常分两个步骤:首先是选大区,即选定若干个地域,对这些地域进行分析、评价后选定一个;其次是在大区选定后进行定位,在已定大区内具体选定企业的位置。其具体来说可以分为三个阶段。

一是准备阶段。明确选址总体目标。

二是现场勘察阶段。收集、汇总、整理各种信息,分析各种影响选址的因素,对各种因素进行主次排列,根据总体目标进行权衡、取舍,选择多个目标地区进行现场考察,拟定多个候选地区方案。

三是评选和确定方案阶段。从企业的经济效益、社会效益和长远利益出发,采取科学的定性和定量分析方法,对候选地区方案进行综合评价,从中选出最佳方案。

(2) 选择经营地点时需考虑的因素。

选择经营地点是企业建立和发展的第一步,是以后科学运作、管理的基石,不仅关系到企业初期建设的投资和建设的速度,而且在很大程度上决定了所提供的产品和服务的成本,从而影响到企业的生产管理活动和经济效益。

选择经营地点需要为以下三个相互联系的方面找到一个合适的均衡点:运作的空间变量成本,即那些随地理位置的变化而变化的因素;运作能够提供给顾客的服务;运作的潜在收益。

选址决策主要追求成本最小化,因此要考虑以下五个因素。

① 经济技术因素。企业选址一般需考虑能源及原材料等资源的供应条件、交通运输条件、劳动力供应条件、科技依托条件和市场条件。要选择水、电、气等基础设施完备,接近原材料供应地,交通运输和物流系统便捷,土地价格低,劳动力供应充足且成本低,市场成熟的地区。企业必须依据产业特性进行选址,对上述各种条件,不同产业的企业在选址决策中会有侧重点的不同。例如,需要有效提供专业化分工协作的企业要侧重考虑产业的集聚效应,厂址应选择在企业集聚区;高新技术企业要侧重考虑能及时了解和把握技术变化趋势,厂址最好选择在科技研发中心附近。

② 社会文化因素。要选择社会治安良好的地区;要考虑当地的文化教育水平和流动人口的管理水平,要有利于企业的人力资源的管理。服务业企业适合建立在人口密集的城市,保证有足够的消费市场;大型企业、噪声污染不易控制的企业适合在农村设厂。

③ 自然生态因素。自然条件要能满足生产技术要求,有利于员工的身体健康,同时应考虑对环境的影响,并且要便于进行污染处理,否则会受到周围居民的反对和排斥,甚至造成被迫关、停、并、转的局面。

④ 政治因素。要考虑地方政府对产业发展提出的法律法规和政策规划,以及在金融、财税方面的政策支持。有些地区为了促进地方经济发展,往往采取鼓励企业在当地落户的政策,在各地划出特区或各种经济开发区,低价出租或出售土地、厂房、仓库,并在税收、资本等方面提供优惠。同时,这些地区的基础设施情况也较好,交通、通信、能源、用水都很便利。若创业者到境外创业,还要考虑创业国家与地区的局势是否安全稳定。

⑤ 企业自身因素。选址要符合企业的整体长远发展战略,如果采取租赁的方式,就需要保证租赁在一定时期内的稳定性,签订较长期的租赁合约;选址还需要考虑企业内部的一些需求,如企业形象培养的需求。

### 2. 撰写企业章程

企业章程为企业的股东就企业的相关事项(企业名称、住所、经营范围、经营管理制度等)签署的法律文件,对企业的全体股东有约束力。

企业章程是股东共同一致的意思表示,是关于企业组织与行为的基本准则,具有法定性、真实性、自治性和公开性。企业章程对企业的成立及运营具有十分重要的意义,它既是企业成立的基础,又是企业赖以生存的灵魂。

企业章程的样本可以在管理部门网站下载,根据自己拟办公司的实际情况修改,并由所有股东签名。

### 3. 指定代表证明

指定代表或者共同委托代理人的证明就是依据法律相关规定委托他人代为行使民事权利或其他权利的证明,一般为委托代理合同和授权委托书。

### 4. 确定企业名称

企业名称对于企业发展而言具有较大价值,企业名称不仅能体现出企业所处的行业和经营的业务范围,而且能体现出企业的价值理念和发展愿景,是企业文化属性的集中体现。一个适当的企业名称,不仅能体现出企业发展的起点与基础,而且能体现出企业未来的发展方向。

《企业名称登记管理规定》明确规定:"企业只能登记一个企业名称,企业名称受法律保护。"考虑到同行业的企业比较多,再加上人们在文化习俗与认识上的一致性,企业很容易出现重名。一般而言,注册企业名称时需要提前准备8个以上的备选方案,如遇到重名的可供管理部门选择并审核通过。从企业发展视角而言,企业名称的唯一性是企业品牌形成的重要基础。新成立的企业一般没有什么品牌优势,但是一旦企业发展起来,就会树立起自己独有的企业品牌。在选择企业名称时,应注意以下三点。

① 新成立企业的名称不要与现有的知名企业名称或市场品牌同音或近形。这主要是因为一旦涉及侵权纠纷,会造成企业的人力、资金等方面无谓的浪费。

② 避免企业品牌的外溢效应。新成立企业的品牌一旦打响,就有可能被别的企业所利用。如果企业的品牌信息不具有独特性、唯一性,很容易让他人获得"打擦边球"的机会,这在市场中非常常见。

③ 反映企业品质与文化。企业名称可以反映企业的行业属性、经营范围、区域范围等,大气、高端、上档次的企业名称往往更加容易给人更深刻的印象。作为新设企业,应考虑从企业自身的文化理念、行业属性、产品特性、功能属性等方面出发,结合起步阶段的实际与长远发展战略,设计符合自身实际和特色的企业名称。在企业名称设计时,名不副实是一大忌讳。

申请人可以在办理登记时直接向企业登记机关提交拟登记的企业名称,也可以通过网上名称自主预查服务系统查询并保留企业名称(图5-6)。

### (二) 内部事项确定

在明确企业法律形态,确定企业名称,并选择好企业地址后,就可以开始着手准备企业注册的相关材料了。

### 1. 内部筹备会议

内部筹备会议主要包括企业首次股东会议、首次董事会、首次监事会等。

(1) 首次股东会议。首次股东会议主要通报企业筹办情况报告、企业设立费用情况报告、发起人出资情况报告、企业章程的说明、选举董事会的议案、选举监事会的议案等。

(2) 首次董事会。首次董事会的任务有选举董事长、副董事长,成立各专业委员会,聘任包括总经理在内的高级管理人员,审议内部相关制度等。

(3) 首次监事会。在企业注册之前,应举办首次监事会,以商议企业注册之前的相关工作事项,并选举监事会成员。

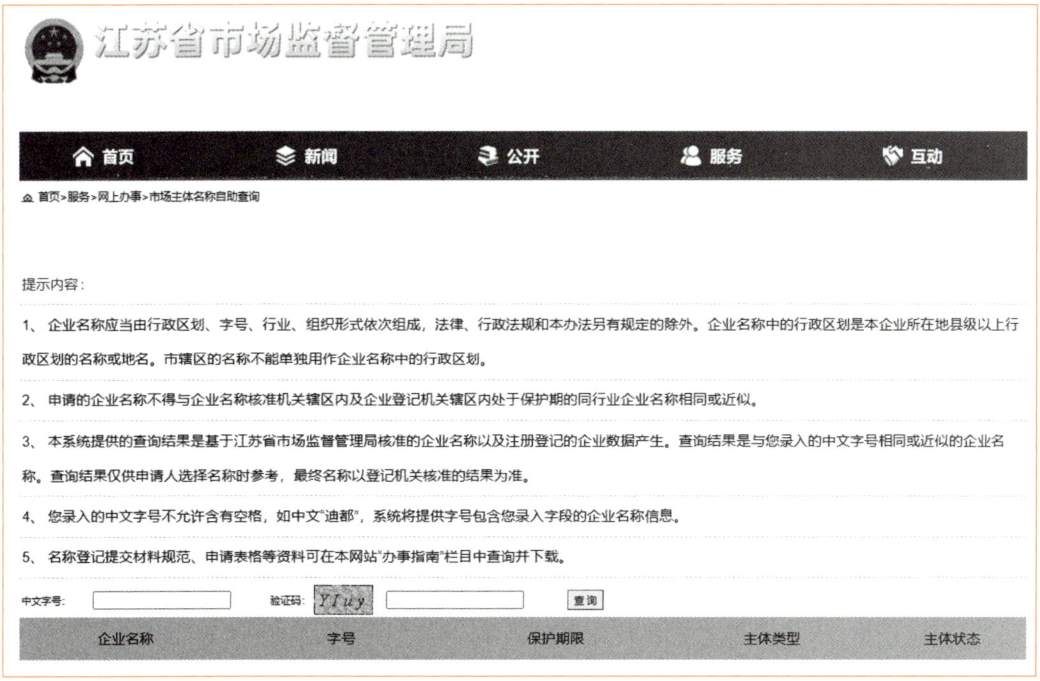

图 5-6　江苏省市场监督管理局市场主体名称自助查询

### 2. 确定法定代表人信息

企业必须有一个法定代表人。法定代表人是依法代表法人行使民事权利、履行民事义务的主要负责人。在企业正式注册的过程中,需要提前确定法定代表人,并填写法定代表人登记表(表 5-2)。

表 5-2　法定代表人登记表

| 姓　　名 |  | 是否公务员 |  |
|---|---|---|---|
| 职　　务 |  | 联系电话 |  |
| 任免机构 |  |  |  |

（身份证件复印件粘贴处）

法定代表人签字：
　　　　　　　　　　　　　　　　　　　　　　　　年　　月　　日

### 3. 确定董事、监事、经理信息

根据法律规定,股东人数较少或规模较小的有限责任公司可以设一名执行董事,不设董事会。如果设董事会,董事会成员最少为三人,且为单数。执行董事可以兼任经理。

股东人数较少或规模较小的有限责任公司可以设一至两名监事,不设监事会。如果设监事会,监事会成员最少为三人,且为单数。董事与高级管理人员不得兼任监事。

### 4. 确定股东出资情况

完成企业注册流程,需要准备好股东出资情况表(表5-3)。如企业追加注册资本,在股东出资情况中应填写本次出资额,持股比例应该按照追加资本后的总股本重新计算。

表 5-3 股东出资情况表

| 股东名称或姓名 | 证件名称及号码 | 认缴出资额(万元) | 出资方式 | 持股比例(%) | 实缴出资额(万元) | 出资时间 | 出资方式 | 余额交付期限 | 备注 |
|---|---|---|---|---|---|---|---|---|---|
|  |  |  |  |  |  |  |  |  |  |
|  |  |  |  |  |  |  |  |  |  |
|  |  |  |  |  |  |  |  |  |  |

注:① 根据公司章程的规定及实际出资情况填写。
② "备注"栏中填写下述字母:A. 企业法人;B. 社会团体法人;C. 事业法人;D. 国务院、省级人民政府、经授权的机构或部门;E. 自然人;F. 其他。
③ 出资方式填写:货币、非货币。

### 5. 确定财务负责人信息

财务负责人是全面负责企业的财务管理、会计核算与监督工作的人。

### 6. 确定联络人信息

联络人负责向社会公众披露依法应当公开的基本企业信息,接受有关行政部门的调查、询问。

## (三)完成注册流程

在明确了企业相关的各种内部事项后,即可着手完成注册流程。

### 1. 企业设立申请

准备好上述各类材料后,即可正式到工商部门提交企业设立登记申请书(表5-4),明确企业的名称、住所、法定代表人、注册资本、类型、实收资本、出资方式、经营范围等核心事项。

表 5-4　企业设立登记申请书

| 企业设立登记申请书 |||||
|---|---|---|---|---|
| 名　　称 | | | | |
| 住　　所 | | 邮政编码 | | |
| 法定代表人姓名 | | 职　务 | | |
| 注册资本 | （万元） | 企业类型 | | |
| 实收资本 | （万元） | 出资方式 | | |
| 经营范围 | |||| 
| 营业期限 | 自　　年　月　日至　　年　月　日 ||||
| 备案事项 | ||||

本企业依照《中华人民共和国公司法》《中华人民共和国公司登记管理条例》设立,提交材料真实有效。谨此对真实性承担责任。

法定代表人签字：　　　　　　　　　　　指定代表或委托代理人签字：
　　　　　　　　　　年　月　日　　　　　　　　　　　　　　　年　月　日

**2. 办理营业执照**

2015 年 10 月 1 日起,在企业注册过程中已经实现了"三证合一",即将企业依次申请的工商营业执照、组织机构代码证和税务登记证三证合为一证,提高市场准入效率。由原来的跑三个部门、交三次材料变为一个窗口受理、一次提交材料,大大缩短了企业办照时间。

目前,这项改革仍在进一步深化。比如,2016 年起,在全面实施企业"三证合一"的基础上,再整合社会保险登记证和统计登记证,实现了"五证合一、一照一码"。具体可以参考公司注册所在地的政策。

**3. 刻制企业印章**

企业办理工商注册登记过程中,需要使用公章、财务章、法人章、全体股东章等图章。可凭新申办的营业执照,前往公安局指定的刻章地点刻制印章,为以后的日常业务及财务文件的用章需要做好准备。

**4. 开设银行账户**

可凭新申办的营业执照去银行开设基本账户。在开设银行基本账户时,可根据自己的具体情况选择银行。通常这一步骤需要填写的表格众多,最好尽量带齐所有可能需要的材料与物品,比如营业执照正本原件、身份证、财务专用章、法人章等。

### 5. 社会保险登记

社会保险是法定的保险,它是国家管理部门以法律为依据,以行政手段进行实施和管理的保险。企业注册之后,需要给员工缴纳社保。按照《中华人民共和国社会保险法》的规定,企业应当在成立之日起30日内向当地社会保险经办机构申请办理社会保险登记。企业设立后,法定代表人(负责人)应督促经办人及时办理完成社保登记业务。

### 6. 社会保险开户

新设企业取得载明统一社会信用代码证的营业执照后,即可通过登录人社部门网上办事服务大厅首页完善相关信息,实现网上社保开户。

## 思考与练习

1. 注册企业前需要做好哪些准备工作?
2. 如果是个人独立注册企业,应该选择什么企业法律形态?为什么?
3. 项目实战训练:为企业赋名,注册新企业。

(1) 练习要求:运用企业特征和经营范围的相关知识,帮助导入案例中小张的企业选择一个恰当的名称;掌握企业注册的相关事宜,熟悉企业注册相关流程。

(2) 活动时间:30分钟。

(3) 活动步骤:① 自荐模拟创业团队队长,队长招募队员,组建团队,每组以4~6人为宜,进行活动分工;② 各小组综合分析小张的条件,进行头脑风暴,讨论企业名称,并登录江苏省市场监督管理局市场主体名称自助查询网址进行检验;③ 登录江苏政务服务(苏州)公司设立登记在线,各小组分工合作,为小张完成注册新公司需要的材料;④ 各小组进行交流与分享。

# 任务二 建立初创企业管理体系

## 导入案例

### "饿了么"的联合创始人

2007年,张旭豪被保送到上海交通大学的动力工程学院读研究生,康嘉也考入上海交大的动力工程学院,和张旭豪成了舍友。他俩常叫外卖填肚子,但当时的外卖用户体验不好,要拨打传单上的电话订餐,需要的时候往往找不到传单。

2008年的一个夜晚,张旭豪和康嘉饥肠辘辘,打电话想叫个外卖,却叫不到。两个有想法的人突然来了灵感,为什么不做一个叫外卖的网站呢?一张创业的蓝图就在这个夜晚开始绘就。整整聊了一个晚上的两人第二天就开始行动,还给自己的创业项目起了个名字叫"饭急送",这便是"饿了么"的雏形。康嘉曾感慨:"创业初期,如果只是单纯地把创业当作丰富自己人生阅历的一种途径,那么结果自然不会理想。但如果把创业当作自己的理想和信仰,拿出破釜沉舟的劲头背水一战,结果往往是可喜的。所幸,旭豪是这样的人,我也是。"

想法逐渐成熟后,张旭豪和康嘉拉上宿舍的另外两个人,签了合伙协议,就开始"折腾"了。张旭豪的父亲前后给了他12.8万元,康嘉和其他两人每人凑了几千元。当时有一些大学生创业比赛,冲着奖金,张旭豪他们参加了几个比赛,前后拿了45万元,其中10万元是奖金,10万元是无息贷款,25万元是股权投资。

一边学习一边创业,两边不能兼顾,张旭豪和康嘉申请了休学,其他两人退出。"因为我们的规矩制定好了,不休学,就必须退出。"创业几个月后,张旭豪和康嘉的关系确定下来,由张旭豪担任CEO。张旭豪眼界开阔,经常给康嘉讲产品设计等,这是康嘉了解不多的。康嘉说:"北京满大街都是创业做外卖的大学生,为什么'饿了么'可以冲出来?这得益于张旭豪对商业规则的理解和执行力。"

**案例点评**:合伙创业,合的不只有钱,还有激情、人品、格局。新创企业的发展是一种团队合作下的行为,尤其是在知识经济时代,从事创新型活动的企业很少能够仅靠一人就成功。做好初创企业的团队管理,对于企业的稳定健康发展具有基础性、关键性作用,直接影响着新创企业的未来发展。

当创业者已经完成了企业注册,接下来就要考虑组建企业管理架构、建立企业管理机制、构建股权激励措施等了。新企业在刚开始运行的时候往往会在管理上稍显混乱,需要经历一段时间的运行后,才能慢慢形成有效的管理。

要做好新创企业的运行管理,要先组建好企业的管理团队并做好团队管理,设计好科学的激励机制。做好这些工作对于初创企业而言尤为重要。

### 一、组建企业管理团队

对于初创企业而言,管理团队不仅要对企业的发展方向和重要事项进行重要决策,很多时候还会直接参与企业的一线生产和运营。在企业发展初期,管理团队中的任何一个成员都在企业发展中承担着多重功能,在企业管理与运行中发挥着极其重要的作用。

然而,企业管理团队又不能简单地等同于创业团队,其应该是以原创业团队为基础,根据现代企业管理的实际需要进行人员调整与增补后形成的团队。企业管理团队是指由两个或两个以上的技能互补、贡献互补的创业者组成的团队。企业管理团队成员基于共同的价值理念,围绕共同的目标,各尽所能地承担各方面职能,为形成高品质的创业结果而共同努力、相互协作、共同担当。企业管理团队的组成要素如图5-7所示。

目标　人员

管理团队
组成要素

定位　计划

图5-7　企业管理团队的组成要素

### （一）明确组建企业管理团队的基本原则

人力资源是企业发展最基础、最重要、最关键的资源，是企业健康发展的根本。而在企业人力资源中，企业管理团队是关键的资源。组建一个合适的、具有战斗力的管理团队是企业管理的首要任务。

在组建管理团队时应当遵循以下原则。

#### 1. 合伙人原则

一般企业都是招员工，而员工都是在做工作；但企业管理团队需要招的是合伙人，合伙人做的是事业。一个人只有把工作当作事业，才有成功的可能。一个企业，只有把员工当作合伙人，才有机会迅速成长。所以，管理团队要先消除价值分配障碍，再去找自己的合伙人。

#### 2. 激情原则

激情是衡量一个人是否能够成功的基础标准。企业管理团队一定要选择对项目有高度热情的人加入，并且要使所有人在企业初创就要有每天长时间工作的准备。任何人，不管其专业水平高低，对事业的信心不足，都将无法适应创业的需求，而这种消极因素对管理团队所有成员产生的负面影响可能是致命的。创业初期，整个团队可能需要每天花费大量时间不停地工作，并被要求在高负荷的压力下仍能保持创业的激情。

#### 3. 团队原则

团队是企业凝聚力的基础。成员能够同甘共苦，经营成果能够被公开且合理地分享，团队就会形成坚强的凝聚力与一体感。团队中不需要个人英雄主义，每一位成员的价值都表现为其对于团队整体价值的贡献。每一位成员都应将团队利益置于个人利益之上，愿意牺牲短期利益来换取长期的成功，不计较短期的薪资、福利、津贴等，将利益分享放在成功之后。

#### 4. 互补原则

创业者寻求团队合作，其目的就在于弥补创业目标与自身能力间的差距。只有当团队成员在知识、技能、经验等方面实现互补时，才有可能通过相互协作发挥出"1+1＞2"的协同效应。此外，管理团队还要注意个人的性格与看问题的角度，团队里必须有总能提出建设性意见和不断地发现团队问题的成员，一个成员都喜欢说好话的团队绝对不可能成为一个优秀的团队。

### （二）了解企业管理团队组建的主要影响因素

创业之路本就艰辛，为了抵达创业成功的彼岸，创业者更应该考虑周全，在组建管理团队时就未雨绸缪,把创业之路铺垫好。影响管理团队组建的因素主要有以下几个(图 5-8)。

### 1. 创业者

创业者的能力和思想意识从根本上决定了是否要组建管理团队、管理团队组建的时间表,以及由哪些人组成管理团队。创业者只有在意识到组建管理团队可以弥补自身能力与创业目标之间存在的差距后,才会考虑是否需要组建管理团队,并对什么时候需要引进什么样的人员才能和自己形成互补做出准确判断。

### 2. 商机

开发不同类型的商机需要的管理团队的类型不同。创业者应根据企业情况与商机间的匹配程度决定是否要组建管理团队,以及何时、如何组建管理团队。

### 3. 目标与价值观

共同的价值观、统一的目标是组建管理团队的前提,团队成员若不认可团队目标,就不可能全心全意地为实现目标与其他团队成员相互合作、共同奋斗。不同的价值观将直接导致团队成员脱离团队,进而削弱管理团队发挥的作用。没有一致的目标和共同的价值观,管理团队即使组建起来,也无法形成有效发挥协同作用,缺乏战斗力。

### 4. 团队成员

团队成员的能力的总和决定了管理团队的整体能力和发展潜力。除了管理团队成员本身的能力,管理团队成员之间的信任度是影响初创企业能否健康、顺利发展的关键。互信的缺乏将直接导致团队成员间协作障碍的出现。

### 5. 外部环境

管理团队的生存和发展直接受到制度性环境、基础设施服务、经济环境、社会环境、市场环境、资源环境等多种外部要素的影响。这些外部环境要素从宏观上间接地影响着对管理团队组建类型的要求。

图 5-8 管理团队组建的主要影响因素

## (三) 熟悉企业管理团队组建的程序

完美组合的管理团队并非在创业的一开始就能建立起来的。很多时候,在企业创立一定时间以后,其才会随着企业的发展逐步形成。组建管理团队的基本程序主要包括以下几个步骤(图 5-9)。

### 1. 明确企业目标

企业发展目标是管理团队运作的核心动力。企业发展的总目标就是要通过完成创业阶段的技术、市场、规划、组织、管理等各项工作,实现企业的从无到有、从起步到成熟。总目标确定之后,再将总目标加以分解,设定若干可行的、阶段性的子目标。

### 2. 制订运营计划

在确定了总目标及阶段性子目标之后,紧接着就要研究如何实现这些目标,这就需要制订周密的运营计划。形成运营计划要在对企业发展目标进行具体分解的基础上,以企业的长远发展为整体来系统考虑。

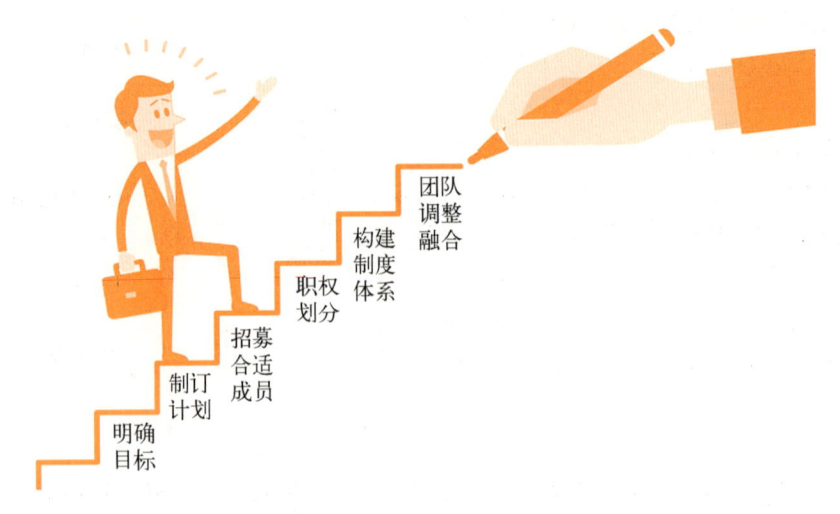

图 5-9　组建管理团队的基本程序

3. 健全管理团队

企业管理团队是否完整直接影响到企业能否正常运行。关于企业管理团队成员的招募，主要应考虑三个方面。一是考虑企业运行与健康发展的现实需要。企业能否正常运行首先取决于企业的管理系统结构是否完整、要素是否齐全、环节是否贯通。因此，应该基于现有人员的实际情况和企业管理团队需要，对人员进行灵活补齐。二是考虑互补性，即考虑让管理团队成员在能力、性格、功能等方面形成互补。这种互补既有助于强化管理团队成员间彼此的合作，又能保证整个管理团队的战斗力，更好地发挥管理团队的作用。三是考虑适度规模。适度的管理团队规模是保证管理团队高效运转的重要条件。

## 二、用好股权激励

### (一) 认识股权激励在企业管理中的价值

初创企业往往员工规模不大，多数属于"作坊式"企业，任何一个企业管理人员都发挥着不可或缺的作用，尤其是关键岗位的管理人员离职，可能会造成重大的影响。因此，如何稳定管理团队，对初创企业而言显得至关重要。创始人需要关注人的欲望、人的需求，才能激发人的内驱力，让团队成员一起往前走，而股权正是创业激励中最主要的部分。股权是一种长期激励的手段，也是一种潜在回报很高的激励。创业企业一定要设计一个比较合理的股权结构，才能让团队走得更远。

没有做股权激励的企业是一个老板"推着"成百上千的员工做事，员工稍有懈怠，企业就会倒退；做了股权激励的企业是成百上千的员工在"拉着"一个企业奔跑，稍微一发力，企业就会腾飞。现代企业的竞争归根结底是人才的竞争，以人力资本分享企业发展成果是企业收入分配体系改革的必然方向。企业的核心命题是价值创造与价值分配，股权激励制度是解决企业价值分配问题的根本性制度。因为只有让员工成为企业的主人，通过股权激励的方式，让他们觉得是在为自己打拼，企业才能持续发展。

股权分配是利益体之间的博弈,一旦股权分配不合理,企业将陷入内部矛盾丛生的境地,严重的会导致管理团队分崩离析。股权结构设计关系着企业的生死存亡,其重要性不言而喻。

### (二) 股权的内涵及分配对象

股权即有限责任公司或者股份有限公司的股东对公司享有的人身和财产权益等方面的综合性权利,是多种股东权利(控制权、投票权、分红权、知情权、经营决策权、优先认购权等)的集合。从管理意义上讲,股东权利在公司治理中可被概括为三类:所有权、收益权、决策权。所有权延伸出来的权利中,最为重要的是控制权和分红权。

创始人、合伙人、投资人、核心员工是企业人才资源的重点与核心,因此,应重点从这四个维度来设计股权分配(图 5-10)。

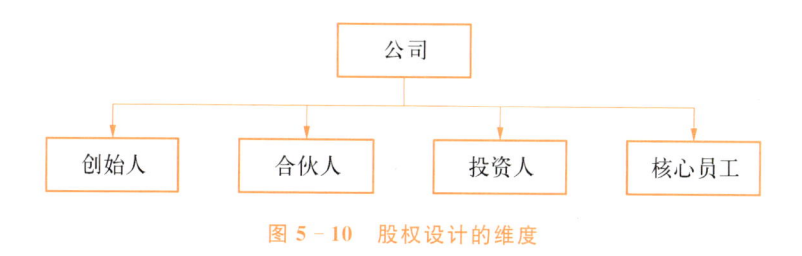

图 5-10 股权设计的维度

#### 1. 创始人

创业之路不仅相当艰辛,而且要承担一定的风险。基于权利与责任对等的原则,作为企业第一责任人的创始人理应获得最多的企业股权。一般情况下,创始人占股比例为 8%~15%。

#### 2. 合伙人

创始人在创业伊始会找一群人共同创业,有人提供技术,有人提供资金,有人提供资源,这样企业才能搭建框架、正常运转。合伙人为创始人的左膀右臂,当然需要用一部分股权来激励。

#### 3. 投资人

投资人在企业需要融资的时候参与,一般与企业签订对赌条款,占的股权比例较小。

#### 4. 核心员工

人才是企业发展的第一资源,留住员工,尤其是核心员工对于企业而言显得尤为重要。除了事业留人外,如何实现待遇留人也是企业管理者必须考虑的。如果能够预留一定份额的股权作为核心员工股,使员工变股东,就能吸引、留住更多的人才。而对于人才资源型的企业而言,核心员工股的预留比例可以进一步加大。

### (三) 不同的股权结构

#### 1. 横向结构

横向结构是以不同股权类型为基础进行的股权结构设计,主要有以下三种形式。

(1) 一元股权结构。

一元股权结构主要是同股同权的情况下采用的。同股同权是《中华人民共和国公司法》规定的股权临界点,即 66.7%,51.0%,33.4%(图 5-11)。

139

图 5-11　一元股权结构　　　　图 5-12　二元股权结构

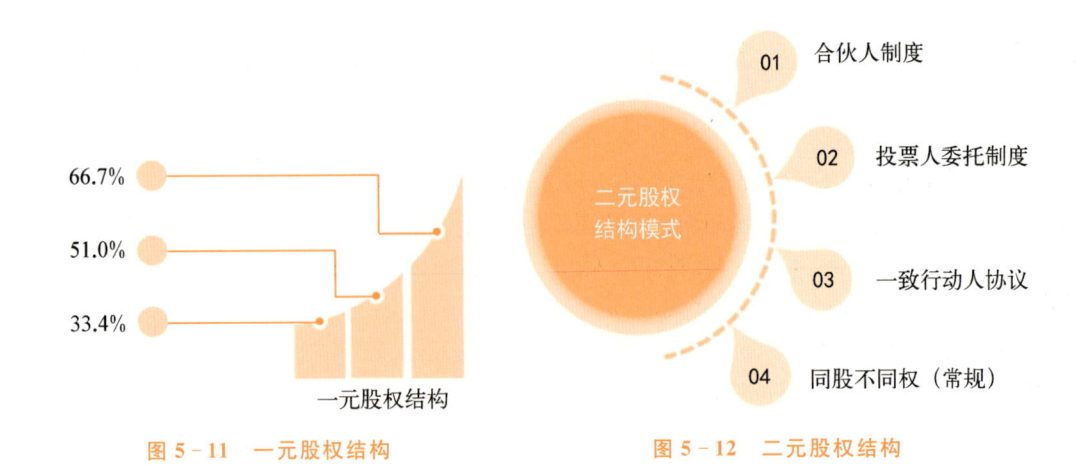

（2）二元股权结构。

二元股权结构是在同股不同权的情况下设置的,将企业控制权与股权比例分离。比如创始人只有1%的股权,但决策权与控制权仍掌握在他手里。目前,二元股权结构在我国有四种模式得到广泛应用(图 5-12)。

（3）多元股权结构。

多元股权结构下的股东主要涵盖创始人、合伙人、投资人、核心员工,对其分别授予股权,包括创始人股、合伙人团队股、出资股、岗位贡献股、资源贡献股等。

### 2. 纵向结构

纵向结构是以不同持股形式为基础进行的股权结构设计,主要有以下三种形式。

（1）直接持股。

要进行工商登记的部分是股东各自持有的全部股权。直接登记部分的股权包括已经成熟的股权和未成熟的股权。

（2）间接持股。

间接持股又称为大股东代持,未成熟的股权仍然登记在大股东名下。

（3）设立持股平台持股。

设立一个有限合伙公司,创始人作为有限合伙公司的普通合伙人,被激励对象作为有限合伙人。基于有限合伙的特殊性,创始人是法定的绝对控制人。这种方式比较稳定,且纳税成本相对低,是目前股权激励采用最多的方式。

### 3. 时间维度结构

企业在不同发展阶段有着不同的特点,相应的股权设计也各不相同,需要根据技术、资本、人力资源等要素的调整设计不同的股权结构。时间维度结构是根据不同时期的企业特点进行的股权结构设计,主要有以下三种。

（1）初创阶段股权结构。

如图 5-13 所示,初创企业的成员主要是创始人及创始合伙人,创始人需将股权控制在 67% 或 51% 以上。初创期的股权尽量控制在创始人占据 67% 以上,以免股权稀释过快。

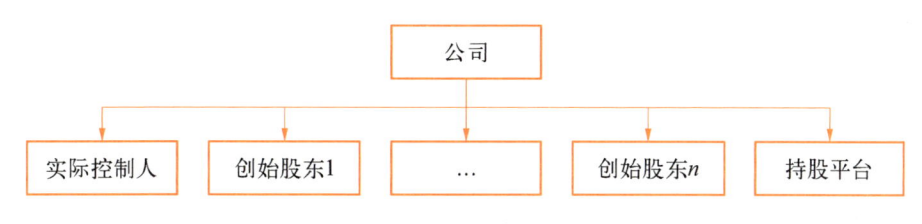

图 5-13 初创阶段股权结构

(2) 发展阶段股权结构。

如图 5-14 所示,在企业发展阶段,投资人看到企业有前景,自然会愿意加入,企业也必须依靠资本来扩大规模。因此,此时可以设立持股平台,吸引投资人及激励优秀人才。此时的持股平台可以是有限责任公司,也可以是合伙有限公司。

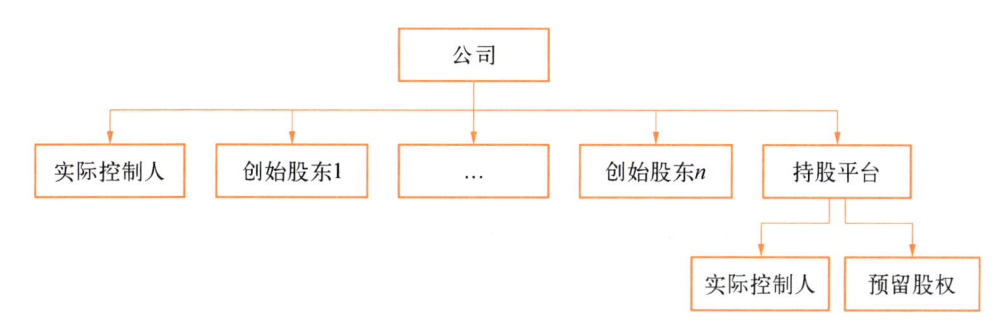

图 5-14 发展阶段股权结构

(3) 成熟阶段股权结构。

如图 5-15 所示,企业成熟阶段,股权结构相对复杂。不管这个时期创始人的股权稀释了多少,创始人都可以通过多层级的持股平台设计,作为普通合伙人来控制有限合伙人,或者通过协议的方式留住控制权。

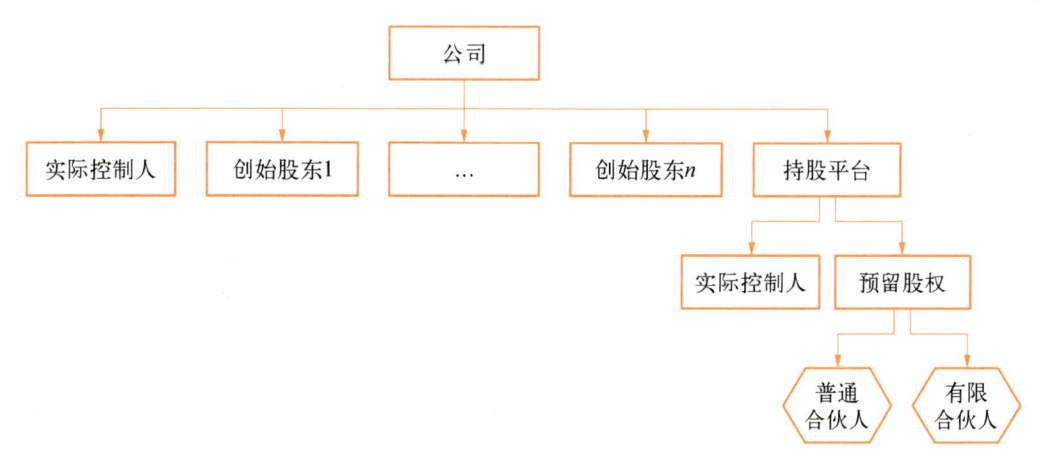

图 5-15 成熟阶段股权结构

## 思考与练习

1. 结合本项目的学习,绘制初创企业的管理体系示意图。
2. 企业在初创阶段、发展阶段、成熟阶段的股权结构有何不同?
3. 项目实战训练:讨论一个成功或失败的企业管理团队案例。

(1) 练习要求:在本部分学习的基础上,找一个成功或失败的企业管理团队案例,分组进行讨论,安排一名同学对讨论结果做好记录。

(2) 时间安排:20~35分钟。

(3) 活动步骤:① 每个班级大致分为若干个小组,每个小组5~8人,进行活动分工,安排好案例负责人、讨论主持人、活动记录人;② 各组根据活动分工,分别做好讨论前的准备工作;③ 组织讨论活动,根据分工进行交流与分享,并做好活动记录。

## 任务三 识别与防范初创期的风险

### 导入案例

**如何让自己的企业不立于"危墙"之下?**
——安然公司的启示

安然公司曾是世界上最大的能源、商品和服务管理公司之一,拥有大约21 000名员工。2000年,它披露的营业额为1 010亿美元,之前曾连续六年被《财富》杂志评为美国最具创新力的公司。在《财富》500强"中排名第七。然而,2001年12月2日,安然公司突然申请破产,破产金额达到498亿美元,公司股价也在一天之内猛跌了75%,而后股价从90.75美元跌至0.26美元。这成为美国历史上第二大破产事件。

事后,人们在研究总结安然公司失败的原因时分析,金融欺诈导致的金融风险是安然公司这个"巨人"倒下的主要原因。然而,深层次的原因在于安然公司在内部风险管理方面存在巨大漏洞,这属于管理风险。由于安然公司重视短期的业绩,同时将高层管理人员的酬金与股票表现挂钩,公司管理层以造假的方式赢取丰厚的奖金和红利。而更要命的是董事会与审计委员会对管理层采取不干预的模式,没有实施有效的监督和风险管控,导致金融欺诈背景下的金融泡沫越来越大,进而导致破产。

> 案例点评：安然公司的失败是众多风险因素叠加导致的。事实上，2001年安然公司所暴露出的企业风险只是冰山一角。历史上，众多知名企业分别因金融风险、管理风险、财务风险等由盛而衰，甚至倒闭、破产。而对于新创企业而言，识别并有效防范风险显得尤为重要。

党的二十大报告指出："我国发展进入战略机遇和风险挑战并存、不确定难预料因素增多的时期，各种'黑天鹅''灰犀牛'事件随时可能发生。我们必须增强忧患意识，坚持底线思维，做到居安思危、未雨绸缪，准备经受风高浪急甚至惊涛骇浪的重大考验。"作为创业者，应具备风险意识和风险防范能力，才能使自己的企业立于不败之地。初创企业刚刚成立，没有足够的资金和市场资源，管理能力还有待加强，所以面临的风险较大。创业的过程是将某一构想或技术逐步转化为具体的产品或服务的过程，在这一过程中存在着几个基本的、相互联系的缺口，这些缺口是不确定性、复杂性和有限性的主要来源，初创企业初期的风险往往直接来源于这些缺口。

## 一、识别与防范初创期的资金风险

资金风险对于初创期的企业来说如影相随，资金难筹几乎是每一个创业者都会遇到的难题。如果没有广阔的融资渠道，创业计划只能是一纸空文。资金风险是创业者在创业过程中面临的最大风险。

### （一）了解资金风险

资金风险是指在企业资金的循环过程中，出现各种难以预料或无法控制的因素，使企业资金的实际收益小于预计收益而发生资金损失，进而造成企业运转不畅，甚至破产、倒闭。这也是企业在财务管理过程中必须面对的一个现实问题。资金风险是客观存在的，企业管理者只能采取有效措施来降低风险，而不可能完全消除风险。

### 案例 5-1

#### 日本超市巨头"八佰伴"为何会走向破产？

八佰伴由和田良平及其妻子创办，原本只是一家小型商店，主要售卖水果，后逐渐扩张成一个连锁超级市场集团，并于东京证券交易所上市。

其后，八佰伴积极进军海外市场，在巴西、新加坡、美国、哥斯达黎加、马来西亚、文莱、泰国、加拿大、英国均开设了店面。全盛期，八佰伴在世界16个国家共有450家分店。

八佰伴百货急速扩张的恶果十分明显。以香港为例，业界人士估计，开设一家这样大规模的百货店，单是装修费少说也要四五千万元，回本期至少要5年。1991年，八佰伴处于盈利高峰期，有近5700万元的纯利。往后4年，八佰伴开了7家分店，盈利却急速滑落。自1995年起，八佰伴出现大幅亏损。八佰伴不断将资金投入新店，战线拉得过长，令整体开支不断增加，存货数量亦不断提高。在资金流入无法应付开支的情况下，八佰伴唯有不断向银行借贷及延迟向供货商还款，利息开支也因此日益加重。

由于扩张过快，加上受1997年亚洲金融风暴及日本经济泡沫爆破等多项因素影响，八佰伴于1997年9月18日申请破产，当时其负债高达1 610亿日元。这是当年日本最大的零售业破产事件。

企业的规模扩张是有边界的，绝对不是越大越好。如果不顾自身条件，一味追求企业的规模扩张，企业面临的经营风险、管理成本都会随之增加。每个企业的决策者在进行企业扩张的决策时，都一定要对自身的实力、外部环境、管理能力有清醒的认识，不可贸然行事。

### （二）初创期资金风险的形成原因

资金风险在初创期会一直伴随在创业者左右。是否有足够的资金创办企业是创业者遇到的第一个问题；企业创办起来后，就必须考虑是否有足够的资金支持企业的日常运作。初创期资金风险的形成原因有以下几个。

#### 1. 资金来源不足

对于学生创业者而言，资金主要依靠向家人、亲戚、朋友借，还有一种来源是争取风险投资或天使投资，但对于白手起家的学生而言，成功的可能性很小。在资金来源问题上，学生创业者压力重重，创业之初资金的局限会为后期的企业运作埋下隐患，导致企业创办起来后，决策性的失误常常发生。

#### 2. 目标不精准

利润最大化是企业财务管理的终极目标，在追求利润的过程中要关注各方利益。部分创业者在初创初期追求的仅仅是自己的利益，忘记了企业是一个利益综合体，其中存在员工、投资方等多方势力。企业的发展目标应该是保持多方利益平衡，减少矛盾、冲突，使企业在稳定的环境中顺利发展。

#### 3. 管理机制不健全

在初创期，大多数企业规模小，管理机制不健全，监管不到位，制度形同虚设，导致产品质量问题，销售资金回笼问题，员工积极性、纪律性等问题严重，造成企业经济效益下降。

#### 4. 资金管理水平低

初创期企业由于规模小，经营方式落后，财务管理方式主要借鉴其他企业，聘请的财务人员水平有限，不能按照企业实际经营状况调整财务管理方式，没有资金风险意识，存在相关风险。

### （三）如何防范资金风险

企业资金风险是客观存在的，因此，完全消除资金风险是不可能的，也是不现实的。对资金风险，只能采取尽可能多的措施，将其影响降到最低。

1. 化解筹资风险

政府提供的创业基金通常被较多学生创业者高度关注,其优势在于利用政府资金不用担心投资方的信用问题,而且政府的投资降低或免除了筹资成本。

个人筹集创业启动资金时最常见、最简单且最有效的途径就是向亲友融资,它属于负债筹资。其优势在于向亲友融资一般无须担保,且利率较低,可以有效降低资金成本。

寻找合伙人投资是指按照"共同投资、共同经营、共担风险、共享利润"的原则,直接吸收单位或个人投资、合伙创业的筹资途径。合伙创业不仅可以有效筹集资金,而且有利于对各种资源进行利用和整合,能尽快形成生产能力,降低创业风险。

2. 化解投资风险

投资风险主要可以通过控制投资期限、投资品种来降低。一般来说,投资期限越长,风险就越大,因此企业应该尽量选择短期投资。在投资品种上,应该采取分散投资的策略,即通常所说的"不要把鸡蛋放在同一个篮子里",可以选择若干品种形成投资组合,通过相互抵消来降低风险。

3. 化解流动性风险

企业的流动性较强的资产主要包括现金、存货、应收账款等项目。防范流动性风险的目的是在保持资产流动性的前提下,实现利益的最大化,因此应该确定最优的现金持有量、库存量,并加快应收账款的回收。

4. 化解经营风险

化解经营风险可以从以下三个方面进行。

(1) 完善组织架构,善于授权。创业者应根据新创企业既定发展目标、发展阶段更新与变革组织管理机构,凭借自身力量或者委托外部智囊、咨询公司优化组织架构,简化管理层级,设计、调整组织管理部门,授权给中层管理精英,使自己有更多时间、精力考虑企业战略发展问题。

(2) 建立风险责任机制,监督决策过程。新创企业进入成长阶段后,要建立、完善风险控制目标体系和风险报告制度,严格按照目标要求和具体标准进行监控和管理。创业者要主动预测风险,及时分析企业投资或贷款等重大决策可能造成的负面影响,积极控制风险,监督投资、贷款等重大决策,健全财务管理规章制度。

(3) 确立企业发展战略,塑造企业竞争优势。确立稳定、持久的竞争优势是新创企业快速成长的重点,企业应不断培育和发展核心竞争力,提高营销管理能力,根据新创企业市场优势的变化,研究、调整企业发展战略,形成企业核心竞争优势,使其立于不败之地。

## 二、识别与防范初创期的管理风险

初创企业的抗风险能力较弱,应根据自身特点,正确认识管理风险,并进行积极、有效的防范与应对。

### (一) 了解管理风险

管理风险是指管理运作过程中因信息不对称、管理不善、判断失误等形成的风险。这种风险具体体现在构成管理体系的每个细节上。若管理出现问题,会给企业与管理者造成无法挽回的损失。

企业在初创阶段,由于规模较小,再加上企业管理者对行业、市场、企业自身情况比较了解,专业属性比较强,采用传统的家族式管理,或者由企业负责人个人决策是可行的。然而,伴随企业的发展壮大,企业规模扩大,人员增多,内部机构层级丰富,市场复杂性增强,这个时候不仅需要更加专业的企业管理团队,而且需要建立、健全管理机制,才能做出更为专业、更有针对性、更加科学的决策,让企业立于不败之地。

对于初创期的创业者或管理者而言,其不熟悉经营规则,理财、营销、沟通、管理方面的能力普遍不足。此外,一些人存在一定的性格缺陷,如自以为是、刚愎自用等,不知企业管理的艰辛,造成内部管理制度不能贯彻、执行的情况。这些都会影响创业的成功率。

### (二)初创期管理风险的形成原因

归结初创期管理风险形成的主要原因,主要有以下几个方面。

#### 1. 管理人员的职业技能相对欠缺

部分管理人员接受的相关培训和教育跟不上时代发展的需求,对于相关法律法规的认识也不够深入,导致在管理上存在不同程度的违法违规问题,为企业的管理造成巨大的风险。

#### 2. 管理不公平

部分管理人员在管理过程中不能很好地遵守相关的企业制度,在工作过程中不可避免地存在人情关系,导致管理上的不公平,而不公平往往会影响员工对企业的信任度,不能有效促进企业和员工在发展上的统一,这也会进一步降低企业的核心竞争力。

#### 3. 管理人员缺少主动性

部分管理人员认为多一事不如少一事,遇到事情也是大事化小,小事化了,存在懒惰思想。面对当前复杂的社会环境,管理人员如果不能主动求变,主动去发现问题和解决问题,就很难有效提升企业的竞争力。

#### 4. 管理人员营私舞弊

部分管理人员在管理过程中会存在营私舞弊,甚至收受贿赂的问题,比如收取供应商的贿赂,对来料质量的检查不够认真,而企业原料质量的不稳定会严重影响企业的成品质量,从而影响企业的竞争力。

### (三)如何防范管理风险

在市场经济条件下,初创企业要生存、发展,管理者必须具有良好的管理能力。学生创业者普遍缺乏管理知识和实际经验。防范管理风险,要做到以下几点。

#### 1. 管理者方面

管理者要努力学习相关的专业知识,尽量做到精通,对经济管理及法律等方面的知识同样需要有所涉猎,这会为以后的管理打下良好的知识基础;同时要尽可能地多参加各类创业讲座或观看创业方面的资料,借鉴别人的创业经验,反思其他创业者的失败教训,在实践过程中有效地锻炼和提高自身的观察力、思维力、想象力和实际动手操作能力。

#### 2. 组织结构方面

初创的中小企业应在组织效率和灵活性上充分发挥自身先天优势;积极利用多种渠道,加强与社会组织的信息沟通和交流;注重知识经验的有效识别和积累,加强企业知识管理,建立知识储备库;提高企业开放程度,利用各种社会力量,与高校、科研院所建立密切关系,增强组织对创新方向的把握能力。

### 3. 企业文化方面

管理人员要致力于良好的企业文化的培养,除了凝聚力、向心力的形成和培养,还应该塑造创新精神和团队精神,真正把创新作为企业生存和发展的根本,树立朝气蓬勃、齐心向上的企业精神,为企业管理创造良好的环境。

## 三、识别与防范初创期的市场风险

### (一) 了解市场风险

市场风险是指市场条件的不确定性导致创业者或创业企业亏损的可能性。这里所说的市场条件包括交易价格、交易规则、供求关系、流动性等。市场风险包括股票风险、汇率风险、利率风险及商品风险。市场风险具有数据充分和易于计量的特点,更适于采用量化技术加以控制。市场风险主要来自所属的经济体系,因此具有明显的系统性特征,难以通过分散化投资完全消除。

### (二) 初创期市场风险的形成原因

初创企业往往会由于主观与客观的因素面临市场风险。从主观方面而言,主要包括创业经验不够丰富、对市场不了解、自身产品缺乏竞争优势等;从客观方面而言,则包括外部环境的恶化等。

### 案例 5-2

#### 共享单车企业的倒闭潮

共享单车曾于2016年前后以迅猛之势崛起,开始野蛮生长。然而,很快风口上的共享单车企业开始出现倒闭潮,先后有多家共享单车企业被曝押金无法退还。

OFO收到第一辆学生共享出来的单车,这标志着共享单车经济正式到来。随后,伴随摩拜的入场,共享单车作为新的商业物种引得无数媒体轮番报道,共享单车持续升温。资本追捧也刺激着其他创业团队跃跃欲试,一时间,大街上出现了各色共享单车,竞争激烈,OFO、摩拜的口水仗也使行业话题性十足。腾讯及阿里的加入使整个行业梯队划分得更加明显,摩拜全面接入微信,OFO入驻支付宝,共享单车已不再单纯是"彩虹车"之间的较量。

摩拜、OFO双巨头之下,留给其他平台的机会越来越少。倒闭潮开始来袭。3Vbike发布公告称,由于大量单车被盗,App即日起停运,这距离其上线运营不过4个月。町町单车因非法集资、资金链断裂被纳入异常企业经营名录,前后不过8个月。酷骑单车曝出资金链断裂、押金难退,多地运营单位与工商局失去联系,部分地区开始对酷骑单车进行清理。供应商和用户围堵小蓝单车北京办公点要账、要押金,还有公司的调度维修员等员工讨工资,此时距离其上线运营还不足一年。

(资料来源:黄才华,候同江.就业与创业指导[M].3版.北京:高等教育出版社,2021)

初创期市场风险的形成主要有以下原因。

### 1. 对市场不够了解

许多初创企业没有足够的经验，对市场的了解不够，导致市场需求和产品不合拍。再加上技术进步加快，新产品和替代产品的出现导致部分用户转向购买新产品和替代产品，减少了对项目产品的需求，影响了项目产品的预期效益。

### 2. 市场竞争加剧

新竞争对手加入，市场趋于饱和，导致项目产品市场占有份额减少；出现产品市场买方垄断，项目产出品的价格急剧下降；出现投入品市场卖方垄断，项目所需的投入品价格大幅上涨。激烈的价格竞争会导致项目产品的预期效益减少。

### 3. 客观环境的变化

从自然环境而言，由于不可抗力发生的自然灾害可能直接导致很多企业停工停产，甚至宣布破产。另外，国内外政治、经济条件出现突发性变化，也会引起市场激烈震荡，导致项目产出品销售量锐减，或者项目主要投入品供应中断。初创期企业应尽可能地做好各种不利情况发生的预案，以减少其对企业发展的损害。

## （三）如何防范市场风险

市场风险是客观存在的。我们要不断学习，让自己的经验更丰富，专业化水准更高。

### 1. 选择好项目

创业者应当依据自身的条件及项目的市场可行性进行项目选择。一个好的创业项目对于创业实践的成功相当重要。选择与自身所学的专业知识联系紧密、符合创业者性格和志向、市场前景明朗的项目往往更加容易规避风险，走向创业成功。

### 2. 积极请教、学习

创业者如在防范市场风险方面的经验不足，可以向前辈学习，并与其企业建立合作关系，多吸取他们的经验教训，并将所学到的经验合理地应用到自身企业之中，从而更加有效地规避市场风险，同时还可以向相关专业的教师进行咨询。

### 3. 学会借风造势

在短期内，市场对新创企业产品或服务的需求通常不能够马上表现出来，创业者需要通过一段时间的投入和培育，刺激和引导消费者，唤起消费者的消费需求。在这种情况下，借助同行中强势企业的帮助，实现"借船出海"是较为有效和简捷的方法。

总之，处于企业初创期的创业者需要具备较强的风险意识和抵抗风险的能力，积极地学习，努力创新产品，团队协力，做好管理，真正让自己立于不败之地。

> **拓展阅读**
>
> ### 企业名称设立要注意什么？
> ——《企业名称登记管理规定》（2020年修订）节选
>
> **第四条** 企业只能登记一个企业名称，企业名称受法律保护。
>
> **第五条** 企业名称应当使用规范汉字。民族自治地方的企业名称可以同时使用本民族自治地方通用的民族文字。

**第六条** 企业名称由行政区划名称、字号、行业或者经营特点、组织形式组成。跨省、自治区、直辖市经营的企业,其名称可以不含行政区划名称;跨行业综合经营的企业,其名称可以不含行业或者经营特点。

**第七条** 企业名称中的行政区划名称应当是企业所在地的县级以上地方行政区划名称。市辖区名称在企业名称中使用时应当同时冠以其所属的设区的市的行政区划名称。开发区、垦区等区域名称在企业名称中使用时应当与行政区划名称连用,不得单独使用。

**第八条** 企业名称中的字号应当由两个以上汉字组成。县级以上地方行政区划名称、行业或者经营特点不得作为字号,另有含义的除外。

**第九条** 企业名称中的行业或者经营特点应当根据企业的主营业务和国民经济行业分类标准标明。国民经济行业分类标准中没有规定的,可以参照行业习惯或者专业文献等表述。

**第十条** 企业应当根据其组织结构或者责任形式,依法在企业名称中标明组织形式。

## 思 考 与 练 习

1. 初创期的风险主要包括哪些方面?请结合你的理解,重点阐述2~3种风险的识别与防范。

2. 项目实战训练:企业风险案例辩论赛。

(1) 练习要求:同学们可在本部分学习的基础上,找一个企业风险管控不当引发的企业管理失败事件,自拟辩题,自行组织辩论比赛。

(2) 时间安排:35~40分钟。

(3) 活动步骤:① 每个班级分为3~4个团队,每个团队9~12人,分别形成控辩小组和裁判组,每组以3~4人为宜,进行活动分工;② 根据活动分工,分别自找案例,确定辩题,做好辩论赛前准备;③ 组织辩论赛,根据前面的分工,形成裁判组、控辩双方小组,进行辩论;④ 交流与分享。

# 项目六

# 新创企业管理

## 学习目标

（1）了解员工的招聘、录用原则，员工招聘流程，绩效考核体系及流程，了解目标市场选择策略、营销渠道类型、企业促销策略、影响价格的因素，了解财务会计的主要岗位和职责、盈亏平衡分析的含义和方法。

（2）能进行现金流管理、启动资金测算、产品定价、营销渠道构建等，能读懂资产负债表、利润表、现金流量表。

（3）提升新创企业管理能力，积极开展创业实践，促进以创业带动就业。

# 新创企业管理

## 新创企业人力资源管理

- 员工招聘与培训
  - 员工招聘
    - 招聘原则
    - 招聘流程
    - 招聘渠道
  - 员工培训
    - 新员工入门培训和上岗前培训
    - 员工适应性培训
    - 员工转岗培训
    - 专业技术人员和管理人员的培训
- 绩效管理与考核、薪酬管理与员工激励
  - 绩效管理与考核
    - 绩效管理
    - 绩效考核
  - 薪酬管理
    - 薪酬的构成
    - 常见的基本工资制度
  - 员工激励
    - 员工激励的作用
    - 员工激励应遵循的原则
    - 员工激励的形式
- 劳动关系与劳动合同
  - 劳动关系
  - 劳动合同
    - 固定期限劳动合同
    - 无固定期限劳动合同
    - 以完成一定工作任务为期限的劳动合同
- 思考与练习

## 新创企业财务管理

- 财务基础知识
  - 创业之初应注意的财务事项
    - 创业者个人的收支和法人企业的收支不要混淆
    - 重视现金流管理
    - 注重风险与效益权衡
    - 理性投资,不盲目跟风
    - 遵守税法规定,合理进行税收筹划
  - 了解会计岗位设置
    - 什么是会计
    - 初创企业的会计岗位设置
  - 了解会计语言
    - 资产
    - 负债
    - 所有者权益
    - 收入
    - 费用
    - 利润
- 启动资金测算
  - 固定资产投资预测
    - 企业用地和建筑
    - 设备
    - 购买并储存原材料和成品的费用
  - 流动资金预测
    - 工资
    - 保险费用
    - 租金
    - 促销费用
    - 其他费用
- 现金流管理
  - 现金永远第一
  - 追回欠款
  - 减少支出
  - 改变采购付款方式
  - 把数字放在心上
  - 精减库存
  - 按需采购
  - 改变收款方式
  - 外包
  - 创业者带头行动
- 盈亏平衡分析
- 财务报表解读
  - 资产负债表
    - 资产负债表的作用
    - 资产负债表的内容
    - 资产负债表的结构
  - 利润表
    - 利润表的作用
    - 利润表的内容
    - 利润表的结构
  - 现金流量表
    - 现金流量表的作用
    - 现金流量表的结构
- 思考与练习

## 新创企业营销管理

- 选择目标市场
  - 市场细分与定位
    - 市场细分
    - 市场定位
  - 目标市场选择
    - 目标市场评估
    - 目标市场选择的策略
- 明确定价方法
  - 确定定价目标
  - 影响价格的因素
    - 生产成本和费用
    - 供求状况
    - 市场竞争情况
    - 消费者心理因素
    - 国家政策、法规
  - 选择定价方法
    - 成本导向定价法
    - 需求导向定价法
    - 价值导向定价法
- 建设营销渠道
  - 营销渠道结构的类型
    - 长度结构
    - 宽度结构
    - 广度结构
  - 营销渠道构建的步骤
    - 设置渠道目标
    - 明确渠道任务
    - 确立渠道结构方案
    - 调整营销渠道
- 企业促销策略
  - 广告策略
    - 确定广告目标
    - 安排广告预算
    - 选择广告媒体
  - 公共关系策略
    - 利用大众传媒
    - 参与社会活动
    - 组织宣传展示
    - 塑造企业形象
  - 人员促销策略
  - 营业推广策略
    - 营业推广的类型
    - 营业推广的方法
- 新媒体营销
  - 微信营销
  - 微博营销
  - 抖音短视频营销
  - 淘宝直播营销
  - B站营销
  - 今日头条营销
  - 小红书营销
- 思考与练习

## 任务一　新创企业人力资源管理

### 导入案例

#### "大国小酱——哈尼炸鸡"的人力资源管理

主营"大国小酱——哈尼炸鸡"的滨海小而美餐饮管理有限公司是一家创新型企业，对员工的职业素质、工作能力和综合素质的要求比较高。公司本着保证员工素质、提高员工水平、推进员工创新创业的目的，在员工的招聘、培训、岗位配置方面，按照一套比较新颖的标准开展相应工作。员工与岗位专业对口，学历要求不低于本科，有创新创业能力者优先，招收工作效率高、业余有兴趣开发公司新项目的员工。

1. 招聘制度

公司制定了包括多重筛选、信息追踪、技能测试在内的详细而周密的员工招聘制度，选拔在技术上过硬的、思想进步的、有创新能力的新型员工。

2. 培训制度

公司员工的培训主要分为两个部分，一是职业技能培训，二是综合素质培训。前者侧重外在技能的提升，后者侧重内在思想的提升。公司根据人力分布情况、发展问题和短中长期的生产情况进行安排定期和不定期的培训，包括常规性培训和应激性专项培训。

培训的目的和效果往往存在一定的差异，因此公司的管理层和生产层定期对各层受培训的员工进行考核，以了解公司团队的运营状况，并通过调查和分析，在接下来的培训和指导工作中做出调整。

3. 考核制度

（1）试用人员考核。对拟聘用人员，均应试用二个月。试用二个月后，其应参加试用人员考核，由试用部门主管考核。如试用部门主管认为有必要缩短、延长试用时间，改派其他部门试用或解雇，应附试用考核表，注明具体事实情节，呈报经理核准。延长试用期应符合法律规定。考核人员应督导被考核人提交试用期心得报告。

（2）平时考核。各部门主管对于下属员工，应就其工作效率、操行、态度、学识每月进行考核，其有特殊功过者，应随时报请奖惩。员工假勤奖惩应统计并详载于请假记录簿内，以作为考核的参考。

（3）年终考核。考核时，担任初考官的各部门主管参考平时考核记录及人事制作的假勤记录，填具考核表送复审。于每年12月底举行年终考核。

> 案例点评：滨海小而美餐饮管理有限公司在员工招聘、培训、考核、激励方面有一套完整的人力资源管理体系。员工招聘制度健全，遵循因事择人、竞争择优、效率优先等原则；培训方案设计合理，根据企业发展需要设计培训内容，培训过程完整、有效；对员工工作成效进行考核，考核机制健全，参照考核结果进行奖惩，有利于提升工作效率。

人力资源管理是指企业运用现代管理方法，在人力资源的获取、开发、保持和利用等方面进行计划、组织、指挥、控制和协调等一系列活动，最终达到实现企业发展目标的活动。

## 一、员工招聘与培训

员工招聘与培训是人力资源管理的重要内容之一，有助于调整和改善企业的人力资源状况，促进企业良性发展。

### (一) 员工招聘

员工招聘是指企业为了满足发展的需要，根据人力资源管理规划和工作分析的要求，从企业内部和外部吸收人力资源的过程，包括员工招募、甄选和聘用等。

#### 1. 招聘原则

员工招聘不可随意进行，应遵循以下规则。

(1) 因事择人原则。员工招聘应以实际工作的需要和岗位的空缺情况为出发点，根据岗位对任职者的资格要求选用人员。

(2) 公开、公平、公正原则。公开就是要公示招聘信息、招聘方法，这样既可以将招聘工作置于公开监督之下，防止以权谋私、假公济私的现象，又能吸引大量应聘者。公平、公正就是确保招聘制度给予合格应征者平等的获选机会。

(3) 竞争择优原则。竞争择优原则是指在员工招聘中引入竞争机制，在对应聘者的思想素质、道德品质、业务能力等方面进行全面考察的基础上，按照成绩择优选拔、录用员工。

(4) 效率优先原则。新创企业在进行员工招聘时，应争取用尽可能低的招聘成本录用到合适的最佳人选，从而为企业节约经营成本。

(5) 量才原则。新创企业招聘员工时要从企业生产经营实际出发，力求招到合适的人员，并做到人尽其才、用其所长、职适其人。

#### 2. 招聘流程

(1) 制订招聘计划。招聘计划是组织根据发展目标和岗位需求对某一阶段招聘工作所做的安排，包括招聘目标、信息发布的时间与渠道、招聘员工的类型及数量、甄选方案及时间安排等方面。

(2) 制定招聘策略。招聘策略是招聘计划的具体体现，是为实现招聘计划而采取的具体策略，包括招聘地点的选择、招聘渠道和方法的选择、招聘时间的确定、招聘的宣传策略、招聘的推销策略、招聘的评价和招聘的扫尾工作安排等。

(3) 发布招聘信息。企业将招聘信息通过多种渠道向社会发布，向社会公众告知用人计划和要求,确保有更多符合要求的人员前来应聘。

(4)甄选。甄选的过程一般包括对所有应聘者进行初步审查、资历调查、推荐材料验证、知识与心理素质测试、综合面试,以确定最终的录用者。

(5)试用与录用。人员录用过程一般可分为试用合同的签订、新员工的安置、岗前培训、试用、正式录用等几个阶段。试用就是企业对新上岗员工的尝试性使用,这是对员工的能力与潜力、个人品质与心理素质的进一步考核。正式录用是指试用期满后,使表现良好、符合组织要求的新员工成为企业正式员工的过程。一般由用人部门根据新员工在试用期间的具体表现对其进行考核,做出鉴定,并提交人力资源管理部门。人力资源管理部门对考核合格的员工进行正式录用,并代表组织与员工签订正式录用合同,正式明确双方的权利与义务。

(6)招聘评估。招聘评估主要指对招聘的结果、招聘的成本和招聘的方法等方面进行评估,目的是进一步提高下次招聘工作的效率。招聘评估一般应从以下两方面进行:一是对招聘工作效率的评估,二是对录用人员的评估。

### 3. 招聘渠道

员工招聘渠道可分为外部招聘和内部招聘。

(1)外部招聘。外部招聘的渠道有人才交流中心、招聘洽谈会、传统媒体广告、网上招聘、校园招聘、猎头公司人才猎取、员工推荐和申请人自荐等。

(2)内部招聘。内部招聘主要是将招聘信息公布给企业内部员工,让员工自己来参加应聘。另外,还有岗位轮换和返聘。

## (二)员工培训

员工培训是指企业为开展业务及培育人才,采用各种方式对员工进行有目的、有计划的培养和训练的管理活动,其目标是使员工不断更新知识、提升技能,改善员工的动机、态度和行为。培训方法有讲授法、视听技术法、讨论法、案例研讨法、决赛扮演法、自学法、互动小组法、网络培训法、个别指导法、管理游戏法和头脑风暴法等。

员工培训按内容来划分,可以分为以下两种:员工技能培训,即企业针对岗位的需求,对员工进行的岗位能力培训;员工素质培训,即企业对员工素质方面的培训,主要有心理素质、个人工作态度、工作习惯等方面的培训。

员工培训具体包括以下几类。

### 1. 新员工入门培训和上岗前培训

新员工入门培训主要是指向新员工介绍企业的基本情况、企业的规章制度、企业的工作条件和生活设施,以及企业发展的前景等,帮助新员工了解企业的目标和宗旨,学会适应企业的要求,同时,使新员工产生对企业的信任感和归属感的活动。

新员工的上岗前培训是指向新员工传授岗位操作的基本知识和技能、工作要求、工作程序、工作职责、业务技能等,帮助他们了解岗位的性质、特点和要求,让新员工顺利地正式上岗的活动。

### 2. 员工适应性培训

这是使在岗的员工不断适应工作的要求而进行的培训,内容包括:一是根据工作分析和岗位职责的规定、要求,对任职者进行有关职位或岗位的知识和技能、工作态度、职业道德等方面的培训,使任职者通过培训提高素质,适应职位和岗位的要求;二是使员工掌握本职位或本岗位相关的新的知识、技能、观念、方法,帮助在岗员工掌握一些相关领域的辅助性知识、技能。

*3. 员工转岗培训*

员工转岗培训是对需要转换工作岗位的人员所进行的专门培训,如企业购置了新的机器、设备;员工本身的知识、技能老化,难以适应原岗位的要求;员工职位晋升等情况下的培训。要求员工掌握新岗位所要求的知识和技能,就必须对员工进行转岗培训。

*4. 专业技术人员和管理人员的培训*

专业技术人员和管理人员处于关键的岗位,其影响对企业来说是举足轻重的,而且专业知识、技能在不断更新,因此其需要接受定期培训。培训内容有创新精神、专业技术知识、管理知识及思想道德素质等方面。

## 二、绩效管理与考核、薪酬管理与员工激励

人力资源管理是根据企业发展战略的要求,有计划地对人力资源进行合理配置的活动。绩效管理、考核,薪酬管理与员工激励是人力资源管理的重要内容。

### (一) 绩效管理与考核

绩效管理与考核作为人力资源管理中的重要活动,对企业长期持续的发展有举足轻重的作用。

*1. 绩效管理*

绩效管理是指各级管理者和员工为了达到企业目标共同参与的绩效计划制定、绩效辅导沟通、绩效考核评价、绩效结果应用、绩效目标提升的持续循环的过程,其目的是提升个人、部门和企业的绩效。

绩效管理的流程包括以下步骤。

(1) 制订考核计划。制订考核计划包括明确考核的目标和对象、选择考核的内容和方法、确定考核时间。

(2) 进行技术准备。进行技术准备的内容包括确定考核标准、选择或设计考核方法、确定培训考核人员。

(3) 选拔考核人员。考核人员必须掌握考核原则,熟悉考核标准、考核方法,能克服常见偏差。

(4) 收集资料信息。收集与员工考核指标体系有关的资料,如业绩指标。

(5) 做出分析评价。确定单项的等级和分值,对各项目考核结果的综合。

*2. 绩效考核*

绩效考核是企业为了实现生产经营目的,运用特定的标准和指标,采取科学的方法,对承担生产经营过程的各级管理人员完成指标任务的工作实绩和由此带来的诸多效果做出价值判断的过程。

(1) 绩效考核的作用。① 通过有效的考核体系,可以对员工的努力程度和工作成果进行客观的评价,并且通过考核沟通和考核结果强化提高员工的努力程度。② 通过有效

的员工考核体系,还可以对员工的素质潜能和工作能力进行客观评价,从而为企业优化人力资源配置提供决策依据,同时有助于员工的职业发展。

绩效考核的作用如图 6-1 所示。

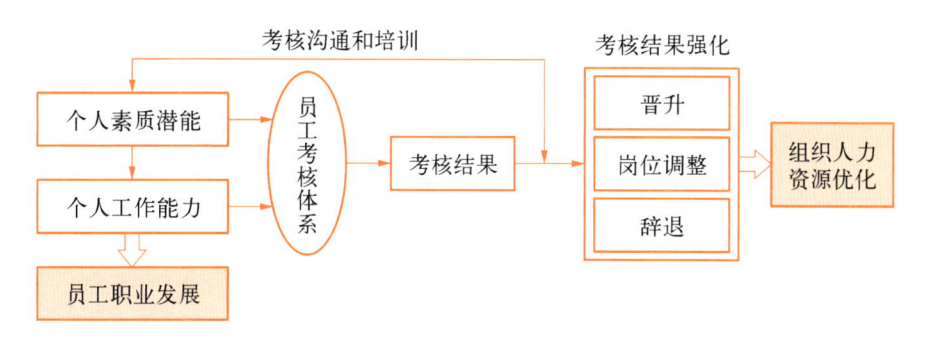

**图 6-1 绩效考核的作用**

(2) 绩效考核体系。绩效考核体系根据岗位的特点可划分为两类:管理人员和职能人员考核体系、一线操作员工考核体系。考核体系所包含的内容如图 6-2 所示。

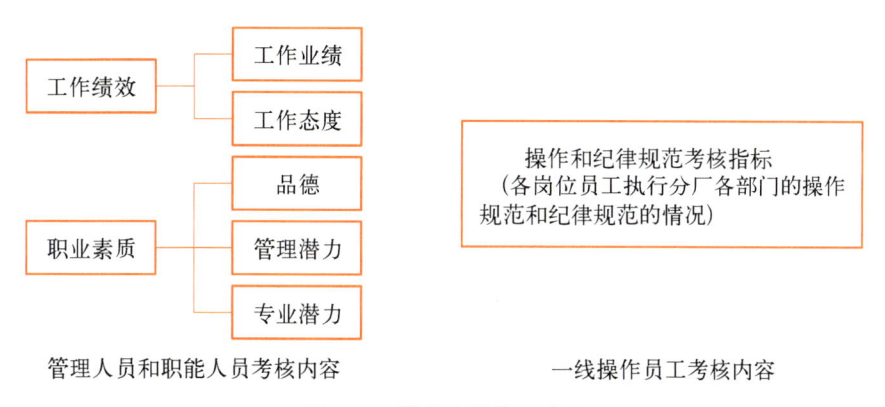

**图 6-2 绩效考核体系内容**

(3) 绩效考核指标的 SMART 法则。SMART 法则为管理者对员工实施绩效考核提供了考核目标和考核标准,使考核更加科学化、规范化,更能保证考核的公正、公开与公平。

S(specific):明确的、具体的。指标要清晰、明确,要让考核者与被考核者能够准确地理解目标。

M(measurable):可量化的。不可量化的指标是不能随意考核的,否则容易出现误差。

A(attainable):可实现的。目标、考核指标都必须是付出努力后能够实现的,既不过高又不过低,指标的目标值应是结合个人的情况、岗位的情况、过往历史的情况来设定的。

R(relevant):实际性的、现实性的。考核指标不能是假设性的。

T(time bound):有时限性的。目标、指标都要有时限性,要在规定的时间内完成,时间一到,就要看结果。

### (二) 薪酬管理

薪酬管理是在企业发展战略的指导下,对薪酬支付原则、薪酬策略、薪酬水平、薪酬结构、薪酬构成进行确定和调整的动态管理过程。

薪酬管理包括薪酬体系设计、薪酬日常管理两个方面。薪酬体系设计主要由薪酬水平设计、薪酬结构设计和薪酬构成设计组成。薪酬日常管理是由薪酬预算、薪酬支付、薪酬调整组成的循环,这个循环可以称为薪酬成本管理循环。

#### 1. 薪酬的构成

薪酬是指员工向其所在单位提供所需要的劳动而获得的各种形式的补偿,是单位支付给员工的劳动报酬,包括以下两种类型。

(1) 货币性薪酬。根据货币支付的形式,可以把货币性薪酬分为两部分:一部分是以直接货币报酬的形式支付的工资,包括基本工资、奖金、绩效工资、激励工资、津贴、加班费、佣金、利润分红等;另一部分则体现为间接货币报酬的形式,即间接地通过福利(如养老金、医疗保险)及服务(带薪休假等)体现的薪酬。

(2) 非货币性薪酬。非货币性薪酬体现在工作、社会和其他方面。其中工作方面包括工作成就、工作中的挑战感、责任感等;社会方面包括社会地位、个人成长、实现个人价值等;其他方面包括友谊、关怀、舒适的工作环境、弹性工作时间等。

#### 2. 常见的基本工资制度

依据岗位或职务进行支付的工资制度称为岗位工资制或职务工资制;依据技能或能力进行支付的工资制度称为技能工资制或能力工资制;依据绩效进行支付的工资制度,如计件工资制、提成工资制、承包制等称为绩效工资制;依据岗位(职务)和技能工资或绩效工资进行支付的工资制度称为组合工资制。

(1) 岗位工资制。岗位工资制是依据任职者在企业中的岗位确定工资等级和工资标准的工资制度。

(2) 职务工资制。职务工资制是依据任职者在企业中所担任的职务而确定工资等级和工资标准的工资制度。

职务和岗位的区别在于,岗位不仅体现出层级,而且体现出工作性质,比如人力资源主管、财务部部长等;而职务仅仅体现出层级,比如主管、经理、科长、处长等。职务工资制只区分等级,而岗位工资则体现了不同岗位的差别。

(3) 技能工资制。技能工资制是根据员工所具备的技能向员工支付工资,技能等级不同,薪酬支付的标准也不同。技能通常包括三类:深度技能、广度技能和垂直技能。

深度技能指与从事的岗位工作有关的技能。深度技能表现在能力的纵向结构上,强调员工在某项能力上不断提高,鼓励员工成为专家。

广度技能指与从事的岗位工作有关的技能。广度技能表现在能力的横向结构上,提倡员工掌握更多的技能,鼓励员工成为通才。

垂直技能指的是员工进行自我管理,掌握的与工作有关的计划、领导、团队合作等技能。垂直技能鼓励员工成为更高层次的管理者。

(4) 能力工资制。能力工资制是根据员工所具备的能力向员工支付工资,员工能力不同,薪酬支付的标准也不同。技能工资制和能力工资制真正体现了"以人为本"的理念,给予员工足够的发展空间和舞台。如果员工技能或能力大大超过目前岗位工作的要求,将给员工提供更高岗位的工作机会,如果没有更高层次的岗位空缺,也将给予具有超出岗位要求的技能和能力的员工额外的报酬。

(5) 绩效工资制。绩效工资制是以个人业绩为薪酬支付依据的薪酬制度。绩效工资制的核心在于建立公平合理的绩效评估系统。绩效工资制可以被应用在任何领域,适用范围很广,在销售、生产等领域更是受到认可,计件工资制、提成工资制也都是绩效工资制。实行绩效工资制有利于个人和组织的绩效提升,能够基本实现薪酬内部的公平和效率目标,鼓励多劳多得。但是,如果绩效工资所占比例过大,固定工资太少或者没有,容易使员工产生不满。

(6) 组合工资制。综合考虑多种因素的工资制度称为组合工资制。

① 岗位技能工资制指以按劳分配为原则,以劳动技能、劳动责任、劳动强度和劳动条件等基本劳动要素为基础,以岗位工资和技能工资为主要内容的企业基本工资制度。除设置技能和岗位两个主要单元外,一般还会加入工龄工资、效益工资、各种津贴等。

② 岗位绩效工资制指企业为了激励员工,将员工业绩与收入联系起来的工资制度。

### (三) 员工激励

员工激励是指通过各种有效的手段,对员工的各种需要予以不同程度的满足或者限制,以激发员工的需要、动机、欲望,从而使员工形成某一特定目标,并在追求这一目标的过程中保持高昂的情绪和持续的积极状态,充分挖掘潜力的过程。

#### 1. 员工激励的作用

员工激励的作用有以下几方面。

(1) 有利于增进员工的凝聚力。企业的成长与发展壮大依赖于企业成员的凝聚力。员工激励可以使员工理解和接受企业目标,认同和追求企业目标,使企业目标成为员工的信念,进而转化为动机,推动员工为实现企业目标而努力。

(2) 有利于提高员工的自觉性和主动性。个人的行为不可避免地带有个人利益的动机,利益是调节员工行为的重要因素。员工激励可以使员工认识到在实现企业最大效益的同时,自己也可以获得利益,从而将员工的个人目标与企业目标统一起来。二者统一的程度越高,员工的工作自觉性就越强,其工作的主动性和创造性也就越能得到发挥。

(3) 有利于员工开发潜力和保持积极状态。工作绩效与员工的能力和激励水平有关。通过激励,可以充分挖掘员工的潜力和工作热情。

#### 2. 员工激励应遵循的原则

(1) 为自己和员工制定出切合实际的目标,这样的目标既具有挑战性,又可以通过努力实现。

(2) 员工能在管理者决策前适当参与,认真地表达自己的意见。

(3) 了解员工的工作表现,了解员工取得了什么样的进展及出现了什么样的问题,并进行坦诚的交流与反馈。

(4) 经常与员工交流问题,向他们解释要做什么和为什么做,以增进彼此的了解,加强他们对管理者的信赖。

(5) 员工告诉你的任何事情都需要听,努力理解他们在谈论些什么,对他们的想法、建议要给予好评,使其感到自己的重要性。

(6) 真诚地关怀员工的成长与发展,并在适当的时候向他们提出建议。

(7) 表扬要坦率、真诚,公开表扬是鼓舞人和提高他们的积极性的最有效的方法之一。

(8) 经常坦率地与那些惹你生气的人交换意见,不要发火,把那些可能酿成重大危机的事件及时解决掉。

(9) 思想开放,愿意听取新意见,即使是那些与你的想法大相径庭的看法。

(10) 只有在必要时才给予批评,而且只能在私下里进行,目的是纠正与教育。

(11) 尽可能使员工对工作感兴趣,这将有助于他们实现个人目标,同时也可以达到管理者的目的。

(12) 不要怕放权,要充分放手,让员工在工作中大胆地干。

(13) 不要用威胁手段强迫员工去完成工作,要消除不必要的威胁与惩罚。

(14) 宽宏大量,不要与你的员工争名利。一旦自己错了,要勇敢地承认。

(15) 当员工需要支持时要支持他们,为他们提供选择的机会。

(16) 鼓励帮助员工制定个人目标,让员工知道如何工作才能实现其个人目标。

### 3. 员工激励的形式

根据激励的性质,员工激励可分为物质激励、环境激励、成就激励、能力激励四种形式。

(1) 物质激励。物质激励包括工资、奖金和各种福利,是最基本的激励手段,它决定着员工基本需要的满足情况。

(2) 环境激励。环境激励包括单位良好的规章制度、和谐积极的文化氛围、优越的办公环境等。

(3) 成就激励。成就激励包括组织激励、榜样激励、目标激励、绩效激励等,以满足员工心理上的需求。

(4) 能力激励。能力激励包括给员工提供培训的机会、适合自身发展的工作岗位等,以满足员工发展自己能力的需要。

### 案例 6-1

#### "大国小酱——哈尼炸鸡"的激励制度

为了调动公司员工的积极性,发掘员工的创新潜力,"大国小酱——哈尼炸鸡"内部建立了比较完善的激励制度,具体包括全勤奖、工龄奖、年终奖、精神家园工程师奖等。奖项可以兼得。

(1) 全勤奖。

员工在一个工作周期内无迟到、早退、旷工现象,即可获得全勤奖,金额为工资的 3%。

(2) 工龄奖。

公司以 3 年为一个单位,对员工进行工龄奖颁发。

(3) 年终奖。

根据员工一年的工作状况,给予其一次性的物质性奖励,考察内容包括工作认真程度、出勤状况、特殊贡献、出差次数。

(4) 精神家园工程师奖。

在公司工作满一年,在员工所在部门中能起到精神领袖作用,提升部门或者小组的工作效率,在后期团队考核中,部门其他员工反映良好者,可获得"精神家园工程师"称号,月薪增加,并获得一定的部门管理自由权。

"大国小酱——哈尼炸鸡"的员工激励机制健全,既有物质激励,又有精神激励,有利于激发员工的积极性和创造性,开发员工潜能。

## 三、劳动关系与劳动合同

### (一) 劳动关系

劳动关系是指用人单位与劳动者通过签订合同的方式形成的法律关系。劳动者需要接受公司的安排与管理,用人单位需要向劳动者支付报酬。

事实劳动关系存在的条件为:用人单位和劳动者主体合格;劳动者为用人单位进行有报酬服务,用人单位依法对劳动者进行管理;劳动者参与用人单位的工作运作;劳动者具有工资支付凭证或记录、缴纳各项社会保险费的记录或者工作证等相关资料。

### (二) 劳动合同

劳动合同是指劳动者与用人单位确立劳动关系、明确双方权利和义务的协议。建立劳动关系,应当订立书面劳动合同。已建立劳动关系,未同时订立书面劳动合同的,应当在自用工之日起一个月内订立书面劳动合同。用人单位与劳动者在用工前订立劳动合同的,劳动关系自用工之日起建立。劳动合同由用人单位与劳动者协商一致,并经用人单位与劳动者在劳动合同文本上签字或者盖章生效。

劳动合同分为固定期限劳动合同、无固定期限劳动合同和以完成一定工作任务为期限的劳动合同。

#### 1. 固定期限劳动合同

固定期限劳动合同指用人单位与劳动者约定合同终止时间的劳动合同。

#### 2. 无固定期限劳动合同

无固定期限劳动合同指用人单位与劳动者约定无确定终止时间的劳动合同。有下列情形之一,劳动者提出或者同意续订、订立劳动合同的,除劳动者提出订立固定期限劳动合同外,应当订立无固定期限劳动合同:

(1) 劳动者在该用人单位连续工作满十年的;

(2) 用人单位初次实行劳动合同制度或者国有企业改制重新订立劳动合同时,劳动者在该用人单位连续工作满十年且距法定退休年龄不足十年的；

（3）连续订立两次固定期限劳动合同，且劳动者没有《中华人民共和国劳动合同法》第三十九条和第四十条之第一项、第二项规定的情形，续订劳动合同的。

用人单位自用工之日起满一年不与劳动者订立书面劳动合同的，视为用人单位与劳动者已订立无固定期限劳动合同。

### 3. 以完成一定工作任务为期限的劳动合同

以完成一定工作任务为期限的劳动合同指用人单位与劳动者约定以某项工作的完成为合同期限的劳动合同。

## 思考与练习

1. 员工招聘的原则是什么？
2. 员工培训的具体内容有哪些？
3. 员工激励的作用和形式有哪些？
4. 制订初创企业员工招聘计划练习。

（1）实训目标：为一家小型电商公司制订一份员工招聘方案。

（2）实训主题：撰写员工招聘方案，提升人力资源管理能力。

（3）实训要求：① 同学们可自由分组，3～5人一组，完成员工招聘方案；② 方案中要有明确的招聘计划、招聘策略等；③ 每个小组选出一名代表，向同学们介绍本组的员工招聘方案，每组时长不超过8分钟。

## 任务二　新创企业财务管理

### 导入案例

#### 不懂财务就做不好管理

某职业院校广告设计专业的学生张凯毕业后成立了一家广告设计公司。他认为熟悉业务、懂市场、会营销、善交际是创业成功的关键，至于财务管理，有会计或出纳即可，用不着自己操心。在公司成立之初，张凯凭着对广告设计行业的熟悉，以信息灵、人脉广、高效率等优势占得一方市场，曾经有一段时间，业务非常红火，市场发展迅速。然而，在企业初具规模后，管理不善、内控不严、效率变低严重影响了企业发展的后劲。一段时间后，发生了两件事情。一是公司的收入被业务员截流。销售收入转账没有正常的、规范化的业务流程，对业务员的收款没有监控，给投机者提供了机会。二是赊销业务没有控制。为了提升市场占有率,赊销没有门槛,导致账面上的销售收入和会计利润看上去很不错,现金却极其短缺,影响到正常的经营,甚至影响到员工工资的按时发放。这两件事使得公司内外交困,业绩大幅下滑。

案例点评:企业的每一项经济活动都与财务相关,现金流量、赊销政策、企业内部控制与管理、企业投融资活动等都需要创业者自己把握。创业者只有了解相关的财务知识,才能把握企业的经营命脉,依据有效的财务数据和信息做出正确的财务决策,制定更为科学的发展战略,同时对企业经营活动进行有效的监督和控制,实施有效的经营管理。

### 一、财务基础知识

创业者虽不一定亲自从事财务工作,但必须了解财务基础知识,这样才能真正推动企业发展。

#### (一)创业之初应注意的财务事项

对于创业者而言,创业之初,要特别注意以下财务事项。

**1. 创业者个人的收支和法人企业的收支不要混淆**

企业,尤其是法人企业一旦成立,便独立于它的投资者,成为一个独立的法人主体和会计主体。企业财务收支与投资者自身的收支应当区别开来,必须将创业者个人主体与企业会计主体分开。

**2. 重视现金流管理**

现金流是创业企业的命脉。一个创业企业无论有多么好的创业主意,有多么出色的团队和经营业绩,要是现金流断了,都必死无疑。企业的现金也不是越多越好,货币是有时间价值的,货币在不同的时间,价值也是不一样的。持有合理的现金存量是重要的,这就需要创业者做好现金预算,重视现金管理工作。

**3. 注重风险与效益权衡**

风险是客观存在的,高收益往往伴随着高风险。创业者应具有风险与收益均衡的观念,特别是在进行投资时,一定要清楚风险和收益永远是一对孪生兄弟,要想获得较高的收益,必须冒较大的风险。在风险与收益面前,首先需要判断投资项目的风险程度,在相同收益的情况下,选择风险小的项目投资;在风险相同的情况下,选择收益率高的项目投资。

**4. 理性投资,不盲目跟风**

投资是企业成长中一个不可或缺的过程,好的投资有助于企业的茁壮成长,相反,错误的投资决策可能导致企业倒闭。创业者都希望自己的企业能够快速发展,但是也应该意识到,投资在给企业带来收益和发展的同时也给企业带来了一定的风险。在投资的道路上,应谨慎选择,不盲目跟风,不急于求成。

**5. 遵守税法规定,合理进行税收筹划**

依法纳税是企业应尽的法律义务,同时也是企业应承担的社会责任。创业者应树立法律意识,充分认识偷税漏税的危害及后果。在企业创建与发展阶段,可以充分利用相应的政策优惠条件和相关规定进行合理的避税和节税。

### (二) 了解会计岗位设置

初创企业应根据经营规模大小、会计业务量大小和会计业务的繁简程度设置会计岗位。

#### 1. 什么是会计

会计是以货币为主要计量单位,以提高经济效益为主要目标,运用专门方法对企业、机关、事业单位和其他组织的经济活动进行全面、综合、连续、系统的核算和监督,提供会计信息,并随着社会经济的日益发展,逐步开展预测、决策、控制和分析的经济管理活动。

#### 2. 初创企业的会计岗位设置

初创企业应根据其经营规模的大小、经营量的多少、会计业务量的大小和繁简程度来设置会计岗位。一般初创企业规模不大,出纳工作量不大,可设专职出纳人员一名,兼职或专职会计一名。可设总账会计和明细账会计一名,注意账、钱、物三者分管,经办与审核分管。如果企业规模很小,还不具备设置条件,可以委托合法的相关中介机构代理记账。

### (三) 了解会计语言

创业者必须了解一定的会计语言,才能进行良好的财务管理。常见的会计语言内容如下。

#### 1. 资产

资产是企业拥有和控制的,能够用货币计量,并能够给企业带来经济利益的经济资源。企业资源必须同特定时间点联系在一起,例如年初拥有多少资产,月末拥有多少资产。为了让人们了解企业资产的具体内容,会计上通常对其按流动性来分类,比如在一年内就能变成钱,这样的资产叫流动资产;如果把钱投出去,例如开展联营、买长期股票,回收期超过一年,这样的资产叫长期资产;企业的机器设备、仪器仪表、建筑等叫固定资产;企业的专利权、商标权、土地使用权等叫无形资产;其他类别的资产统称其他资产。

#### 2. 负债

负债是指企业承担的,能够以货币计量的,需要以资产或劳务偿付的现时义务。简单地说,负债就是所欠的钱。负债必须和特定时间点联系在一起。例如年初欠多少钱,月末欠多少钱,年末欠多少钱。负债分两大类:偿债期在一年以内的负债称为流动负债,偿债期超过一年的负债称为长期负债。

#### 3. 所有者权益

所有者权益也叫股东权益,是指企业投资人对企业的资产应该享有的权益。投资人对企业资产应该享有的权益中,有创办企业时投入的资本,也有在企业经营中赚的钱。

#### 4. 收入

收入是指企业在日常活动中形成的,会导致所有者权益增加的,与所有者投入资本无关的经济利益的总流入。收入可以分为狭义的、广义的两种,狭义的收入是指企业销售商品、提供劳务及让渡资产使用权等日常经济活动中形成的经济利益的总流入，广义的收入包括企业的主营业务收入和其他业务收入。

5. 费用

费用是指企业在日常活动中发生的、会导致所有者权益减少的、与向所有者分配利润无关的经济利益的总流出。作为一项会计要素，费用可以被看作收入的减项，也可以说，费用是消耗掉或者转移出去的资产。

6. 利润

利润是指企业在一定会计期间的经营成果，是一种收获。如果企业实现了利润，表明企业的所有者权益将增加，业绩得到了提升；反之，如果企业发生了亏损（即利润为负数），表明企业的所有者权益将减少，业绩下滑了。

## 二、启动资金测算

启动资金是指企业开展生产经营活动初始阶段必须购买的物资的支出和必要的其他开支费用的总和，即企业从酝酿阶段开始到产生第一笔营业收入为止期间的所有资金投入。启动资金通常可分为两部分：一部分是固定资产（投资），主要用于为企业购置价值较高、使用寿命长的实物；另一部分是流动资金，主要是指维持企业日常运转所需要支出的资金。

### 案例 6-2

#### 小王的启动资金测算

小王是一名会计学专业的毕业生，毕业后想自己开办一家会计公司。在开办公司前，他进行了简单的市场调查，对开办公司的必要支出进行了如下估算。

租一间20平方米左右的办公室，每月需要3 000元租金；购置两台电脑，每台5 000元；一套最基本的财务软件大约需要3 000元；两台打印机，一台针式打印机用来打印会计凭证和账簿，另一台打印一般的办公文件，共需要3 500元；一台税控机，用于帮助客户进行纳税申报，价格3 000元；一台传真机，价格1 000元；购置3套办公桌椅，每套300元；购置饮水机一台，需要500元，每月大约需要4桶水，每桶水15元；事先需置办一些办公用品及办公耗材，需支出1 000元，大约可供一个月使用；电话费、网费每月320元；水电费每月200元；同类会计服务公司的广告费一般每月1 200～2 000元，小王准备每月花费1 500元；公司开业初期需雇佣一名会计和一名外勤人员，两人的工资当时每月合计为3 500元，社会保险费合计每月1 000元；开户、刻章直至办完整套开业手续大约需要一个月的时间，需要的开业前的基本费用为1 000元。

小王创办会计公司所需要的资金为33 480元。

（资料来源：刘帆.大学生创业指导教程[M].北京：中国传媒大学出版社，2009）

### (一) 固定资产投资预测

任何一个企业都需要有实体的组织形式和工作场所,这就产生了固定资产投资。微型或小型企业的固定资产投资一般包括以下两个方面。

#### 1. 企业用地和建筑

办企业需要有适合的场地和建筑,也许是用来开工厂的整座建筑,也许是一个小工作间,也许需要租一个铺面,也许在家就可以开始工作……企业用地和建筑与创业项目的选择是密不可分的,创业者在清楚了需要什么样的场地和建筑后,就可以做出选择。

(1) 造新的建筑。造新的建筑首先要购买土地,其次要购买建筑材料,最后还要支付人工费用,这需要大量的资金。如果创业项目对场地和建筑有特殊要求,可以采取这样的方式。

(2) 购买现有建筑。如果创业者能够在理想的地点找到合适的建筑,那么买现成建筑既简单又快捷,可以节约大量的时间和精力。但是,现成的建筑往往需要经过改造才能适合企业的需要,同时,购房和改造的资金也是大量的。

(3) 租房。租房比造房和买房所需的启动资金要少很多,而且可以分期付款,这样做可以节约大量资金。租房也使企业获得了较大的灵活性,当需要改变企业地点时,会容易得多。不过租房不够安稳,房子的结构不一定如愿,而且需要进行装修才能使用。

(4) 利用自己的房产。在家开业最便宜,在不确定企业能否成功之前,在家开业是起步的好办法。但与企业相关的配套设施,如供水、供电、供气、电梯、消防等重大项目及设备的更换也需要一定的投入。

#### 2. 设备

设备是指企业正常运营所需要的机器、工具、车辆、办公家具等。初创企业需要在设备上进行大量的投资,因此了解清楚需要什么设备,以及选择正确的设备类型就显得非常重要。即使是只需要少量设备的企业,也要慎重考虑企业确实需要哪些设备,通过市场调研、比价或替换等方式选择,并用它们的实际价格来预测投资。企业所需设备并不是只有通过采购才能获得,也可以通过租赁的方式来满足自己的需要,这样,初创企业的启动资金又可以减少很多。

### (二) 流动资金预测

流动资金又称营运资金或周转资金,是企业日常运转所需要支出的资金。流动资金主要是指企业为进行正常生产运营,用于购买原材料、燃料,支付工资及其他经营费用等的资金。流动资金具有周转期短、形态易变的特点,其管理是企业理财工作的一项重要内容。拥有较多的流动资金,可以在一定程度上降低企业的财务风险。流动资金主要包括以下项目。

#### 1. 购买并储存原材料和成品的费用

如果是制造型企业,企业的产品生产需要原材料,企业必须根据生产能力来预测维持正常生产所需要的原材料库存,这样就可以计算出在获得销售收入之前企业需要多少流动资金。如果是服务型企业,企业经营过程中也需要些材料,企业必须预测在顾客付款之前,提供服务需要多少材料库存。如果是零售商和批发商,需要储存商品来出售,企业必须预测在开业之前需要多少商品库存。企业预计的库存越多,需要用于采购的流动资金就越多,企业应该将库存降到能够保证企业正常运营的最低限度。

#### 2. 工资

企业在正式运营前都会或多或少地雇用一些员工,在企业获得销售收入之前,也必须给他们支付工资。同样,创业者也得以工资的形式支付自己家庭的生活费用。因此,在计算流动资金时,要计算用于发放工资的费用,通过用每月工资的总额乘以到达收支平衡所需的月数就可以计算出来。

#### 3. 保险费用

为了确保企业的经营活动不受各种突如其来的灾害的影响,企业从成立开始,就必须投保并支付所有的保险费用,这也需要流动资金。

#### 4. 租金

除非企业的用房、设备、车辆等产权都属于自己,通常情况下,企业一开始运转就要支付其租金。在计算这部分流动资金时,可以用月租金乘以达到收支平衡所需的月数。

#### 5. 促销费用

新企业的产品一旦面世,为尽快打开市场,就需要通过一定的方式来促销自己的商品,而促销活动也需要流动资金。企业可以根据创业计划书中的促销方案进行促销费用预测。

#### 6. 其他费用

在流动资金预测时,还有许多看起来额度较小,但又不可缺少的日常开支,例如水费、电费、餐费、办公用品费、交通费、税费等,这些费用累加在一起,可能数额不小。还得做一些不太好的打算,预留一些经费用于支付罚款、意外伤害赔偿、天灾人祸等所产生的费用。

由于初创企业的产品还未得到消费者的认知和认可,刚开始的销售一般都不会太顺利,创业者对流动资金的预测要尽量富裕些。

## 三、现金流管理

企业要想生存下来,必须保证有充足的现金流,也就是一定要有充足的资金。创业初期,创业者运作的重点是打造健康的现金流,具体来讲,可以从以下方面入手。

### (一)现金永远第一

在创业初期,创业者不仅要关注企业能有多少成长,更要关注手上的现金有多少。在做决定时,不要光看营收和利润,要先看现金流量,先问问自己这个决定会对现金流产生什么影响。

### (二)追回欠款

公司应该收回的货款或其他款项有没有及时地收回,会对现金流造成很大的影响。创业者必须找到款项无法及时收回的原因,然后用尽一切方法将其收回。

### (三)减少支出

减少支出能够有效缓解企业的现金流压力。减少支出应该有系统地开展,创业者要了解支出的细节,在对企业影响最小的前提下做出最大的节省。

### (四)改变采购付款方式

采购时更应该关注付款方式,而不是仅仅关注采购价格。付款期的长短对现金流的影响更甚于价格上的微小差距。

### （五）把数字放在心上

创业者必须经常检查现金流，频率最好为每周一次。如果实际操作有难度，则必须保证至少每月检查一次现金流。创业者必须要求公司的每个部门都为现金流贡献设定目标，而且定时让人们知道目前距离目标还有多远。

### （六）精减库存

企业80%的利润来自20%的热销产品。创业者必须狠下心来删减冷门商品。一定要记住，一旦产品进了仓库，创业者手上的现金就不见了。

### （七）按需采购

为了拿到更便宜的价格，有些创业者采购时会加大采购量，有可能超过企业的实际需要。商品价格可能随时间推移而下滑，创业者完全不必一次性囤积。而且，储存商品也是需要成本的。

### （八）改变收款方式

如果企业可以按月收款，为什么要按季度来收？如果创业者提供的是长期的服务，也可以将到期付款的方式改为分阶段付款。企业还可以提供一些优惠，例如折扣或者附加服务，以吸引顾客一次性付款或者在短期内尽快付款。这样做可以大幅缓解企业的现金流压力。

### （九）外包

很多创业者初期都会选择亲力亲为、大包大揽，而不会将企业的业务部分外包出去。采取外包方式，初期的成本可能会比自己做要高，但是可以将资金压力转移到外包商身上。如果企业有能力，也可以争取一些外包的项目，这样可以给企业带来额外的现金流入。

### （十）创业者带头行动

创业者必须从自身做起，带头强调现金的重要性，尽量节约，降低运营成本。

## 四、盈亏平衡分析

盈亏平衡分析又称保本点分析或本量利分析，是根据对产品的业务量(产量或销量)、成本、利润之间的相互制约关系的综合分析，来预测利润、控制成本、判断经营状况的分析方法。盈亏平衡点又称零利润点、保本点、盈亏临界点、损益分歧点、收益转折点，通常是指全部销售收入等于全部成本时的产量。以盈亏平衡点为界限，当销售收入高于盈亏平衡点时，企业就赢利；反之，企业就亏损。

一般说来，企业收入是成本与利润之和。如果利润为零，收入则等于成本，即固定成本与变动成本。而收入为销售量乘以价格，变动成本为单位变动成本乘以销售量，这样，就可以推导出盈亏平衡点的计算公式。

如企业产品销售单价为 $p$，销售量为 $x$，企业产品销售额为 $y$；企业的固定成本为 $a$，单位变动成本为 $b$，企业总成本为 $c$，则有：

$$y = px$$

$$c = a + bx$$

达到盈亏平衡时，则有：

$$px = a + bx$$

则：

$$x = \frac{a}{p-b}$$

$$px = \frac{ap}{p-b} = a\left(1 - \frac{b}{p}\right) = \frac{a}{\left(1 - \frac{bx}{px}\right)}$$

于是可以得出如下公式。

① 按产品销售量计算盈亏平衡点。

$$盈亏平衡点 = \frac{固定成本}{产品销售单价 - 单位产品变动成本}$$

② 按产品销售额计算盈亏平衡点。

$$盈亏平衡点 = \frac{固定成本}{1 - \frac{变动成本}{产品销售收入}}$$

$$盈亏平衡点 = \frac{固定成本}{1 - 变动成本率}$$

### 五、财务报表解读

财务报表也叫对外会计报表，是会计主体对外提供的反映会计主体财务状况和经营成果的会计报表。通俗地说，财务报表就是一套包含企业全部财会信息的表格。财会报表可以综合地反映一个企业的经济活动过程和结果。财务报表至少应当包括资产负债表、利润表、现金流量表等。

#### （一）资产负债表

资产负债表是反映企业在某一特定时间(月末、季末、半年末、年末)财务状况的报表，属于静态报表。所谓财务状况，是指一个企业的资产、负债、所有者权益及其相互关系。因此，资产负债表中列示了企业在特定时间的资产、负债、所有者权益及其相互关系的信息。资产负债表按月编制，对外报送。年终要编报年度资产负债表。

1. 资产负债表的作用

资产负债表的作用主要包括以下三个方面。

（1）反映企业的资产结构及资金来源的构成情况。资产负债表中的资产总计数反映了企业的资源总额，资产分类项目反映了资产分布的结构，负债项目和所有者权益项目则反映了资金来源的构成。这些信息可以为管理部门控制财务收支、改善财务状况提供必要的信息，同时为投资者、潜在投资者和债权人提供企业的基本财务信息。

(2) 反映企业的财务状况及获利、偿债能力。资产负债表中的资产、负债、所有者权益直接反映着企业的财务状况。权益总额中的负债与所有者权益的相对比率体现了企业的财务实力,其比率的大小直接影响着债权人、债务人、所有者的相对风险,以及企业的长期偿债能力。通过资产投资利润率与所有者权益利润率指标,可以衡量企业的获利能力,其不仅直接反映了企业的盈利水平,还能被用于考察企业按时向债权人还本付息、偿还债务的能力。企业的负债比率越高,其长期偿债能力越弱;所有者的权益比率越高,企业的长期偿债能力越强。

(3) 反映企业资本结构的变化及财务趋势。通过前后期资产负债表的对比分析,可以了解企业资产、负债及所有者权益结构的变化是否合理;分析企业的财务实力、变现及偿债能力,所有者在企业中享有权益的变化;预测企业的发展趋势;等等。

### 2. 资产负债表的内容

资产负债表按照"资产=负债+所有者权益"的平衡原理设计,其内容包括资产、负债、所有者权益三大项目。

(1) 资产项目。在资产负债表中,资产项目分为流动资产、非流动资产两大类,并按照资产的流动性大小,即变现能力的强弱顺序分项列示。

流动资产主要包括货币资金、交易性金融资产、衍生金融资产、应收票据、应收账款、应收款项融资、预付款项、其他应收款、存货、合同资产、持有待售资产、一年内到期的非流动资产、其他流动资产等项目。

非流动资产主要包括债权投资、其他债权投资、长期应收款、长期股权投资、其他权益工具投资、其他非流动金融资产、投资性房地产、固定资产、在建工程、生产性生物资产、油气资产、使用权资产、无形资产、开发支出、商誉、长期待摊费用、递延所得税资产、其他非流动资产等项目。

(2) 负债项目。在资产负债表中,负债项目分为流动负债、非流动负债两大类,并按照其承担的经济义务期限的长短,即偿还的先后顺序分项列示。

流动负债主要包括短期借款、交易性金融负债、衍生金融负债、应付票据、应付账款、预收款项、合同负债、应付职工薪酬、应交税费、其他应付款、持有待售负债、一年内到期的非流动负债、其他流动负债等项目。

非流动负债主要包括长期借款、应付债券、租赁负债、长期应付款、预计负债、递延收益、递延所得税负债、其他非流动负债等项目。

(3) 所有者权益项目。在资产负债表中,所有者权益项目按照其持久性程度不同,即在企业存续时间的长短,分别以实收资本(或股本)、其他权益工具、资本公积、其他综合收益、专项储备、盈余公积、未分配利润等项目列示。

### 3. 资产负债表的结构

资产负债表的结构有账户式、报告式两种。我国的资产负债表一般采用账户式结构。资产负债表是指将"资产=负债+所有者权益"这一平衡等式展开,按照T形账户的形式设计,把报表分为左右两档,资产项目在左边,负债和所有者权益项目在右边。左右双边的合计金额应该相等。左方的资产项目按照其流动性强弱排列,流动性强的资产排在前面,流动性弱的资产排在后面;右方的负债项目按照其偿债时间的长短排列,短期负债排在前面,长期负债排在后面;所有者权益项目按照其持久程度排列,持久程度高的排在前面,持久程度低的排在后面。资产负债表如表 6-1 所示。

表 6-1 资产负债表

会企 01 表

编制单位： ___年___月___日  单位：元

| 资　　产 | 期末余额 | 上年年末余额 | 负债和所有者权益（或股东权益） | 期末余额 | 上年年末余额 |
|---|---|---|---|---|---|
| 流动资产： |  |  | 流动负债： |  |  |
| 　货币资金 |  |  | 　短期借款 |  |  |
| 　交易性金融资产 |  |  | 　交易性金融负债 |  |  |
| 　衍生金融资产 |  |  | 　衍生金融负债 |  |  |
| 　应收票据 |  |  | 　应付票据 |  |  |
| 　应收账款 |  |  | 　应付账款 |  |  |
| 　应收款项融资 |  |  | 　预收款项 |  |  |
| 　预付款项 |  |  | 　合同负债 |  |  |
| 　其他应收款 |  |  | 　应付职工薪酬 |  |  |
| 　存货 |  |  | 　应交税费 |  |  |
| 　合同资产 |  |  | 　其他应付款 |  |  |
| 　持有待售资产 |  |  | 　持有待售负债 |  |  |
| 　一年内到期的非流动资产 |  |  | 　一年内到期的非流动负债 |  |  |
| 　其他流动资产 |  |  | 　其他流动负债 |  |  |
| 　流动资产合计 |  |  | 　流动负债合计 |  |  |
| 非流动资产： |  |  | 非流动负债： |  |  |
| 　债权投资 |  |  | 　长期借款 |  |  |
| 　其他债权投资 |  |  | 　应付债券 |  |  |
| 　长期应收款 |  |  | 　　其中：优先股 |  |  |
| 　长期股权投资 |  |  | 　　　　　永续债 |  |  |
| 　其他权益工具投资 |  |  | 　租赁负债 |  |  |
| 　其他非流动金融资产 |  |  | 　长期应付款 |  |  |
| 　投资性房地产 |  |  | 　预计负债 |  |  |
| 　固定资产 |  |  | 　递延收益 |  |  |

续　表

| 资　产 | 期末余额 | 上年年末余额 | 负债和所有者权益<br>（或股东权益） | 期末余额 | 上年年末余额 |
|---|---|---|---|---|---|
| 在建工程 |  |  | 递延所得税负债 |  |  |
| 生产性生物资产 |  |  | 其他非流动负债 |  |  |
| 油气资产 |  |  | 非流动负债合计 |  |  |
| 使用权资产 |  |  | 负债合计 |  |  |
| 无形资产 |  |  | 所有者权益(或股东权益)： |  |  |
| 开发支出 |  |  | 实收资本(或股本) |  |  |
| 商誉 |  |  | 其他权益工具 |  |  |
| 长期待摊费用 |  |  | 其中：优先股 |  |  |
| 递延所得税资产 |  |  | 永续债 |  |  |
| 其他非流动资产 |  |  | 资本公积 |  |  |
| 非流动资产合计 |  |  | 减：库存股 |  |  |
|  |  |  | 其他综合收益 |  |  |
|  |  |  | 专项储备 |  |  |
|  |  |  | 盈余公积 |  |  |
|  |  |  | 未分配利润 |  |  |
|  |  |  | 所有者权益<br>(或股东权益)合计 |  |  |
| 资产总计 |  |  | 负债和所有者权益<br>(或股东权益)总计 |  |  |

资产负债表的最大优点是资产和权益之间的恒等关系一目了然；其缺点是编制比较资产负债表，尤其是做旁注时不太方便。

(二) 利润表

利润表又称收益表或损益表，它是反映企业在一定会计期间经营成果(包括实现的利润和发生的亏损)的会计报表，属于动态报表。利润是企业经营业绩的综合体现，又是进行利润分配的主要依据，因此，利润表是企业必须按月对外报告的主要报表之一。

1. 利润表的作用

(1) 有助于评价和预测企业的经营成果和赢利能力。利润表可以从总体上反映企业在一定期间内取得的全部收入和产生的全部费用、损失等,从而有助于评价企业利润或亏损的构成情况。通过对不同时期利润表中收入、费用、利润增减变化情况的分析,可以预测企业在未来一定时期的赢利能力。

(2) 有助于分析和预测企业的偿债能力。偿债能力不仅仅取决于资产的流动性和资本结构,其最根本的来源仍然是获利能力。通过分析利润表,可以了解企业的赢利能力,从而了解企业的投资报酬和偿付能力,测试投资者和债权人面临的风险大小。在获利能力下降时,企业内部管理部门也可以做出合理的信贷决策,缩小信贷规模,以降低财务风险。

(3) 有助于考核管理人员的经营业绩。通过利润表,可以分析企业一定时期的经营过程和结果,衡量企业的经营效益和管理水平,进而评价管理人员的功过得失,并将其作为奖惩的依据,促使管理人员尽职尽责,不断提高经营管理水平。

### 2. 利润表的内容

利润表中一般应单独列报的项目主要有营业收入、营业利润、利润总额、净利润、其他综合收益的税后净额、综合收益总额和每股收益。

(1) 营业利润单独列报的项目包括营业成本、税金及附加、销售费用、管理费用、研发费用、财务费用、其他收益、投资收益、净敞口套期收益、公允价值变动收益、信用减值损失、资产减值损失、资产处置收益。

(2) 利润总额为营业利润加上营业外收入,减去营业外支出。

(3) 净利润为利润总额减去所得税费用,包括持续经营净利润和终止经营净利润两个项目。

(4) 其他综合收益的税后净额包括不能重分类进损益的其他综合收益和将分类进损益的其他综合收益两个项目。

(5) 综合收益总额为净利润加上其他综合收益的税后净额。

(6) 每股收益包括基本每股收益和稀释后每股收益两个项目。

利润表各项目需填列"本期金额"和"上期金额"两栏。其中"上期金额"栏内各项数字,应根据上年该期利润表的"本期金额"栏内所列数字填列。"本期金额"栏内各项数字,除"基本每股收益"和"稀释每股收益"项目外,应当按照相关科目的发生额分析填列。如"营业收入"项目,根据"主营业务收入""其他业务收入"科目的发生额分析计算填列;"营业成本"项目,根据"主营业务成本""其他业务成本"科目的发生额分析计算填列。

### 3. 利润表的结构

利润表一般有表首、正表两个部分。其中,表首概括地说明报表名称、编制单位、编制日期、报表编号、计量单位等;正表反映形成经营成果的各个项目和计算过程。利润表的格式主要有单步式与多步式两种,使用较多的是多步式利润表。

利润表是从主营业务收入出发,分步计算出不同的利润指标,直到计算出净利润的表格。其通过对当期的收入、费用、支出项目按性质加以归类,按利润形成的主要环节列示一些中间性利润指标,如营业利润、利润总额、净利润,分步计算当期损益。利润表见表 6-2。

表 6-2 利 润 表

会企 02 表
编制单位：　　　　　　　　　　＿＿＿年＿＿＿月　　　　　　　　　　单位：元

| 项　　　　目 | 本期金额 | 上期金额 |
| --- | --- | --- |
| 一、营业收入 | | |
| 　　减：营业成本 | | |
| 　　　　税金及附加 | | |
| 　　　　销售费用 | | |
| 　　　　管理费用 | | |
| 　　　　研发费用 | | |
| 　　　　财务费用 | | |
| 　　　　　　其中：利息费用 | | |
| 　　　　　　　　　利息收入 | | |
| 　　加：其他收益 | | |
| 　　　　投资收益(损失以"－"号填列) | | |
| 　　　　　　其中：对联营企业和合营企业的投资收益 | | |
| 　　　　　　　　　以摊余成本计量的金融资产终止确认收益(损失以"－"号填列) | | |
| 　　　　净敞口套期收益(损失以"－"号填列) | | |
| 　　　　公允价值变动收益(损失以"－"号填列) | | |
| 　　　　信用减值损失(损失以"－"号填列) | | |
| 　　　　资产减值损失(损失以"－"号填列) | | |
| 　　　　资产处置收益(损失以"－"号填列) | | |
| 二、营业利润(亏损以"－"号填列) | | |
| 　　加：营业外收入 | | |
| 　　减：营业外支出 | | |
| 三、利润总额(亏损总额以"－"号填列) | | |
| 　　减：所得税费用 | | |

续　表

| 项　　　目 | 本期金额 | 上期金额 |
|---|---|---|
| 四、净利润(净亏损以"－"号填列) | | |
| 　(一)持续经营净利润(净亏损以"－"号填列) | | |
| 　(二)终止经营净利润(净亏损以"－"号填列) | | |
| 五、其他综合收益的税后净额 | | |
| 　(一)不能重分类进损益的其他综合收益 | | |
| 　　1.重新计量设定受益计划变动额 | | |
| 　　2.权益法下不能转损益的其他综合收益 | | |
| 　　3.其他权益工具投资公允价值变动 | | |
| 　　4.企业自身信用风险公允价值变动 | | |
| 　　…… | | |
| 　(二)将重分类进损益的其他综合收益 | | |
| 　　1.权益法下可转损益的其他综合收益 | | |
| 　　2.其他债权投资公允价值变动 | | |
| 　　3.金融资产重分类计入其他综合收益的金额 | | |
| 　　4.其他债权投资信用减值准备 | | |
| 　　5.现金流量套期储备 | | |
| 　　6.外币财务报表折算差额 | | |
| 　　…… | | |
| 六、综合收益总额 | | |
| 七、每股收益: | | |
| 　(一)基本每股收益 | | |
| 　(二)稀释每股收益 | | |

利润表的优点是能反映利润的构成情况,有利于进行相同企业及各项目之间的比较,便于对企业进行赢利能力分析。

### (三) 现金流量表

现金流量表是以现金为基础编制的,反映企业一定期间内现金及现金等价物流入与流出情况的报表。现金流量表是企业定期编制、对外报送的除资产负债表、利润表以外的又一主要报表。三种报表分别从不同角度反映了企业的财务状况、经营成果及现金流量。

#### 1. 现金流量表的作用

现金流量表的作用主要有以下几点。

(1) 反映企业的财务活动与经营管理水平。现金流量表通过列示影响企业的经营活动、投资活动、筹资活动中的各要素现金及现金等价物的流入、流出等会计信息,反映企业的各项财务活动。根据现金流量变化的结果,可以了解企业的财务活动与经营管理水平,正确评价企业的财务状况与经营业绩。

(2) 说明企业的财务状况及预测发展趋势。在企业的日常经营活动中,现金及现金等价物是变化量最大的流动资金。企业现金流量的变化可以反映其财务状况及变动情况。报表使用者可以通过对现金流量的分析,了解企业未来的获取现金能力、偿债能力、支付股利能力,以及投资与理财活动对经营成果及财务状况的影响等,从而对企业财务状况的变化及其未来发展的趋势做出正确判断。

(3) 补充企业的报表体系并解释财务变化。现金流量表可以对资产负债表与利润表中未能反映的内容进行补充。资产负债表是反映某一时刻企业财务状况的静态报表,利润表是反映企业经营成果的动态报表,都不能反映企业财务状况的变动;现金流量表则解释了不同时期资产负债表的变化,以及利润对财务状况的影响。

#### 2. 现金流量表的结构

常见的现金流量表包括正表及补充资料两部分。正表是现金流量表的主体,企业一定会计期间的现金流量信息主要由正表体现。正表采用报告式结构,按照现金流量性质分为经营活动产生的现金流量、投资活动产生的现金流量及筹资活动产生的现金流量等,最后汇总反映企业现金及现金等价物的净增加值。现金流量表的基本格式见表6-3。

表6-3 现金流量表

会企03表

编制单位： ___年___月 单位:元

| 项 目 | 本期金额 | 上期金额 |
| --- | --- | --- |
| 一、经营活动产生的现金流量: | | |
| 销售商品、提供劳务收到的现金 | | |
| 收到的税费返还 | | |
| 收到其他与经营活动有关的现金 | | |

续　表

| 项　　目 | 本期金额 | 上期金额 |
|---|---|---|
| 　　经营活动现金流入小计 | | |
| 　　购买商品、接受劳务支付的现金 | | |
| 　　支付给职工以及为职工支付的现金 | | |
| 　　支付的各项税费 | | |
| 　　支付其他与经营活动有关的现金 | | |
| 　　经营活动现金流出小计 | | |
| 　　　经营活动产生的现金流量净额 | | |
| 二、投资活动产生的现金流量： | | |
| 　　收回投资收到的现金 | | |
| 　　取得投资收益收到的现金 | | |
| 　　处置固定资产、无形资产和其他长期资产收回的现金净额 | | |
| 　　处置子公司及其他营业单位收到的现金净额 | | |
| 　　收到其他与投资活动有关的现金 | | |
| 　　　投资活动现金流入小计 | | |
| 　　购建固定资产、无形资产和其他长期资产支付的现金 | | |
| 　　投资支付的现金 | | |
| 　　取得子公司及其他营业单位支付的现金净额 | | |
| 　　支付其他与投资活动有关的现金 | | |
| 　　　投资活动现金流出小计 | | |
| 　　　投资活动产生的现金流量净额 | | |
| 三、筹资活动产生的现金流量： | | |
| 　　吸收投资收到的现金 | | |
| 　　取得借款收到的现金 | | |
| 　　收到其他与筹资活动有关的现金 | | |

续　表

| 项　　　　目 | 本期金额 | 上期金额 |
| --- | --- | --- |
| 筹资活动现金流入小计 | | |
| 偿还债务支付的现金 | | |
| 分配股利、利润或偿付利息支付的现金 | | |
| 支付其他与筹资活动有关的现金 | | |
| 筹资活动现金流出小计 | | |
| 筹资活动产生的现金流量净额 | | |
| 四、汇率变动对现金及现金等价物的影响 | | |
| 五、现金及现金等价物净增加额 | | |
| 加：期初现金及现金等价物余额 | | |
| 六、期末现金及现金等价物余额 | | |

现金流量表的编制方法包括直接法与间接法两种。直接法是指通过现金收入和现金支出的主要类别列示经营活动产生的现金流量。间接法是指以净利润为起算点，调整不涉及现金的收入、费用、营业外收支等有关项目，据此计算出经营活动产生的现金流量。我国会计准则要求企业采用直接法编制现金流量表正表，同时要求在附注中披露将净利润调节为经营活动现金流量的信息。因此，我国企业编制现金流量表，既要使用直接法，又要使用间接法。

### 思考与练习

1. 创业之初应注意的财务事项有哪些？
2. 创业者应如何打造健康的现金流？
3. 启动资金预测练习。
(1) 实训目标：预测在学校旁边开一个冰激凌店所需的启动资金。
(2) 实训主题：测算创业启动资金，提升资金管理能力。
(3) 实训要求：① 同学们可自由组合，3~5人一组；② 小组通过讨论的方式确定开设冰激凌店需要的投入项目，并制作启动资金测算表；③ 每个小组选出一名代表，向同学们介绍启动资金测算情况，每组时长不超过6分钟。

## 任务三　新创企业营销管理

### 导入案例

**娃哈哈营销渠道的成功**

娃哈哈集团有限公司是中国最大的食品饮料生产企业之一，在资产规模、产量、销售收入、利润、利税等指标上，在中国饮料行业中一直名列前茅。娃哈哈在全国各省市选择了1 300多家能控制一方的经销商，组成了基本覆盖中国每一个乡镇的联合销售体系，形成了强大的销售网络。娃哈哈在与经销商签订的合同中严格限定了销售区域，将经销商的销售活动限制在自己的市场区域范围之内，根据区域的不同情况，制定总经销价、一批价、二批价、三批价和零售价，使每一层次、每一环节的渠道成员都能获得相应的利润，保证了有序的利益分配。娃哈哈全面激励和奖惩严明的渠道政策有效地约束了上千家经销商的销售行为，为庞大渠道网络的正常运转提供了保证。凭借其蛛网般的渠道网络，娃哈哈的产品被销售到了全国的各个角落。

（资料来源：梅强.创业基础与实务[M].南京：江苏凤凰传媒出版社,2015）

**案例点评**：市场营销在企业发展过程中起着至关重要的作用，它可以引导企业降低市场风险，指导企业的新产品开发，扩大市场需求。娃哈哈的产品并没有很高的技术含量，其市场业绩的取得和它对渠道的有效管理密不可分。就渠道长度来说，它采用的是三级渠道结构；就渠道宽度来说，它采用密集型分销渠道，在一个渠道层级上选用尽可能多的渠道中间商来经销自己的产品。娃哈哈有效的营销渠道，给企业带来了可观的利润。

### 一、选择目标市场

企业在成立之初，应评估每个细分市场的吸引力程度，选择进入一个或多个细分市场。企业选择的目标市场应是那些企业能在其中创造最大顾客价值并能将其保持一段时间的细分市场。

#### （一）市场细分与定位

创业者在创业之初需要明确企业的目标顾客群体是谁，同时要确定本企业的产品或者服务在顾客心目中的定位，从而采取相应策略。

**1. 市场细分**

市场细分是指通过市场调研，依据消费者的需求、购买行为和购买习惯等方面的差异，把某一产品的市场整体划分为若干消费群体的市场分类过程。每个消费群体都构成一个细分市场，各个细分市场都是由需求基本相同的消费者组成的。市场细分主要包括地理细分、人口细分、心理细分和行为细分几种。

(1) 地理细分。不同的地理区域之间的经济、文化等存在巨大差异,消费者对于同一类产品也有着不同的需求与偏好。如海鲜在沿海省份被视为佳肴,而内陆消费者并不一定觉得好吃。因此通过消费者所在的地理位置、自然环境来对其进行分类是十分必要的,如根据国家、地区、城市、地形、气候或人口密度等方面的差异进行细分。

(2) 人口细分。消费者的需求、偏好与人口统计变量有很密切的关系。通过人口统计因素进行市场细分时,可考虑年龄、性别、家庭规模、家庭生命周期、收入、职业、教育程度等内容。

(3) 心理细分。心理细分是指根据消费者所处的社会阶层、生活方式和个性特点等进行市场细分。一般来讲,处于同一社会阶层的成员具有类似的价值观、兴趣爱好和行为方式。而生活习惯和个性因人而异,有的人追求刺激冒险,有的人追求时尚潮流,有的人自信阳光,有的人简朴安静。根据不同的因素进行市场细分,可以更好地为产品赋予个性,使之与消费者相适应。

(4) 行为细分。行为细分是指根据消费者对产品的了解程度、态度、使用情况及反应等将他们划分成不同的群体。消费者行为的变化可以更加直接地反映消费者对产品的需求差异,因而行为细分是市场细分的最佳方式。行为细分主要包括根据购买时机、追求利益、使用者状况、使用数量、品牌忠诚度、对产品的了解程度和态度等内容进行的细分。

### 2. 市场定位

市场定位是指针对消费者对企业产品某些属性的重视程度,确定产品相对于竞争对手在目标市场中所处的位置,并通过一定的信息传播途径,在消费者心中树立起与众不同的市场形象的过程。

产品的特色或个性有多种表现方式,可以从产品实体上表现,如形状、成分、构造和性能等;也可以从消费者心理上表现,如豪华、朴素和典雅等;还可以从质量上表现,如不同的质量等。

市场定位的策略主要有避强定位策略、迎头定位策略和重新定位策略三种。根据不同的情况采取不同的策略,能够更好地进行市场定位,为企业制订市场营销计划提供依据。

(1) 避强定位策略。避强定位策略是指避免与竞争对手直接对抗。企业将自己的产品定位于市场某处空缺或薄弱环节,开拓新的市场领域。

(2) 迎头定位策略。迎头定位策略是指直接与最强竞争对手"对着干"。该策略适用于比竞争对手实力更强的企业。

(3) 重新定位策略。重新定位策略是指企业对自己的产品进行重新定位,改变市场对原有产品的印象,使目标消费者重新建立对本产品的认识。采用该策略的情况一般为竞争对手的产品定位与本企业产品类似,侵占了本企业的部分市场;或消费者偏好发生了变化,转移到了竞争对手的产品上。

### (二) 目标市场选择

创业者可以在完成目标市场评估后,采用不同的策略进行目标市场选择。

### 1. 目标市场评估

完成市场细分之后,应根据有关要求对细分市场进行评估,以确定品牌定位的目标市场。评估时要着重考虑三方面因素:细分市场的规模、细分市场的内部结构吸引力和企业的资源条件。

细分市场的规模是由消费者的数量、购买能力、需求弹性等因素决定的。

细分市场内部结构吸引力取决于该细分市场中的竞争状况,竞争者越多,竞争越激烈,细分市场的吸引力就越小。

企业的资源条件也是选择目标市场的一个关键性因素,即细分市场的需求规模和吸引力要和企业的发展目标相一致,能使企业的人力、物力、财力、技术等资源优势得到充分发挥。

### 2. 目标市场选择的策略

企业通过市场细分选择目标市场,首先要确定在一个已经被细分的市场中,应选取多少个子市场作为目标市场进入,以及进入的程度如何。通常,有五种目标市场选择策略可供选择。

(1) 集中性目标市场策略。企业选择一个或几个细分化的专门市场,集中所有力量进行品牌经营,充分满足市场需求,在该品牌获得成功后再进行品牌延伸。集中性目标市场策略有利于节约成本,但风险较大,因为所选的目标市场比较狭窄,一旦发生突然变化,消费者的兴趣就会转移,可能导致品牌在竞争中失败。

(2) 分散性目标市场策略。企业选择若干个目标市场,在几个市场中同时进行品牌营销,为不同的顾客群提供不同的产品或服务。这些市场之间的联系很弱或没有,但企业在每个市场中都能获利。这种策略有利于分散企业的经营风险,但要求企业要具备多头经营的强大实力,否则会导致战线过长、顾此失彼。

(3) 专业化目标市场策略。专业化目标市场策略包括产品专业化策略和市场专业化策略。前者指企业集中资源生产一种产品,提供给所有顾客,例如只生产太阳能热水器,提供给所有消费者;后者指企业生产各种产品,以满足顾客群的不同需要,例如服装企业可以为消费者提供各种档次和款式的服装。

(4) 无差异性目标市场策略。企业对各细分市场之间的差异忽略不计,只注重各细分市场之间的共同特征,推出一个品牌,采用一种营销组合来满足整个市场上大多数消费者的需求。采用这一策略的企业一般都实力强大,有广泛的分销渠道和统一的广告宣传。无差异性目标市场策略的优点是大量生产、储运、销售使得产品的平均成本低,而且不需要进行市场细分,可以节约大量调研、开发、广告等费用。其缺点是风险较大,在需求日益多样化、个性化的现代社会,以一种产品、一个品牌满足大部分人的需求有时是行不通的。

(5) 差异性目标市场策略。企业以多个细分市场为目标市场,分别设计不同的产品,制定不同的营销组合,以满足不同细分市场的消费需求。一些规模较大的企业常采用这一策略,以满足多个不同细分市场的要求。差异性目标市场策略的优点是多品种,小批量,机动灵活,能满足不同的消费需求,取得更高的市场占有率;缺点是营销成本较高。

## 二、明确定价方法

企业营销活动能否取得成功，在一定程度上取决于定价的合理性。企业的定价决策就是把产品定价与企业市场营销组合的其他因素巧妙地结合起来，定出最有利的产品价格。这个最有利的价格既能让消费者乐于接受，又能为企业带来较多收益，从而让企业取得竞争优势。

### (一) 确定定价目标

定价目标是企业在对其生产或经营的产品制定价格时，有意识地要求达到的目的和标准。定价目标大致有以获取利润为目标、以提高市场占有率为目标、以销售额为定价目标、以应对和防止竞争为目标，以及以维持企业形象目标等。企业应根据自身的性质和特点，具体情况具体分析，权衡各种定价目标的利弊，灵活确定自己的定价目标。

### (二) 影响价格的因素

企业在进行新产品的定价或老产品的价格变动时，必须考虑以下因素。

#### 1. 生产成本和费用

在进行定价时，首先应考虑生产成本和费用。其可以分为以下三个部分。

(1) 生产成本。生产成本是指在产品生产过程中所花费的物资消耗和支付的劳动报酬。成本按其与产量的关系可分为固定成本和变动成本两大类。

固定成本是指在一定时期和一定产量范围内，其总额不随产量或销售收入的变化而变化的成本，包括厂房和设备的折旧费、租金、利息、管理人员的工资等。固定成本是相对的，如果产量增加超出一定范围，固定成本就会发生变动。

变动成本是指其总额随产量的变化而变化的成本，如原材料费、包装费、生产工人的工资、销售佣金及直接营销费用等。每个单位产品的变动成本一般都是不变的，它们之所以被称作变动成本，是因为其总量随产量的变化而变化。

(2) 流通费用。流通费用是指产品从生产领域通过流通领域进入消费领域所产生的费用，主要由两部分组成。

销售费用是在生产领域产生的费用，它和生产成本共同构成生产企业的全部成本。

流通费用是在流通领域产生的费用。根据商业流转环节的不同，流通费用还可划分为采购费用、批发商业费用和零售商业费用。流通费用也是产品价格的重要构成因素，是正确制定各种商品差价的基础。

(3) 税金。按照国家有关法律规定，企业在生产、销售产品过程中要缴纳不同的税金。税金也是价格的构成要素，税率的高低直接影响产品的价格。

#### 2. 供求状况

供求规律是市场经济的基本规律之一，市场上商品供求关系的变动与商品价格的变动是相互影响、相互制约的。供求决定价格，价格影响供求，这是二者间的必然联系。

#### 3. 市场竞争情况

价格竞争是市场竞争的重要手段和内容。与现实和潜在竞争对手之间的竞争对产品定价的影响很大。如果自己的产品在竞争中处于优势，可以适当采取高价策略；反之，则应采取低价策略。同时，企业还要随时关注竞争对手的价格调整，并及时做出反应。

4. 消费者心理因素

消费者在消费过程中会产生复杂的心理活动,企业在制定价格时,不仅要迎合不同消费者的心理,还要改变消费者行为,使其向有利于自己营销的方向转变。

5. 国家政策、法规

价格是关系到国家、企业和个人三者的物质利益的大事,它牵涉到各行各业和千家万户。因此,国家在运用价值规律的基础上,通过制定物价工作方针和各项政策、法规,对价格进行管理、调控和干预,或利用生产、税收、金融、海关等手段间接地控制价格。因而,国家有关方针政策对市场价格的形成有重要的影响。

(三) 选择定价方法

在实践运用中,定价方法很多,其中主要的有成本导向定价法、需求导向定价法和价值导向定价法。

1. 成本导向定价法

成本导向定价法是企业定价首先需要考虑的方法。成本是企业生产经营过程中所产生的实际耗费,客观上要求通过商品的销售而得到补偿,并且要获得大于其支出的收入,超出的部分表现为企业利润。以产品单位成本为基本依据,再加上预期利润来确定价格的成本导向定价法是企业最常用、最基本的定价方法。成本导向定价法又衍生出了成本加成定价法、收支平衡定价法、目标利润定价法、变动成本定价法等几种具体的定价方法。

2. 需求导向定价法

需求导向定价法又叫顾客导向定价法,是根据市场需求状况和消费者对产品价格的接受程度来确定价格的方法。同一产品在需求不同的时间或地点,价格可以有明显差别。需求量大,价格就高;需求量小,价格就低。需求导向定价法主要包括理解价值定价法、需求差异定价法、竞争导向定价法。

(1) 理解价值定价法。理解价值定价法又称感受价值定价法或认知价值定价法。它以消费者对商品价值的感觉及理解程度,而不是以商品的实际价值作为定价基本依据。

(2) 需求差异定价法。需求差异定价法又称差别定价法,是指根据销售的对象、时间、地点的不同而产生的需求差异,对相同的产品设置不同价格的定价方法。

(3) 竞争导向定价法。竞争导向定价法又称市场导向定价法,是一种根据竞争状况确定价格的定价方法。具体的定价方法有随行就市定价法、产品差别定价法、投标定价法等。

3. 价值导向定价法

价值导向定价法是一种新型的定价方法,它的定价思路是基于商品的价值,从顾客的需求出发,了解他们的支付意愿,以此决定产品的价格,然后设计、开发、生产出既能满足潜在顾客的需求,又能在价格上被消费者接受的产品。

## 三、建设营销渠道

营销渠道就是商品或服务从生产者向客户转移的具体通道或路径。运作良好的营销渠道可以帮助创业者收集行业市场中的竞争者、合作者、客户的相关信息,实现企业与客户之间有效的价值传递——企业把产品传递给客户,客户把资金回馈给企业,从而完成产品的销售。

### (一)营销渠道结构的类型

营销渠道结构分为长度结构、宽度结构及广度结构三种类型。

#### 1. 长度结构

营销渠道的长度结构,又称为层级结构,是按照其包含的渠道中间商,即渠道层级数量的多少来定义的一种渠道结构。通常情况下,根据包含渠道层级的多少,可以将营销渠道分为零级、一级、二级和三级渠道等(图6-3)。

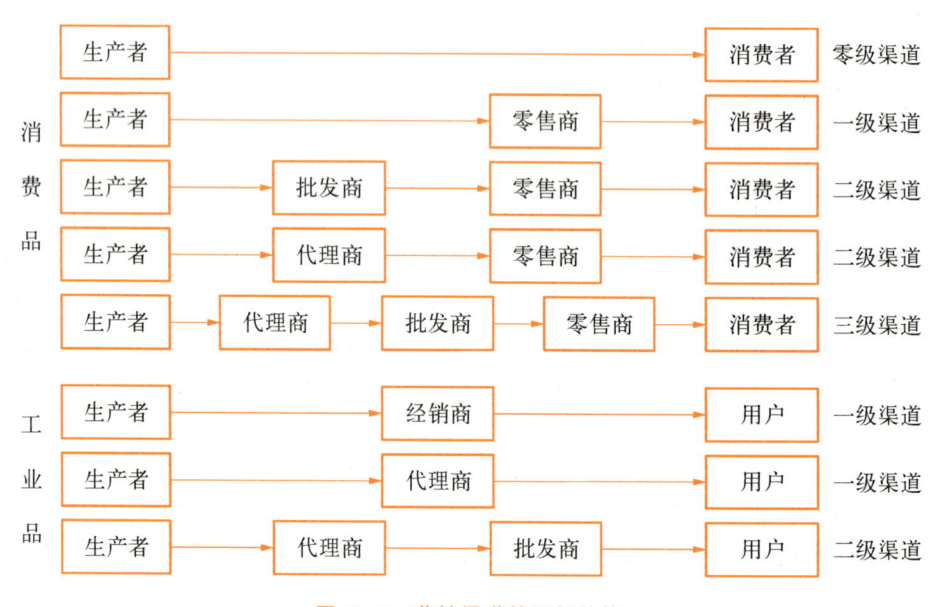

消费品:
- 生产者 → 消费者　零级渠道
- 生产者 → 零售商 → 消费者　一级渠道
- 生产者 → 批发商 → 零售商 → 消费者　二级渠道
- 生产者 → 代理商 → 零售商 → 消费者　二级渠道
- 生产者 → 代理商 → 批发商 → 零售商 → 消费者　三级渠道

工业品:
- 生产者 → 经销商 → 用户　一级渠道
- 生产者 → 代理商 → 用户　一级渠道
- 生产者 → 代理商 → 批发商 → 用户　二级渠道

图6-3　营销渠道的层级结构

零级渠道又称为直接渠道,是指没有渠道中间商参与的一种渠道结构。在零级渠道中,产品或服务直接由生产者销售给消费者。零级渠道是大型或贵重产品,以及技术复杂、需要提供专门服务的产品销售采取的主要渠道。

一级渠道包括一个渠道中间商。在工业品市场上,这个渠道中间商通常是一个代理商或经销商;而在消费品市场上,这个渠道中间商则通常是零售商。

二级渠道包括两个渠道中间商。在工业品市场上,这两个渠道中间商通常是代理商及批发商;而在消费品市场上,这两个渠道中间商则通常是批发商和零售商。

三级渠道包括三个渠道中间商。这类渠道主要出现在消费面较宽的日用品的营销中。

#### 2. 宽度结构

营销渠道的宽度结构是根据每一层级渠道中间商的数量的多少来定义的渠道结构。渠道的宽度结构受产品的性质、市场特征、用户分布及企业分销战略等因素的影响,可分成如下三种类型。

(1)密集型分销渠道。密集型分销渠道也称广泛型分销渠道,是指制造商在同一渠道层级上选用尽可能多的渠道中间商来经销自己的产品的渠道类型。密集型分销渠道多见于消费品领域中的便利品,比如牙膏、牙刷、饮料等的营销中。

(2)选择性分销渠道。选择性分销渠道是指在某一渠道层级上选择少量的渠道中间商来进行商品分销的渠道类型。在IT产业链中,许多产品都采用选择性分销渠道。

(3)独家分销渠道。独家分销渠道是指在某一渠道层级上选用唯一一家渠道中间商的渠道类型。在IT产业链中,这种渠道结构多出现在总代理或总分销一级。同时,许多新产品也多选择独家分销的模式,当市场广泛接受该产品之后,再从独家分销渠道模式向选择性分销渠道模式转变。

#### 3. 广度结构

渠道的广度结构实际上体现了对渠道的多元化选择。许多企业实际上使用了多种渠道的组合,即采用混合渠道模式来进行销售。比如,有的企业针对大的行业客户,在企业内部成立大客户部,进行直接销售;针对数量众多的中小企业用户,采用广泛的分销渠道;针对偏远地区的消费者,则采用邮购等方式来覆盖。

### (二)营销渠道构建的步骤

构建营销渠道应遵循以下步骤。

#### 1. 设置渠道目标

创业者在设计和构建营销渠道时,首先必须明确渠道目标。营销渠道设置的根本目的是成功销售产品,渠道设置的首要目标是帮助实现企业的整体战略目标。企业的战略目标会随着市场环境的变化而变化,创业者在构建渠道的时候也应当时刻关注市场环境的变化及战略方案的调整。

#### 2. 明确渠道任务

在渠道目标设置完成之后,渠道设计者必须将达到目标所需执行的各项任务明确列出来,这些任务一般包括与客户沟通、销售、运输、存储等。明确任务可以使创业者对营销渠道的设想更为细化,渠道中每一个构成元素的功能和定位都能够详细地展现,这样,在渠道建设中,创业者可以拥有充分的依据。

#### 3. 确立渠道结构方案

在确立渠道任务后,创业者就需要将这些任务合理地分配给不同的渠道中间商,使其能够最大限度地发挥作用。

(1)渠道的层级设置。渠道的层级设置是指渠道的纵向长度设置。创业者应根据产品特性、顾客特点、市场环境、企业自身因素等设置渠道层级。

(2)渠道的宽度设置。渠道的宽度设置是对渠道横向上的设计。如果企业的产品独特性特别强,创业者为了保证产品不至于在同一个区域内部形成恶性竞争,就会考虑建设区域独家分销的模式;如果产品本身较为普遍化,那么在横向上不妨寻找较多的经销机构。渠道横向上的设计也跟企业的成长阶段有关。例如刚刚创立的企业出于能力、资源等方面的考虑,可能选择独家分销;而随着企业成长壮大,企业就可以选择广泛型分销,以增大市场覆盖面和销量。

(3)渠道中间商选择。创业者应该对中间商进行调研,为选定的渠道招募合适的中间商。如果中间商的能力不能令创业者感到放心,那么应当选择自己建设渠道或者直接派出人员开展销售。同时,创业者也要考虑利用中间商的成本,一般来说,具备较强能力的中间商往往合作成本较高,创业者需要综合考虑能力和成本的因素,以选择最适合的中间商。

#### 4. 调整营销渠道

随着消费者购买方式的变化、市场扩大或缩小、新的分销渠道出现、产品生命周期的更替等,企业需要对渠道结构加以调整。

### 四、企业促销策略

促销是指企业通过广告、营业推广、公共关系和人员推销等各种促销方式,向消费者或用户传递产品信息,引起他们的注意和兴趣,激发他们的购买欲望和购买行为,以达到扩大销售的目的。企业促销策略主要包括以下几方面。

#### (一) 广告策略

广告是指由特定的广告主有偿使用一定的媒体,向目标顾客传播商品和服务信息的促销行为。实施广告策略的步骤如下。

##### 1. 确定广告目标

广告分为两种类型。

(1) 企业广告。企业广告的目的在于提高企业的名望,属于商誉广告,可间接加强产品的推广。

(2) 产品广告。产品广告的目的在于提供产品信息,增进商品销售。产品广告又分为开拓性广告和竞争性广告。前者的目的在于唤起初级需求,适用于产品初期推广阶段;后者的目的在于唤起选择性需求,适用于市场成长阶段及成熟阶段。

##### 2. 安排广告预算

广告预算从财务上决定了企业广告宣传的规模和进程:广告预算大,企业就可以发布许多种类的广告,也可以选择一些花费高昂的广告;反之则只能进行有限的选择。

##### 3. 选择广告媒体

广告媒体有报纸、杂志、广播、电视、网络等。其选择依据如下。

(1) 产品的性质。应依据产品的性质分别选择不同的媒体。如服装,重要的是显示其式样、颜色,最好在电视和杂志上用彩色画面做广告,以增加美感和吸引力;高技术性能的电子产品则宜用样品做广告,可详细说明其性能。

(2) 消费者的媒体习性。不同的消费者对各种媒体有不同的阅读、视听习惯和偏好,广告媒体的选择适应消费者的这些习惯和偏好才能成功。例如对学龄前儿童广告而言,最好的媒体是电视。

(3) 媒体的流通性。市场的地理范围关系到媒体的选择。面向全国的产品,宜在全国性报纸、杂志、电视节目上做广告;在局部地区销售的产品,则可选择地方性的广告媒体。

(4) 媒体的影响力。广播电视的收听、收视率,互联网广告的点击率,报纸、杂志的发行量,是媒体影响力的标志。

(5) 媒体的成本。广告活动应考虑企业的经济负担能力,力求在一定预算条件下达成一定的触及、频率、冲击与持续。

### 案例 6-3

#### 秦池酒厂：天价"标王"的成败

1995年，原本名不见经传的山东临朐秦池酒厂以 6 666 万元的价格买下了中央电视台黄金时间段的广告权。一时间，秦池白酒成为家喻户晓的品牌，订单雪花般飞来，秦池酒厂从一个年产量不足 1 万吨的小酒厂发展为年销售额突破 10 亿元的名牌企业。尝到甜头后的秦池酒厂做出了惊人之举，于 1996 年 11 月以 3.2 亿元的天价再次拿下"央视标王"。巨大的广告投入给企业带来了大量订单，为满足客户需求，秦池酒厂必须扩大生产规模，新建或更新厂房、设备，这些需要大量的资金，于是秦池酒厂开始向银行贷款。高额的欠款及利息给秦池酒厂带来了严重的危机。秦池酒厂不顾现实而竭尽财力夺取"央视标王"宝座，却因此一蹶不振。

新创企业在选择广告时，既要考虑各类广告的特点和效果，又要考虑企业财务实力，量力而行，不能盲目、冲动。

#### （二）公共关系策略

公共关系策略就是企业通过对周边的生产经营环境进行影响，营造有利于企业的生产经营活动环境的策略。其目标是营造企业内外部良好的经营生态环境，其对象是那些掌握资源的特定人群，通过对目标人群进行宣传、沟通和协调，争取目标人群对自身的认可和支持。公共关系策略主要有以下几种。

1. 利用大众传媒

利用大众传媒进行宣传，具有客观性或真实感，利用大众传媒带来的社会经济效益往往高于单纯使用商业广告的经济效益。创业者要学会与传媒建立和保持良好的合作关系，善于将新创企业的生产经营活动和社会活动发展成新闻，通过大众传媒起到比广告更为有效的宣传效果。

2. 参与社会活动

新创企业通过参与各种社会活动，一方面可以充分表现企业对社会的爱心，展示企业良好的形象；另一方面可以广交朋友，拉近人际关系，从而以企业对社会的关心换来社会对企业的关心。

3. 组织宣传展示

创业者可以通过编印宣传性的文字、图像材料，拍摄宣传片及组织展览等方式开展公共关系活动。通过一系列的宣传，让社会各界认识企业、了解企业，从而达到树立企业形象的目的。企业宣传展示的内容既可以是企业优秀人物、企业取得的优异成绩，又可以是企业的技术实力、名牌产品等。

4. 塑造企业形象

新创企业应结合实际情况，有计划、有步骤、有重点地建设企业文化，提高企业员工素质，活跃企业文化氛围，美化企业环境，在深层次有效地进行公关活动。

### (三) 人员促销策略

人员促销策略是指企业派出推销人员直接与顾客接触、洽谈、宣传商品,以达到促进销售的目的的策略。

人员促销的最大特点是具有直接性,推销人员无论是采取面对面地与顾客交流的形式,还是采取通过电话访问顾客的形式,都在通过自己的声音、形象、动作或拥有的样品、宣传图片等直接向顾客展示、说明,与顾客直接发生相互交流。

人员促销具有作业弹性大、针对性强,能及时促成购买、巩固关系的优点。其缺点是当市场广阔而又人员分散时,推销成本较高,推销人员的管理也比较困难。

### (四) 营业推广策略

营业推广是指为刺激需求而采取的、能够迅速激励购买行为的促销方式,多被用于一定时期内、有一定任务的短期特别推销。一般来说,广告、公共关系、人员促销等都具有持续性和常规性,而营业推广则常常是上述方式的辅助手段,被用于特定时期、特定商品的销售。

#### 1. 营业推广的类型

一是针对消费者的推广。对消费者施加强烈刺激,使其迅速采取购买行为。

二是针对中间商的推广。刺激中间商,促使中间商迅速采取购买行为。

三是针对推销人员的推广。针对本企业推销人员展开推广,目的是鼓励推销人员积极开展促销活动,带来更大的销售量。

#### 2. 营业推广的方法

营业推广的方法有以下几种。

(1) 免费赠送。免费赠送是使消费者免费获得企业赠送的物品或利益的推广方法。这一类方法对消费者的刺激和吸引力最大。免费赠送的内容主要包括样品、附赠品、赠品印花。

(2) 折扣优惠。折扣优惠是企业对消费者折扣让利的促销方法。通过折扣优惠,消费者可以在购买过程中以较少的价格获得更多的产品和利益。折扣优惠的方式主要包括折价券、折扣、自助获赠、还款优惠、合作广告。

(3) 促销竞赛。促销竞赛是利用人们的竞争心理,通过组织相关的竞赛活动达成促销目的的促销方式。促销竞赛包括顾客竞赛、经销商竞赛、销售人员竞赛。

(4) 组合推广。组合推广是通过综合性的手段进行商品促销的方式。组合推广包括示范推介、财务激励、联合促销、连锁促销、会员制促销。

## 五、新媒体营销

随着科学技术的不断发展,互联网与信息技术的应用渗透到各行各业,深刻改变了人们的生活习惯,使社会文化环境发生了巨大的变化。新媒体的出现对企业营销活动产生了明显的冲击。从字面上理解,可以把新媒体营销拆分成"新媒体"和"营销",新媒体营销即在新媒体上做营销。

新媒体是一种新的媒介形式。区别于报刊、广播、电视等媒体形式,新媒体的媒介形式包括手机、计算机、平板电脑、交互式网络电视,以及虚拟现实(VR)、增强现实(AR)等。新媒体营销即借助这些新型的媒介形式,在各平台上开展营销活动。随着科技的进步,以及互联网内容及服务的创新,在新媒体平台上开展营销活动时,越来越看重营销活动对新技术的使用。未来,新媒体营销的方向是在技术和策划之间寻找平衡点。当前,较为热门的新媒体平台包括微信、微博、抖音、淘宝、B站、今日头条、小红书等,其特点为用户基数大,信息即时性强,内容形式丰富,互动性强等。

### 1. 微信营销

微信营销是网络经济时代企业或个人营销模式的一种,是伴随着微信的火热而兴起的一种网络营销方式。微信营销包括公众号营销、朋友圈营销、小程序营销、视频号营销等方式。

微信营销的特点是:① 用户量大且黏性强,目前个人微信注册用户已超过7亿人;② 朋友圈已成为熟人社交平台;③ 微信公众号一对多,微信逐渐成为企业宣传的重要平台;④ 广告系统成熟,微信的广告业务由腾讯社交广告负责。

### 2. 微博营销

微博营销是指以微博作为营销平台,将粉丝当作潜在营销对象,通过更新自己的微博传播企业信息、产品信息,树立良好的企业形象和产品形象,并与大家交流互动,或者发布大家感兴趣的话题,以达到营销目的的营销方式。

微博作为一种新型的社会化媒体营销平台,吸引了众多企业利用其开展营销活动。在微博生态运营下,粉丝是商品最忠诚可靠的消费者,因此,微博营销本质上就是一种粉丝经济。粉丝经济要体现用户思维,用户是产品的消费者,也可以是产品的策划者,要抓住用户情愫,击中用户"痛点",满足用户需求,提高客户忠诚度,形成口碑效应。

微博营销的特点是:① 平台开放,在不关注账号的情况下也可以搜到信息,且可以转发、评论、点赞等;② 内容形式多样,包括文字、表情、图片、视频、话题、头条文章、点评等;③ 推广资源丰富,平台上还有第三方的传媒公司,策划和推广能力都很强;④ 明星粉丝占微博月活跃用户的一半以上,企业可以借助明星的微博账号进行品牌宣传和推广。

### 3. 抖音短视频营销

抖音是今日头条推出的一款垂直精准定位的去工具化、去中心化的音乐创意移动短视频社交平台软件,它是一个短视频社区,具备让用户自由选择歌曲并拍摄短视频的功能。在这个平台上,用户可以随性创作。抖音短视频营销是指企业和个人借助抖音这一平台,通过短视频账号的运营实现电商变现、品牌曝光、口碑传播和价值宣导的过程。目前,抖音是大多数企业开展新媒体营销的必争之地。

抖音短视频营销的特点是:① 营销成本低,可以低成本、快速实现品牌打造;② 抖音用户的互动使得营销目标较为精准;③ 抖音的日活跃用户和月活跃用户体量非常大,传播速度快,传播范围广。

### 4. 淘宝直播营销

根据性质的不同,国内的直播平台大体可以划分为以淘宝为代表的传统电商平台、以抖音为代表的娱乐内容平台和以蘑菇街为代表的导购社区平台等。2019年1月,淘宝直播客户端正式上线,为用户提供更沉浸式的直播购物体验。淘宝直播可分为淘宝达人直播、淘宝店铺直播、淘宝全球买手直播和天猫直播四种类型。

### 5. B站营销

B站全名哔哩哔哩,是年轻人高度聚集的文化社区和视频平台。B站早期是一个动画、漫画、游戏内容创作与分享的视频网站,经过十年多的发展,围绕用户、创作者和内容,构建了一个源源不断地产生优质内容的生态系统,已经覆盖兴趣圈层的多元文化社区一万多个,是年轻人高度聚集的文化社区和视频平台。如今,B站已成为品牌营销的新阵地,深受资本市场青睐。

#### 6. 今日头条营销

今日头条是一个非常重要的新媒体营销平台,其总用户已超过10亿人,覆盖了中国最主流的消费群体。今日头条目前拥有推荐引擎、搜索引擎、关注订阅和内容运营等多种分发方式,囊括了图文、视频、问答、微头条、专栏、小说、直播、音频和小程序等多种内容载体。今日头条的特点是根据用户的阅读习惯,有针对性地向用户推荐用户喜欢的内容,属于资讯类平台。创业者可开通头条号及微头条进行新媒体营销推广。

#### 7. 小红书营销

小红书是一个生活方式平台和消费决策入口,月活跃用户数已经过亿人。在小红书社区,用户通过对文字、图片、视频、笔记的分享记录年轻人的生活。小红书通过机器学习对海量信息和人进行精准、高效匹配。

小红书营销方式有:① 明星推荐,带动流量,打造全网爆品;② KOL(关键意见领袖)扩散,利用KOL属性,增加品牌曝光量;③ 红人种草,引导消费,引发用户快速下单;④ 网红霸屏,以笔记"围攻",强化受众品牌印象。

## 思考与练习

1. 市场定位策略和目标市场选择策略分别有哪些?
2. 影响价格的因素和定价方法分别有哪些?
3. 企业促销策略有哪些?
4. 营销方案测算练习。
 (1) 实训目标:制订学校创业园玩具店的营销方案。
 (2) 实训主题:制订营销方案,积极创业实践。
 (3) 实训要求:① 同学们通过自由组合分成小组,每组3~5人;② 各小组分组讨论,并制订校园玩具店营销方案;③ 每个小组选出一名代表,向同学们介绍营销方案,每组时长不超过6分钟。

# 项目七

## 参加创新创业大赛

**学习目标**

（1）了解创新创业大赛的种类和要求。

（2）熟练掌握创业计划书撰写和路演技巧，能够选择适合的赛事项目并掌握参赛流程。

（3）提升独立思考、团结协作和精益求精等创新创业必备素养。

# 参加创新创业大赛

## 了解赛事与选择参赛项目

- 了解创新创业大赛的类型
  - 创业计划类
  - 发明创造类
  - 创业实践类
- 了解主要赛事
  - 中国国际"互联网+"大学生创新创业大赛
    - 赛事简介
    - 比赛考查要点
    - 参赛项目要求
    - 赛程安排
    - 报名流程
    - 奖项设置
  - "挑战杯"中国大学生创业计划竞赛
    - 赛事简介
    - 比赛考查要点
    - 参赛项目要求
    - 赛程安排
    - 参赛形式
    - 奖项设置
  - "创青春"中国青年创新创业大赛
    - 赛事简介
    - 参赛人员
    - 参赛项目要求
    - 组别设置
    - 项目申报
    - 奖项设置
  - 中华职业教育创新创业大赛
    - 赛事简介
    - 参赛项目要求
    - 参赛对象
    - 赛程安排
    - 报名流程
    - 奖项设置
- 选择适合的赛事及项目
  - 要有勇于挑战、积极参与的心态
  - 正确认识自己,扬长避短选择赛事
  - 学会分析资讯并进行选择
- 思考与练习

## 组建参赛团队

- 了解参赛团队的组建原则
  - 共同目标原则
  - 优势互补原则
  - 持续优化原则
  - 稳定与灵活相结合原则
- 选择参赛团队成员
  - 选择参赛团队成员的原则
    - 重视参赛团队负责人的作用
    - 合理确定参赛团队人数
    - 明确参赛成员的角色定位
  - 合理的参赛团队的成员构成
    - 主导人员
    - 计划书撰写人员
    - PPT制作人员
    - 答辩路演人员
    - 专业技术人员
    - 辅助人员
  - 选择参赛团队成员的方式
    - 直接公开招募
    - 间接推荐遴选
  - 参赛团队的管理
    - 参赛团队负责人需要建立威信
    - 做好参赛分工
    - 安排任务合理
    - 做好心理疏导
    - 明确价值导向
- 邀请参赛指导老师
  - 参赛指导老师的类型
  - 参赛指导老师的作用
  - 联系参赛指导老师的途径
    - 联系专业课老师
    - 向学长学姐或辅导员打听
    - 通过学校官网查询
    - 学校创新创业指导部门推荐
- 思考与练习

## 商业计划书撰写实务

- 设计商业计划书的框架逻辑
- 把握商业计划书的组成部分
  - 执行摘要
  - 主体
  - 附录
- 分工撰写商业计划书
  - 选出撰写负责人
  - 组建撰写小组
  - 图、表、数据处理
  - 建立任务清单
- 打磨商业计划书
  - 给商业计划书穿一件漂亮的"外衣"
  - 巧妙运用图形、图示和图表
  - 注意把握篇幅
- 思考与练习

## 路演实务

- 制作路演PPT
  - 路演PPT的内容
    - 项目背景
    - 项目简介
    - 市场需求及行业现状
    - 核心竞争力
    - 销售策略
    - 财务分析及融资需求
    - 创业团队
    - 教育维度
    - 项目展望
    - 证明材料
  - 路演PPT的形式
    - 逻辑构建
    - 风格选择
    - 字体选用
    - 素材选取
    - 色彩搭配
    - 动画制作
    - 排版
- 路演的流程和技巧
  - 路演的流程
  - 路演的技巧
    - 精心准备演讲稿
    - 提前熟悉路演场所
    - 保持良好的演讲姿态
    - 注意眼神交流
    - 注意变换语调
    - 预设评委提问
- 进行路演训练
  - 邀请团队外人士观摩
  - 听取专家意见
  - 整理问题清单
  - 反复刻苦演练
- 思考与练习

## 任务一　了解赛事与选择参赛项目

### 导入案例

**强国有我，敢闯会创**

2021年7月19至20日，2021年江苏省职业院校创新创业大赛决赛暨第七届"互联网＋"中国国际大学生创新创业大赛国赛选拔赛正式举行。苏州经贸职业技术学院在本届比赛中共获得一等奖3项、二等奖8项，并获得大赛优秀组织奖，获奖项目总数位列江苏省首位。有两个获得一等奖的项目均以所在小组第一的名次参加了四强争夺赛，其中一个项目挺进四强并勇夺冠军，这个项目就是"全锐科技：服装智能裁剪领航者"，充分展现了该校大学生"我敢创、我会创"的奋斗风采。

江苏全省共有189所职业院校、38 411支团队、144 389人次报名参加本届大赛，共有992支来自高职院校的团队进入省级复赛，其中40所高职院校的303支团队对决于现场答辩。该大赛是江苏省参赛面最广、覆盖高校最全、参赛团队最多、参赛水平最高、影响力最大的大学生创新创业盛会，也是规模最大、形式最新、最为生动的思政大课堂，已经成为深化高校创新创业教育改革、促进高校学生全面发展的重要平台。

"全锐科技：服装智能裁剪领航者"在当年10月12至15日在南昌大学举行的第七届中国国际"互联网＋"大学生创新创业大赛总决赛中以小组第一名的成绩荣获金奖。

**案例点评**：苏州经贸职业技术学院积极响应"大众创业、万众创新"号召，以"让在校每位学生能够参加一个创新创业团队，完成一个创新创业实践，取得一个创新创业成果"为创新创业教育的宗旨，鼓励每位学子甄选适合自身的项目。以"全锐科技：服装智能裁剪领航者"为代表的项目在第七届中国国际"互联网＋"大学生创新创业大赛总决赛中摘得桂冠，为广大职业院校学生指明了方向。

### 一、了解创新创业大赛的类型

创新创业大赛是为了响应国务院"大众创业、万众创新"的号召，由国家部委、地方人民政府和社会有关部门组织发起的一系列旨在衡量参赛者创新创业能力、促进创新创业发展、实现更好创业就业的赛事。

创新创业大赛的类型较多，按照主办者区分，有国际权威机构主办的赛事、国家部委及其司局主办的赛事、各省（市、自治区）主办的赛事、辖区市人民政府及其机构主办的赛事、各普通高校和职业院校主办的赛事等；按照大赛内容区分，有综合性赛事、产业行业性赛事、单项专业性赛事等；按照赛事级别区分，有国际级赛事、国家级赛事、省部级赛事、市厅级赛事和校级赛事等。和职业院校师生联系密切、影响力大、比较权威的主要赛事有以下几类。

### （一）创业计划类

职业院校学生存在着年龄偏小、社会经验欠缺、创业资源不足等问题，在校期间实现实体创业普遍存在一定困难。学校创新创业教育的目标是培养具有创新精神、创新意识和创业能力的复合型人才，为学生未来的岗位创新和实体创业赋能。因此，对于有创业意愿、创业想法的学生，学校鼓励其参加创新创业训练项目，完善创新创业计划，并积极参加创业计划类大赛，通过参赛提升自身的创新创业实践能力。创业计划类赛事尤其适合职业院校的学生参加。

目前，面向职业院校学生的创业计划类大赛主要包括"挑战杯"中国大学生创业计划竞赛、中国国际大学生创新大赛职教赛道创意组、中华职业教育创新创业大赛，以及当地政府部门举办的相关比赛。

### （二）发明创造类

除了创业计划类赛事外，发明创造类赛事也是较为符合职业院校学生实际的赛事。对于职业院校而言，应立足于职业岗位，培养实践型创新人才。职业院校学生要树立创新创造的信心，在专业学习和实践中培养发明创造的兴趣，参加发明创造大赛，以赛促学，以赛促训，通过参赛提升工匠技能和培养工匠精神。

目前，职业院校学生可参加的发明创造类竞赛主要包括全国高职院校"发明杯"大学生专利创新大赛、全国青年科普创新实验暨作品大赛、"挑战杯"全国大学生课外学术科技作品竞赛等。

### （三）创业实践类

根据职业院校人才培养目标，职业院校的创新创业教育着重培养实践型创新人才，为学生未来的高质量就业创业赋能。也就是说，职业院校的创新创业教育着眼于学生的未来发展。对于已有创业项目、创业资源，具备创业潜能的学生，学校鼓励并支持其在校期间积极参加创新创业实战，并通过参赛提升自身的创新创业实战能力，检验企业和项目的竞争力。

目前，面向职业院校学生的创业实践类竞赛主要有中国国际大学生创新大赛职教赛道创业组，以及当地政府部门举办的相关比赛。

## 二、了解主要赛事

### （一）中国国际大学生创新大赛

#### 1. 赛事简介

该赛事原名中国"互联网＋"大学生创新创业大赛、中国国际"互联网＋"大学生创新创业大赛，自2015年起每年举办一次，每届大赛均有特定的主题、目的、任务、组织机构、项目要求、参赛对象、比赛制度、赛程安排、评审规则、大赛奖励等，迄今已经成功举办九届。2023年，大赛更名为中国国际大学生创新大赛，参赛队伍不仅有来自国内普通高校和职业院校的，而且有国外高校队伍。

以"我敢闯，我会创"为主题的中国国际大学生创新大赛（2024）大赛由教育部、中央统战部、中央网信办、国家发展改革委、工业和信息化部、人力资源和社会保障部、农业农村

微课15：了解常见的双创大赛1

部、中国科学院、中国工程院、国家知识产权局、国家乡村振兴局、共青团中央和上海市人民政府联合主办,上海交通大学和闵行区人民政府共同承办,包括高教主赛道、"青年红色筑梦之旅"赛道、职教赛道、产业命题赛道和萌芽赛道的比赛。

> **案例 7-1**
>
> ### 习近平总书记给第三届中国"互联网＋"大学生创新创业大赛 "青年红色筑梦之旅"的大学生的回信
>
> 第三届中国"互联网＋"大学生创新创业大赛"青年红色筑梦之旅"的同学们:
>
> 　　来信收悉。得知全国150万大学生参加本届大赛,其中上百支大学生创新创业团队参加了走进延安、服务革命老区的"青年红色筑梦之旅"活动,帮助老区人民脱贫致富奔小康,既取得了积极成效,又受到了思想洗礼,我感到十分高兴。
>
> 　　延安是革命圣地,你们奔赴延安,追寻革命前辈伟大而艰辛的历史足迹,学习延安精神,坚定理想信念,锤炼意志品质,把激昂的青春梦融入伟大的中国梦,体现了当代中国青年奋发有为的精神风貌。
>
> 　　实现全面建成小康社会奋斗目标,实现社会主义现代化,实现中华民族伟大复兴,需要一批又一批德才兼备的有为人才为之奋斗。艰难困苦,玉汝于成。今天,我们比历史上任何时期都更接近实现中华民族伟大复兴的光辉目标。祖国的青年一代有理想、有追求、有担当,实现中华民族伟大复兴就有源源不断的青春力量。希望你们扎根中国大地了解国情民情,在创新创业中增长智慧才干,在艰苦奋斗中锤炼意志品质,在亿万人民为实现中国梦而进行的伟大奋斗中实现人生价值,用青春书写无愧于时代、无愧于历史的华彩篇章。
>
> 习近平<br>2017年8月15日
>
> (资料来源:中华人民共和国中央人民政府网,http://www.gov.cn/xinwen/2017-08/16/content_5217973.htm)

### 2. 比赛考查要点

中国国际大学生创新大赛职教赛道分为创意组和创业组,面向全体职业院校学生。创意组和创业组都是从教育、创新、团队、商业、社会价值五个维度进行评审的,创意组特别关注创新维度,创业组特别关注商业维度,两个组别都着重强调教育维度的相关指标。

值得注意的是,选择创意组参赛并不意味着项目仍处在创意阶段,应具有较为成形的产品原型、服务模式,已通过相关技术检测和客户试用等技术和商业验证环节。

### 3. 参赛项目要求

参赛项目要求紧密结合经济社会各领域现实需求,充分体现高校在新工科、新医科、新农科、新文科建设等方面取得的成果,培育新产品、新服务、新业态、新模式,促进制造业、农业、卫生、能源、环保、战略性新兴产业等产业转型升级,促进人工智能、数字技术与教育、医疗、交通、金融、消费生活、文化传播等深度融合,并弘扬正能量。

**4. 赛程安排**

该赛事时间跨度较大,通常每年的3月开始,当年的11月结束。赛事分为四个阶段,3—5月为报名阶段,6—7月为学校初赛阶段,8—9月为省级复赛阶段,10月或11月为全国决赛和颁奖阶段。

**5. 报名流程**

大赛采用网上报名的方式。参赛选手进入全国大学生创业服务网,先进行注册、登录,然后根据页面提示,根据自己的实际情况选择参赛赛道、组别、类别等,进行报名参赛内容填写,最后确认提交,即可完成报名。

**6. 赛制与奖项设置**

以中国国际大学生创新大赛(2024)为例,其主要采用校级初赛、省级复赛、总决赛三级赛制(不含萌芽赛道以及国际参赛项目)。初赛由各院校负责组织,复赛由各地负责组织,总决赛由各地择优遴选推荐项目。其奖项设置如下。

(1)高教主赛道,含本科生组(创意组、创业组)、研究生组(创意组、创业组)。本赛道设置金奖、银奖、铜奖,中国大陆参赛项目设金奖200个、银奖400个、铜奖1 200个,中国港澳台地区参赛项目设金奖10个、银奖20个、铜奖另定,国际参赛项目设金奖50个、银奖100个、铜奖350个。获得金奖项目的指导教师为"优秀创新创业导师"(限前五名)。

(2)"青年红色筑梦之旅"赛道,含公益组、创意组、创业组。本赛道设置金奖70个、银奖140个、铜奖440个。获得金奖项目的指导教师为"优秀创新创业导师"(限前五名)。

(3)职教赛道,含创意组、创业组。本赛道设置金奖70个、银奖140个、铜奖440个。获得金奖项目的指导教师为"优秀创新创业导师"(限前五名)。

(4)产业命题赛道,含产教协同创新组、区域特色产业组。本赛道设置金奖50个、银奖100个和铜奖300个。

(5)萌芽赛道。本赛道设置创新潜力奖20个。

### (二)"挑战杯"中国大学生创业计划竞赛

**1. 赛事简介**

提起"挑战杯"竞赛,职业院校师生无人不知,可见这项赛事的影响力。这一方面是因为这项赛事起步早,早在1989年就开始举办;另一方面是因为这项赛事是由共青团中央、中国科学技术协会、教育部、中华全国学生联合会主办的大学生课余科技文化活动中的一项具有引导性、示范性和群众性的竞赛活动,涉及面广,权威性强,参与者众多,被誉为中国大学生学术科技的"奥林匹克"。

事实上,"挑战杯"竞赛是由两个并列项目组成的,一项是"挑战杯"中国大学生创业计划竞赛(俗称"小挑"),另一项是"挑战杯"全国大学生课外学术科技作品竞赛(俗称"大挑")。这两个项目交替轮流开展,两个项目分别每两年举办一届。其中,"挑战杯"中国大学生创业计划竞赛根据参赛对象,分普通高校、职业院校两类,设科技创新和未来产业、乡村振兴和产业发展、城市治理和社会服务、生态环保和可持续发展、文化创意和区域合作五个组别。

**2. 比赛考查要点**

"挑战杯"中国大学生创业计划竞赛分为自然科学学术论文、哲学社会科学类社会调查报告和学术论文、科技发明制作三个组别,高职院校在校生均可参加。论文和调查报告类作品主要考查创新性、科学性与先进性、实用性、逻辑论证、文字表述、研究价值等指标,科技发明制作类作品主要考查创新性、科学性与先进性、实用性、逻辑论证、文字表述、经济效益等指标。科技发明制作类作品分为 A、B 两类:A 类指科技含量较高、制作投入较大的作品;B 类指投入较少,能为生产或社会生活带来便利的小发明、小制作等。

**3. 参赛项目要求**

根据参赛对象,参赛项目分普通高校、职业院校两类,具体设科技创新和未来产业、乡村振兴和产业发展、城市治理和社会服务、生态环保和可持续发展、文化创意和区域合作五个组别。这些组别项目的具体要求如下。

(1) 科技创新和未来产业。围绕创新驱动发展战略,推动数字经济健康发展,在智能制造、信息技术、大数据、人工智能、生命科学、新材料、军民融合等领域,结合实践、观察设计项目。

(2) 乡村振兴和产业发展。围绕实施乡村振兴战略,在农林牧渔、电子商务、乡村旅游、城乡融合等领域,结合实践、观察设计项目。

(3) 社会治理和公共服务。围绕国家治理体系和治理能力现代化建设,在政务服务、消费生活、公共卫生与医疗服务、金融与财经法务、教育培训、交通物流、人力资源等领域,结合实践、观察设计项目。

(4) 生态环保和可持续发展。围绕可持续发展战略和碳达峰、碳中和目标,在环境治理、可持续资源开发、生态环保、清洁能源应用等领域,结合实践、观察设计项目。

(5) 文化创意和区域合作。突出共融、共享,紧密围绕"一带一路"和京津冀地区、长三角地区、成渝地区及粤港澳大湾区等经济合作建设,在工业设计、动漫广告、体育竞技和国际文化传播、对外交流培训、对外经贸等领域,结合实践、观察设计项目。

**4. 赛程安排**

每届赛事的赛程安排可能有所不同。以 2022 年举办的第十三届大赛为例,其校赛、省赛时间较上一届提前了两个多月。2022 年 5 月底前由各校组织校级赛事,广泛发动学生参与,遴选参加省级复赛的项目;2022 年 6 月底前由各省级团委举办省级赛事,按照分配名额遴选参加全国决赛的项目,在赛事官方平台完成项目申报;2022 年下半年进行全国决赛。共有 1 500 个项目进入全国决赛。其中,1 000 个名额由省级团委确定,300 个名额面向在赛事组织、学生参与、宣传发动等中表现突出的学校直接分配,200 个名额通过"国赛直通车"评审分配。

**5. 参赛形式**

以学校为单位统一申报,以项目团队形式参赛,每个团队人数原则上不超过 10 人,每个项目的指导教师原则上不超过 3 人。对于跨校组队参赛的项目,各成员须事先协商,明确项目的申报单位,由各省级组织协调委员会最终明确项目的申报单位。全国决赛报名截止后,只可进行人员删减,不可进行人员顺序调整及人员增加。

**6. 奖项设置**

根据《"挑战杯"中国大学生创业计划竞赛章程》的规定,大赛设金奖、银奖、铜奖,分别约占全国决赛获奖项目的 10%、20%、70%。全国组委会可视各省(自治区、直辖市)、各校的参与情况,设置组委会活动单项奖。同时,大赛还设置了学校集体奖、学校优秀组织奖和省级团委优秀组织奖。其中学校集体奖以学校为单位计算参赛得分并排序评选。金奖项目每个计100分,银奖项目每个计70分,铜奖项目每个计30分。每校取获得奖次最高的6个项目计算总积分,如总积分相等,则以获金奖的个数决定同一名次内的排序,以此类推至铜奖。如总积分、获奖情况完全相同,由全国组委会综合考虑,予以最终评定。大赛期间,还会组织参赛项目参与交流展示活动。

### (三)"创青春"中国青年创新创业大赛

#### 1. 赛事简介

"创青春"中国青年创新创业大赛是由共青团中央、教育部、人力资源和社会保障部等联合地方省级人民政府共同举办,其他部委和社会机构共同支持的全国性赛事。2014年举办首届,每年一次,迄今已经举办了九届赛事。该赛发掘科技含量高、前瞻性强、示范带动作用强的项目,是受包括普通高校学生和职业院校学生在内的广大青年喜爱的一项创新创业示范赛事。

"创青春"大赛的目的是搭建创业者展示、成长的平台和投融资对接平台,建立青年创新创业项目库、人才库、导师库,优化青年创业环境,提高青年创业成功率,激发全社会关心青年创业的热情,促进青年创业就业服务体系建设;主题是"创新引领未来、创业改变生活、奋斗成就梦想"。大赛采取二、三产业和涉农产业分赛制,由团中央城市青年工作部和农村青年工作部分别组织开展。

#### 2. 参赛人员

与上述面向普通高校和职业院校学生的赛事不同,该赛事还面向社会青年,凡是年龄在35岁以下(含)的中国公民均可参赛,可以是团队参赛,也可以是个人参赛。由团队申报的参赛项目,团队总人数不多于5人,且团队成员平均年龄不超过30岁(含)。

#### 3. 参赛项目要求

"创青春"中国青年创新创业大赛分为科技创新、乡村振兴、互联网(数字经济)、社会企业四个专项赛。其中科技创新专项赛重点关注"十四五"规划明确鼓励发展的重点方向,特别是人工智能、量子信息、集成电路、生命健康、脑科学、生物育种、空天科技、深地深海等领域具有前瞻性、战略性的项目;乡村振兴专项赛重点关注先进种植养殖技术、农产品加工及销售、农业社会化服务、乡村旅游等领域相关产业,尤其是在巩固拓展脱贫攻坚成果、助力乡村振兴等方面模式成熟的项目;互联网(数字经济)专项赛重点关注移动互联网、互联网设备、共享经济、大数据、人工智能、智慧城市等互联网技术与应用相关产业,以及运用互联网手段改造发展传统产业的项目;社会企业专项赛重点关注教科文卫体、生态环境、扶贫济困、社区发展、慈善金融等领域,能够运用商业化手段规模化、系统化解决社会问题的项目。

#### 4. 组别设置

根据参赛项目所处的创业阶段及企业创办年限(以企业登记注册时间为准),大赛分别设创新组、初创组、成长组;乡村振兴专项赛另设电商组。创新组为未进行企业登记注册,尚处于商业计划书阶段的创业项目;初创组为企业登记注册时间不超过2年(含)的创业项目;成长组为企业登记注册时间在2至5年(含)之间的创业项目;电商组为企业登记注册时间不超过5年(含)的创业项目。

### 5. 项目申报

已进行企业登记注册的参赛项目,须提交营业执照、税务登记证副本、银行开户许可证复印件等相关文件,项目成长过程或生产流程的相关介绍,项目发展构想及阶段性成果等资料。涉及国家限制行业和领域的,须有相关资质证明。第一申报人须为企业法定代表人,且持有该企业股份。

未进行企业登记注册的参赛项目须提交商业计划书,对市场调研、创业构想、项目发展等做详细介绍。可同时提交专利、获奖、技术等级等省级以上行业主管部门出具的证书或证明。第一申报人须为产品开发、项目设计主要负责人,与相关证书或证明一致。

### 6. 奖项设置

各专项赛分别设置金奖、银奖、铜奖及优秀奖。获奖项目将获得全国组织委员会颁发的奖杯和证书,优秀项目可享受各主办单位给予的相关优惠政策。

## (四) 中华职业教育创新创业大赛

### 1. 赛事简介

中华职业教育创新创业大赛是中华职业教育社组织主办的唯一面向全国职业(技工)院校学生的赛事,由中华职业教育社主办,教育部、人力资源和社会保障部指导。其组别主要有三个:中职组、高职组、应用技术型本科组。该赛事是落实"大众创业、万众创新"和职业教育领域创新创业相关政策的具体举措,也是积极推动"岗课赛证融通"、综合育人的重要平台,至今已成功举办六届。

### 2. 参赛项目要求

中华职业教育创新创业大赛参赛类别有农林、畜牧及相关产业类,生物类,医药类,化工技术、环境科学类,电子信息(软件、网站)、电子信息(硬件)、材料类,机械能源类,社会服务、教育类,文化创意类等,覆盖面广,种类多,规模大,为职业院校学生搭建了展示创新创业成果的舞台,引导学生学习创业知识,助力国家创新发展。

### 3. 参赛对象

大赛主要面向职业院校学生,包括中职组、高职组,以及应用技术型本科组。五年制高职学生报名参赛,一至三年级学生进入中职组,四、五年级学生进入高职组;应用技术型本科、职业技术大学的学生进入高职组。选手以团队形式参赛,每个参赛团队由3~5名成员组成,并配备1~2名指导老师。此外,该赛事强调交流性,邀请港澳台的职业院校学生参赛,共建友好职业教育生态圈。

### 4. 赛程安排

每年8月至9月,各省(区、市)中华职业教育社组织完成省级比赛,遴选出各省代表队,参与之后的国家级比赛;10月初完成国赛网上申报;11月进行全国总决赛。

### 5. 报名流程

9月30日之前,由各省(区、市)职教社组织本省(区、市)的参赛队伍在规定时间登录大赛官网,完成网络申报。各组别报满4个项目的,该组第一名自动晋级决赛,其余项目均进行网络评审;未报满4个项目的,该组项目全部进行网络评审,依据网络评审成绩进行排名确定晋级决赛的相关项目。

#### 6. 奖项设置

大赛设一、二、三等奖,由主办单位颁发证书和奖金,另设优秀奖、指导教师奖、组织奖和突出贡献奖,由主办单位为获奖单位和个人颁发证书。其中,大赛中职组、高职组、应用型本科组各设第一名8个、第二名12个和第三名20个。

校赛和市赛的赛事安排及参赛要求基本上都是参照省赛和国赛的要求进行的,在时间上往往比上一级赛事有一定的提前量,以便对胜出选手进行有针对性的集训。

### 三、选择适合的赛事及项目

如果想要参加省级或者国家级创新创业大赛,需要先参加学校举办的创业大赛,在校赛中表现突出的团队和创业项目可被推荐参加省赛,省赛中成绩优异的创业团队和创业项目可以被推荐参加全国创新创业大赛。参加创新创业大赛,应注意以下几点。

微课16:了解常见的双创大赛2

#### (一)要有勇于挑战、积极参与的心态

参加创新创业大赛本身不是目的,通过参赛启迪创新思维、培养创造能力、学会创业方法才是我们追求的目标。我们就应该抱着勇于接受挑战、重在积极参与的心态去选择赛事项目、参与比赛训练。在此过程中,一方面将自己所学到的理论知识、技术技能运用到赛事项目中去,学会和团队成员协同分工、合作共事,培养自己的耐力、毅力;另一方面挖掘自己在创新创业方面的潜能,为毕业后的出路多备一个选项。客观而言,并不是所有人都适合创业,自己是否具备创业潜能、多大程度上能够创业成功、能否承受创业失败等问题的答案,只有通过实践才有可能得出,而积极参加各级各类创新创业赛事就是一个很好的实践良机。创业者需要的乐观向上、善于思考、勇于进取、敢于冒险、不怕挫折等个性特征并不是天生的,而是基于原有基础、源于日积月累、成于实践锻炼的,参加各级各类创新创业大赛正是一个难得的契机。

#### (二)正确认识自己,扬长避短选择赛事

正确认识自己是得到发展、取得成绩的基础。要做到准确认识自己,方法不外乎两种:一种方法是向内反思,第二种方法是向外交流。同时,对于职业院校的学生而言,我们既有自己的长处,又存在某些不足。俗话说"金无足赤,人无完人",在赛事选择中,我们要尽可能地扬长避短,选择自己擅长的专业领域,选择自己感兴趣的项目,选择自己有基础、有潜力的项目,充分利用赛事锻炼自己、提升自己。

> **案例 7－2**
>
> ### 成功的职校创业人
>
> 全锐科技的创始人卜飞全曾就读于苏州经贸职业技术学院的服装设计专业。毕业后,他在一家服装制造软件设备公司工作,在实习与工作过程中,激发了对服装行业的浓厚兴趣,也对如何优化服装设计与制作流程产生了思考,产生了自主研发服装智能设备的想法。其项目在2021年江苏省职业院校创新创业大赛中获得一等奖,在第八届中国国际"互联网＋"大学生创新创业大赛斩获金奖,得到了专家的高度评价。

"95后"苗伟男毕业于江苏农牧科技职业学院。在读期间,他跟随老师前往几个省市进行实地调研,后又在网上进行资料搜索,最后才确定走上鹦鹉养殖的道路。毕业后的苗伟男开展鹦鹉养殖事业,紧守"农心",将专业知识、实践经历同市场实际相结合,其项目荣获2022年江苏省职业院校创新创业大赛一等奖。

### (三)学会分析资讯并进行选择

这是一个信息爆炸的时代,也是一个充满机遇的时代,我们应该学会分析各种资讯并谨慎选择,一旦选择了,就要努力坚持。

一般,我们会选择收集自己所感兴趣的内容,无须思考这些信息当下是否有用。创意就源自把生活中的点滴进行整理与归纳,要从广博浩瀚的信息海洋中收集有利于你思考的信息。所谓创意,只是把原有的元素重新组合而已。因此,我们需要学会摘选信息,并对其进行再次排列组合。选择与分析是创业者的一堂必修课,选对战场是开始创业的第一步。因此,为了开启创业之旅,我们需要学会在浩如烟海的大数据中收集、分析资讯,并做出正确的选择。

### 拓展阅读

#### "慧眼——刀具全生命周期管理专家"
——第七届中国国际"互联网+"大学生创新创业大赛职教赛道金奖项目

第七届中国国际"互联网+"大学生创新创业大赛中,江苏省唯一"三连金"双高院校常州信息职业技术学院的"慧眼——刀具全生命周期管理专家"项目摘得金奖。

"慧眼"项目团队针对目前市场中对数控车削、铣削、磨削等机械加工过程中刀具磨损的情况,经过全国调研、统计,发现目前全国的精加工制造业企业共有45万家,其中90%以上的刀具加工过程缺乏监控和预测,且现有市场存在一定缺点。因此,该团队结合精密加工行业的典型特征,历时三年自主研发数据采集设备,实时采集机床主轴电流信号,利用边缘计算和深度学习等技术,实现了将用户加工效率提高25%,精准达成了对刀具磨损程度的精确识别、刀具寿命的智能预测及精准换刀的项目预期,目前累计合作销售额已突破400万元。

### 思考与练习

1. 简述国内主要的创新创业大赛赛事种类及其特点。
2. 在本任务介绍的四项主要赛事中选择一项并进行分析,具体包括为什么选择这项赛事,这项赛事的要求有哪些,自己目前具备的条件是什么,参赛前尚需进行哪些方面知识和能力的学习训练。

3. 完成自己选择的赛事项目的报名,要求进行实际操作,并写出详细报名流程和注意事项。

(1) 了解中国国际"互联网+"大学生创新创业大赛、"挑战杯"全国大学生课外学术科技作品竞赛、"挑战杯"中国大学生创业计划竞赛等主要赛事的特点。按照赛事要求、团队兴趣或者擅长的方向,选择一项主要赛事。

(2) 查询赛事报名的方式。如果是网络报名,准备好相关的个人信息,按照网站上的流程进行报名。如果是现场报名,准备好相关的资料,按照赛事组织者的要求进行现场报名。

(3) 完成报名后,写出该大赛报名的详细流程和注意事项,与同学们分享。

## 任务二　组建参赛团队

### 导入案例

#### "蜘蛛一号"小型智能焊接机器
——第七届中国国际"互联网+"大学生创新创业大赛金奖项目

常州工程职业技术学院物联网专业的"99后"黄志宇心怀科技报国梦,坚持"退伍不褪色"的理想信念,自2019年从部队服役归来后就投身于智能机器人的学习与研发。通过调研,他发现企业的智能机器人需求大,尤其是金属焊接工序方面的需求缺口极大。因此,他组建了"智能焊接机器人"研发团队,每一个环节都亲力亲为、全力以赴,获得了2项软件著作权,申报发明专利1项。黄志宇所负责的项目在第七届中国国际"互联网+"大学生创新创业大赛总决赛中获得金奖。作为退役军人创业者,黄志宇还被武进区人社局与退役军人事务局推选为"武进区大学生创业标兵"。

项目组召集了分别来自物联网技术、电气自动化技术、焊接制造等专业的8名学生队员。其中,团队成员任梁阁来自电气自动化专业,主要负责产品开发,曾获全国"iCan杯"一等奖、全国"发明杯"一等奖、江苏省机器人大赛一等奖,他提出可以将"蜘蛛一号"轻量化;郭晨文就读于营销专业,具有家族企业的运营经验;团队成员王闯、朱鑫涛则来自军营,在研发过程中秉持军人的优良传统,边学边干、边干边学,为克服项目难题"蹲守"实验室。此外,项目团队还得到了全国技术能手张忠和全国劳动模范吴淑贞的技术指导。

2021年,团队在江苏常州人工智能科创港注册成立柳成荫(常州)智能科技有限公司,全面开展生产与研发工作,将产品正式投入市场,目前已获得政府资助10万元,研发产品被应用至20余家金属加工企业,销售总额达300余万元,累计纳税30余万元,累计带动20余人就业。

**案例点评**:这是一个典型的职业院校学生创业团队。从整体上来看,"蜘蛛一号"小型智能焊接机器团队成员在身份、专业、经历上各不相同,但他们有着共同的目标和追求,各自利用自身的优势与特点,发挥团队集体优势,通过不懈努力,最终取得了成功。

## 一、了解参赛团队的组建原则

参赛团队组建是参加创新创业大赛的首要任务,组建一个分工明确、具有鲜明特点的团队,对于参赛并取得良好成绩具有非常重要的作用。组建创新创业参赛团队,可参考以下几个原则。

### (一) 共同目标原则

俗话说:"道不同,不相为谋。"这里的"道"实际上指的就是目标。共同的目标是团队拥有战斗力的核心。有了共同的目标,大家才知道自己为什么干,如何干才能实现目标。只有目标一致,大家才容易凝聚力量、增进团结,形成同呼吸、共命运的共同体,才能心往一处想,劲往一处使;才能形成团结协作的战斗集体,同心同德,攻坚克难,取得事业上的成功。只有选择具有共同目标、坚持相同理念的成员,才能把创业团队变成具有相同基础、具有一定凝聚力的参赛团队。学生创新创业参赛团队是一个有梦想、有活力的团体,可以在参赛过程中不断体验奋斗的快乐,但也会面临巨大的压力与挑战,只有大家信念坚定、目标一致,才能有较强的抵御能力。与此同时,目标必须是合理的、切实可行的,这样才能真正达到激励的目的。

### (二) 优势互补原则

优秀的创业团队成员应各有各的长处,大家结合在一起,相互补充,相得益彰。参赛团队成员在技能、知识及经验等方面实现互补后,才能产生较好的协同效应。也就是说,在参赛团队组建的时候,不仅要考虑各成员之间的内部关系,而且要考虑技术、能力和专业方面的互补。与此同时,从创新创业资源的视角看,不用背景的成员加入参赛团队,也就自然引入了不同的人际网络,能最大限度地提升参赛效果。

### (三) 持续优化原则

创新创业参赛团队的成员一成不变的。要参加校赛,首先需要在二级学院的初赛中脱颖而出。参加二级学院的初赛,一般是邀请在本班级同学或者本学院同学一起组建参赛团队。如果在学校决赛中取得优异成绩,则可以被学校推荐参加市级或省级创新创业大赛,这时,学校创业部门和指导老师通常会从取得好成绩的目标出发,对创业团队人员进行部分调整。所以,参赛团队往往会随着比赛的升级及参赛的需要变化不断优化和调整。

### (四) 稳定与灵活相结合原则

稳定是参赛团队备赛和不断积累的前提;灵活是应对参赛需要而做出调整,以提升适应性的选择。参赛团队要经历动静结合的过程,一方面制订大家一致认同的参赛分工和工作计划,使得各项参赛工作按期完成;另一方面通过按需组建和磨合的方式,实现团队的渐进成熟和日益完善,最终形成一个具有很强战斗力的团队,去克服参赛过程中的各种困难并取得佳绩。

## 二、选择参赛团队成员

只有在正确理念下选择团队成员,才能组建一支优秀的创业团队。优秀的参赛团队往往具有以下特征:拥有杰出的团队领袖、拥有共同使命的团队伙伴、目标明确且分工负责的团队结构、和谐互助的团队氛围、积极持续的参赛激情。

**(一) 选择参赛团队成员的原则**

团队成员必须根据参赛项目需求合理配备。在参赛团队组建中，要重点关注以下几点。

**1. 重视参赛团队负责人的作用**

参赛团队负责人即参赛团队的核心领导者，其提供创业的想法，依据创业设想组建创业团队，其他成员则扮演支持者角色。参赛团队负责人是团队的代言人，其作用至关重要，负责制订团队参赛计划，进行团队分工，对计划书和PPT进行梳理和把关，定期召集团队成员进行研讨和路演训练，与指导老师等进行沟通。可以说，参赛团队负责人是整个参赛团队的灵魂。

**2. 合理确定参赛团队人数**

参赛团队的人数没有统一标准，也并不是越多越好。一个基本的准则是按照不同比赛的项目要求及参赛工作需要来确定参赛成员人数。根据近年来举办的大赛情况来看，大多数比赛要求以团队为单位报名参赛，对于参赛项目团队的人数也有限制。每个团队的参赛成员一般不少于3人，不多于15人（含团队负责人）。不管什么类型的创业团队，在组队参赛过程中，都要抓住该项比赛的特点和具体要求，根据参赛工作的具体需要，在指导老师指导下，结合项目顾问的意见和建议选择团队成员，并科学、合理地确定团队成员数量。

**3. 明确参赛成员的角色定位**

参加现场总决赛的成员一般不超过3人（含团队负责人）。这3人在比赛中的角色定位是汇报人和答辩人。汇报人一般为公司创建人或合伙人、负责市场的人员等，负责比赛的路演汇报；答辩人一般是项目技术人员，具备与该项目相关的专业背景。现场参赛人员都可参与答辩，一般在上场前会进行答辩分工。各项赛事的比赛要求可能会有调整和变化，参赛人员要及时根据当年的大赛要求调整人员的角色分工。

**(二) 合理的参赛团队的成员构成**

参赛团队成员的最佳配置一般包括以下几类人员。

**1. 主导人员**

主导人员也就是参赛团队负责人，是团队的主心骨、领导者，是最重要的角色。其所涉及的工作包括：依据项目主想法或其他成员想法，引导团队成员进行讨论和头脑风暴；分配各项任务，监督团队成员完成各自的工作；当团队成员存在异议或分歧时，缓和矛盾，保证团队状态良好。

**2. 计划书撰写人员**

参赛团队里一定要有一名文笔比较好的成员，由他负责计划书的撰写，这样撰写出的计划书前后思路一致，文笔和风格也一致。当然，也可以分工撰写计划书，这就需要一位统稿人，把不同成员撰写的内容有机地统一起来，确保风格一致。

**3. PPT制作人员**

创业大赛需要进行现场汇报和答辩，这时就需要用到PPT。参赛团队里最好有一名擅长 PPT 制作的人员。一般参加全国性的创业大赛时，学校创业管理部门会请专业的公司制作 PPT，但参加校赛、市赛和省赛也都需要 PPT。PPT 美观、合理与否也会影响团队的得分。

#### 4. 答辩路演人员

现场答辩路演对于参赛来说是重中之重。参赛答辩路演通常都是借助 PPT，将项目通过演讲的方式展示给评委，这就需要形象、气质好，口齿清晰，普通话标准，逻辑思维能力强，头脑灵活，具有一定的语言组织能力等的人来担任答辩路演人员。

#### 5. 专业技术人员

有些参赛项目与专业的相关性非常强，在组建创业团队时一定要有相关专业成员参加。每个参赛项目都需要进行财务分析，因此参赛团队成员中最好有会计、财务管理类专业的成员。

#### 6. 辅助人员

在参赛筹备过程中，经常需要用到一些专业性软件，进行视频和音频的制作、剪辑，绘制图表等，此外，还需要团队中有具备一定的营销、法律等知识的成员。团队中辅助人员的作用也不可忽视。

### （三）选择参赛团队成员的方式

选择参赛团队成员可采用以下两种方式。

#### 1. 直接公开招募

可以由参赛的发起人明确所招募成员的角色及标准，在不同院系、不同专业的范围内招募成员。近年来的比赛还允许跨校组建团队，也就是说还可以在不同学校的范围内选择成员。

#### 2. 间接推荐遴选

可以通过各院系老师、辅导员或熟悉的同学推荐遴选适合的成员。

不管是直接公开招募还是间接推荐遴选，都要注意从知识、经历、经验、关系、能力和资质等多方面对其进行全面评估。

### （四）参赛团队的管理

有些参赛团队在参赛的过程中出现弃赛、半途而废的情况，其根本原因是没有管理好参赛团队。管理好参赛团队，需要注意以下几个方面。

#### 1. 参赛团队负责人需要建立威信

一个合格的团队领导者一定要确保自己对整个团队的控制力，如果成员对负责人的指挥置若罔闻，这个团队距离失败也就不远了。团队领导者一定要保证团队整体的执行力，必要时可以换掉不能按时完成任务的成员。

#### 2. 做好参赛分工

团队中的每个人都要有自己的具体任务，根据不同的分工，按照参赛的时间要求，各自完成自己的任务。

#### 3. 安排任务合理

团队领导者在安排任务时要充分考虑各方面因素，比如每个人的心理是否平衡、每个人的任务量是否平均。

#### 4. 做好心理疏导

当团队成员出现负面情绪时,团队领导者一定要及时找相关人员沟通,将负面因素带来的影响降到最低。

#### 5. 明确价值导向

参赛是一件对大家都有帮助的事情。所有参赛队员都必须明确,参赛最主要的收获是提高自己的能力,锻炼自己的意志力,使个人不断获得成长和进步。

### 三、邀请参赛指导老师

根据近几年创新创业大赛国赛的比赛规则,大赛不要求创业团队一定有指导老师,但参赛指导老师能够为参赛者提供很有必要的创业指导和帮助,通过提供专业知识和技能培训、市场调研和咨询服务、创业经验分享和资源对接等方式,让参赛团队对市场定位、财务预算、行业背景等方面有更加清晰、深刻的了解,帮助参赛者梳理思路、调整方向、提升能力、解决问题、积累经验,为创业成功奠定基础。一位合适的参赛指导老师可以使参赛项目实现质的改变,帮助参赛者充分了解创业的相关知识和信息,为其提供重要支持,使参赛事半功倍。

#### (一)参赛指导老师的类型

可邀请的参赛指导老师分为两大类。

第一种是校内指导老师,多为具有高级职称或者高学历的、具有丰富经验的管理岗位老师,具有指导创业比赛的经验,对参赛项目所在领域有所研究,可以为参赛项目在学术领域保驾护航,为参赛团队提出专业性的指导意见。

第二种是企业指导老师,一般为企业管理者或者创业成功者,有着丰富的创业实践和企业管理经验,能够帮助参赛者了解创业的相关知识,并给予创业建议和指导。实践性较强的项目在团队组成时常邀请企业指导老师参与,帮助参赛者比较准确了解创业的市场趋势、法律法规和融资渠道等方面的信息,并给予创业建议和帮助,为项目的落地提出建设性意见,同时也能为项目带来部分社会力量的支持。

#### (二)参赛指导老师的作用

选择有较好资质和较多经验的参赛指导老师,能够获得更多、更有效的指导和帮助,具体来说,有以下几个方面。

(1)协助参赛者了解创业比赛、跟进比赛进程,有效对接学校参赛指导部门,及时把握比赛动态。

(2)全过程协助完成创业计划的制订和修改,有效训练路演,提升参赛项目质量;注重以赛促学,综合培养学生的创新能力、学习能力和团队协作能力,提升学生的综合素养,增强学生的社会适应性。

(3)为参赛者提供专业知识和技能培训,协助解决项目初期存在的定位困难、市场难预测的情况,帮助明确市场,挖掘更大的市场价值和空间,帮助参赛者提升创业能力。

(4)为参赛者提供市场调研、资源整合、法律咨询等,帮助参赛者了解市场趋势、法律法规和融资渠道等信息。

（5）为参赛者提供企业经营管理经验咨询和案例分享，帮助参赛者积累创业经验。

（6）为参赛者提供创业资源对接、人脉建设等帮助，吸引投资人的注意，协助参赛者寻找合作伙伴和资金来源。

一般来说，参赛指导老师不超过3位，可以是有不同研究专长的老师，有效形成分工协作。可以邀请一位精通参赛项目所涉及的技术的老师，这样就潜在地保证了技术的先进性；还可以邀请1～2位企业管理、会计类相关的导师，因为他们平时跟企业人员交流、接触较多，他们的指导和打磨可以让项目更加贴合实际，发生质的改变。邀请多位参赛指导老师时，应注意他们之间的优势互补和与项目的契合度。

(三) 联系参赛指导老师的途径

可以通过以下几种途径联系和邀请参赛指导老师。

1. 联系专业课老师

根据自己对专业课老师的了解情况进行选择，和老师诚恳地交流参赛的想法和具体参赛项目的情况，以获得老师的信任和支持。

2. 向学长学姐或辅导员打听

向往年参赛的学长学姐或辅导员打听，了解哪些老师具有相关赛事的指导经验，且有意愿指导学生参赛，从中选择适合自己参赛项目的老师，尝试联系他们，说明参赛想法，争取邀请其作为指导老师。

3. 通过学校官网查询

学校官网上一般都会有往年各类赛事的获奖团队及其指导老师的相关报道，参赛者可进行查询，并结合自身参赛项目实际选择适合的老师，通过邮件或电话沟通交流，或者通过辅导员、其他老师协助联系后面对面交流，从而找到满意的指导老师。

4. 学校创新创业指导部门推荐

可以直接到学校负责创新创业指导工作的部门说明参赛想法，请他们帮忙推进并协助联系指导老师，用该种方式寻找指导老师，往往会起到事半功倍的效果。

校外指导老师大都在确定校内指导老师后由其联系。实际上，学校负责创新创业工作的相关部门更多地承担了指导老师的推进和联系工作，他们有丰富的校外创新创业导师资源，可以迅速为参赛项目匹配到合适的校外指导老师。

### 拓展阅读

#### "哈尼炸鸡"创始人的故事

党的二十大报告提出，要增进民生福祉，提高人民生活品质。就业是最基本的民生，是增进民生福祉、提高人民生活品质的基础。在江苏省盐城市滨海县有一个年轻人，大学毕业后创立餐饮品牌，不仅解决了自己的就业问题，而且累计带动了2 000多人就业。他就是"哈尼炸鸡"的创始人陈浩。

2014年，大学毕业的陈浩没有去应聘任何工作，而是举债15万元，选择在餐饮行业自主创业。创业初期,为节约成本,陈浩起早贪黑,事无巨细,亲力亲为。

陈浩回忆:"那时候,凌晨两点清洗餐具,凌晨三点到批发市场买食材,都是我一个人做,坚持了两年多。"

滨海小而美餐饮管理有限公司门店工作人员袁静说:"我记得有一次,他几天没睡觉,点单的时候晕倒了,抢救了十几分钟后才醒过来,我们都吓死了。幸好最后没事。"

2016年,门店生意火爆,陈浩的辛勤与努力都有了意义。8家直营店的成功经营经验,让他萌生了发展连锁餐饮的念头。

2017年,陈浩组建团队成立了滨海小而美餐饮管理有限公司,研发优质餐饮项目,创立了"哈尼炸鸡"餐饮连锁品牌。

"哈尼炸鸡"创立后,陈浩继续带领团队砥砺创新,严抓品控,打造核心资源优势,注册商标26类,申请版权保护3项,申请专利2项。

陈浩说:"作为一名创业者,我非常了解,创业从0到1需要巨大的勇气,也需要承担风险。所以我们设计了一系列帮助加盟商创新创业的活动和项目。"

即便取得成功,陈浩也不骄矜、咨肯,始终热心为慕名而来的年轻人提供支持,还聘请创业导师,免费开办讲座,带动更多人加入创业浪潮。春日种粟,秋风得谷。经过团队的共同努力,"哈尼炸鸡"的发展有目共睹,目前已开设连锁店420多家,带动近2 000人就业,其中包括小镇青年、贫困大学生、务工人员和返乡农民工。

陈浩表示:"既要用人,也要留人。我们推行门店合伙人制度、股权激励制度,同时,还有针对贫困大学生的20个实习店长职位。"

时至今日,陈浩和"哈尼炸鸡"的探索依然在路上。塑造"供应链+门店运营+营销推广"三核驱动优势、打造"1+N"小而美餐饮品牌孵化商业模式,已成功孵化多个品牌。谈到未来,陈浩依旧踌躇满志。他说:"我要牢记青春使命,发挥创新思维,带领更多的年轻人书写青年创业新篇章。"

(资料来源:自强不息苦奋斗　创新创业铸新章,盐城网,https://www.0515yc.cn/newsyc/folder59/2022-11-11/617793.html)

### 思考与练习

1. 创新创业参赛团队的组建原则和方法主要有哪些?

2. 应如何寻求参赛指导老师的帮助?

3. 选择一个创业项目,按照参赛团队组建的原则和方法,详细写出团队组建的具体步骤及成员分工。

(1) 选择一个创业项目,研究并了解该项目的社会需求、技术和商业要求。

（2）根据项目需求和要求，明确团队人员的知识、能力、素质、经验要求。
（3）写出人才招募活动方案，吸引具有相关技能和经验的人员加入团队。
（4）写出团队成员的面试和评估方案，确定最合适的人选。
（5）根据预计招募的团队成员确定团队的分工方式，明确每个成员的职责。
（6）设计团队建设活动，加强团队合作，提高团队凝聚力。
（7）确定团队运作情况评估方案，检查团队运作是否高效，是否需要重新调整团队结构及分工。
（8）将方案汇总，形成完整材料，并与大家分享。

# 任务三　商业计划书撰写实务

## 导入案例

### 一份完美的商业计划书的十个要点

一份完美的商业计划书应围绕以下十个要点展开。

第一，用几句话清楚地说明你发现市场中存在一个什么空白点或者问题，以及这个问题有多严重。一份引人入胜的商业计划书应该直击市场"痛点"，言简意赅地表明自己的关注点。

第二，面对市场空缺，你有什么解决方案或者什么样的产品。经验丰富的投资人往往会以客户视角来思考问题，创业者要体现解决问题方法的实在性与具体性，才能体现项目的价值。

第三，你的产品将面对的用户群是哪些。聚焦一定的客户群是初创公司成功的关键秘诀，明确而精准的定位对未来的商业融资与合作也更有利。

第四，说明你的竞争力。为什么这件事你能做而别人不能做？如果这件事任何人都能做，为什么要投资给你？投资者所看重的并非事业的大小，而是你的独特之处。

第五，论证整个市场有多大。创业者必须对自己即将进入的市场有所了解与预测，预计项目未来能有多少用户与消费者，需要向投资者展现你即将进入一个多大的市场。

第六，说明你将如何挣钱。必须表达出自己产品的价值，把产品和用户群体现出来。如果你值得的话，投资者会给予你适当的帮助。

第七，用简单的几句话告诉投资人，这个市场里有没有其他人在干，具体情况怎样。只有足够了解你的对手，进行优劣势分析，才能给投资方信心。

第八，突出自己的亮点。亮点就是你的卖点，哪怕只有一点做得比别人好，那也是你的特别之处。这也是你商业计划书的特别之处,必须展开说说。

第九,做财务分析,可以简单一些。主要说说你需要多少钱,未来一年或者六个月内你打算如何使用这些钱,列出一些关键点。该环节可以向投资方展现出你的逻辑思维能力。

第十,介绍一下自己的团队。一个优秀的企业并不是一个"一言堂",往往是群策群力的产物,多表现一些你的团队的互补性与优势,每个人的主要职责、分工,会取得更多的信赖。

以上十个问题涵盖了一份优秀商业计划书的主要内容,把握住这些内容,用简洁明了的语言、脚踏实地的态度表达出你的行动计划,就是成功的。

(资料来源:吕森林,申山宏.创业从一份商业计划书开始[M].北京:电子工业出版社,2019)

**案例点评**:这份材料清楚地介绍了撰写优秀的商业计划书的关键和重点。简而言之,商业计划书主要是告诉阅读人,包括评委、投资人及其他相关者自己的项目是什么、资源条件有哪些、特色和亮点是什么、用户和市场情况、发展前景如何等关键信息,从而使得阅读者通过商业计划书了解项目及团队情况,为其决定提供必要的参考。此外,好的商业计划书篇幅不需要太长,一份冗长而又抓不住重点的商业计划书不仅起不到应有的作用,反而会耽误阅读人的时间,甚至令人心生厌恶之感。

## 一、设计商业计划书的框架逻辑

职业院校学生创业者的经验一般较少,因此,在动笔之前,首先应该明确商业计划书的框架逻辑,如图7-1所示。从市场定位着手,发现问题,进行技术、营销、模式三个方面的分析,而后进行一定预测,确定自己项目的可操作性。

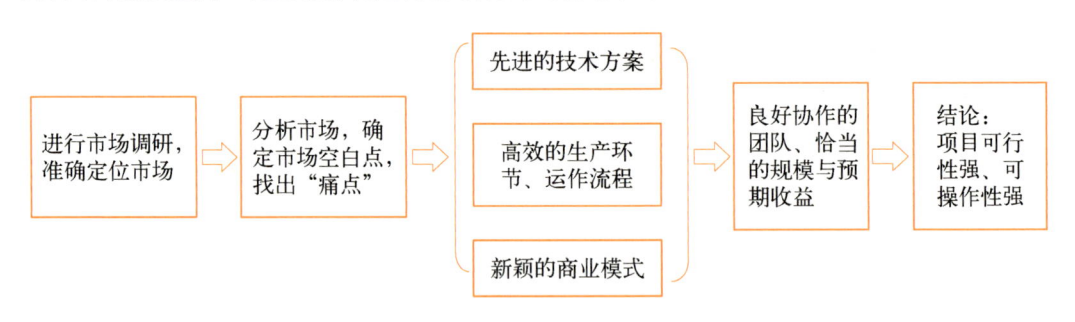

进行市场调研,准确定位市场 → 分析市场,确定市场空白点,找出"痛点" → 先进的技术方案 / 高效的生产环节、运作流程 / 新颖的商业模式 → 良好协作的团队、恰当的规模与预期收益 → 结论:项目可行性强、可操作性强

图7-1 商业计划书的框架逻辑

## 二、把握商业计划书的组成部分

总体而言,一份完整的商业计划书包括执行摘要、主体、附录三个部分。

### (一)执行摘要

执行摘要是商业计划书中最重要的一部分,如果执行摘要没能引发读者的兴趣,他们可能不太会翻看商业计划书的主体部分,或者联系创业者获得更多的信息。因此,我们应该将最引人入胜的部分清晰地呈现在执行摘要中。换言之,执行摘要是对整个计划最高度的概括,需要用最精练的语言浓缩商业计划书的精华。

在撰写商业计划书之前,我们就需要开始考虑执行摘要的内容。随着商业计划书的撰写,要对其不断地进行充实与完善。在完成一份商业计划书的编写之后,我们需要回头重新审视,确定思路与想法的一致性。

执行摘要会使评委或投资人产生对项目的第一印象,因此,必须力求在短时间内,将项目的卖点和基调进行合理的展现,使查看者一目了然,并留下深刻的印象。

关于篇幅方面,执行摘要一般为两页,最多三页,无须涵盖所有具体内容,但要确保阐述清楚每个关键问题。

### (二) 主体

商业计划书的主体部分是整个计划书的血肉,需要做到内容翔实,并且能够在有限的篇幅中充分展示全部内容。

主体部分一般包括企业或项目介绍、产品或服务介绍、市场营销、运营管理、商业模式、发展规划、管理团队介绍、财务分析、融资需求、风险分析。必须加以重视的是,执行摘要与正文中的数据应前后一致,避免混乱。

### (三) 附录

附录应包含关于商业计划书的支撑材料,如合同、媒体报道、知识产权证明、运营证明、财务数据证明等。需要强调的是,附录并不是可有可无的,更不是无关紧要的。实际上,在商业计划书的撰写中,附录不可或缺,作用巨大。一方面,它可以支撑商业计划书的主体,帮助读者明辨其真伪虚实;另一方面,它也可以让读者更为细致地知晓创业项目的具体细节。

以上就是商业计划书的主要内容。当然,由于类型的不同,不同行业的商业计划书可能存在不同的侧重点,因此,关于商业计划书中的详略布局分配,需要根据具体的实际情况进行调整和合理配置。

### 案例 7-1

#### "大国小酱——哈尼炸鸡"的商业计划书目录

**第一章　关于哈尼**
1.1　公司概况
1.2　项目概述
1.3　项目特色
　1.3.1　标准化运营
　1.3.2　产品不断创新
　1.3.3　自有供应链体系
　1.3.4　传承传统文化
1.4　市场营销
　1.4.1　市场分析
　1.4.2　营销战略
1.5　商业模式
1.6　财务分析
1.7　团队管理

## 第二章　认识哈尼
2.1　项目背景
    2.1.1　行业前景
    2.1.2　行业痛点
2.2　产品方案
    2.2.1　健康鸡
    2.2.2　智慧锅
    2.2.3　营养酱
2.3　门店运营
    2.3.1　选址标准
    2.3.2　科学装修
    2.3.3　加盟培训
    2.3.4　智慧营业
    2.3.5　成功案例
2.4　中央厨房
2.5　供应链体系
    2.5.1　哈尼战略特供养殖基地
    2.5.2　哈尼辅料优选原料商
    2.5.3　全程冷链物流高效配送
2.6　核心竞争力
    2.6.1　主导行业标准
    2.6.2　持续技术革新
    2.6.3　掌控供应渠道
    2.6.4　市场第一品牌
    2.6.5　形成国潮爆款

## 第三章　哈尼市场
3.1　PEST分析
    3.1.1　政治和法律环境分析
    3.1.2　经济环境分析
    3.1.3　社会文化环境分析
    3.1.4　技术环境分析
3.2　市场规模分析
    3.2.1　小吃行业规模
    3.2.2　肉鸡消费规模及趋势
    3.2.3　炸鸡细分市场规模及预测
3.3　市场竞争分析
3.4　目标市场分析
    3.4.1　家庭社区市场
    3.4.2　学校学生市场
    3.4.3　白领外卖市场

## 第四章　哈尼营销
4.1　战略营销
4.2　蜂鸣营销
4.3　公益营销
4.4　文化营销
4.5　协议营销
4.6　连锁营销

## 第五章　哈尼模式
5.1　连锁模式
5.2　供应链模式
    5.2.1　仓干配一体化服务
    5.2.2　前端采购执行类和后端渠道分销类服务
    5.2.3　供应链解决方案综合咨询
5.3　OTO模式
5.4　价值主张
    5.4.1　养殖基地养出健康鸡
    5.4.2　智慧锅炸出健康油
    5.4.3　传承文化调配酱汁
5.5　营利模式

## 第六章　哈尼管理
6.1　公司简介
6.2　管理团队及组织结构
    6.2.1　公司创建初期组织结构
    6.2.2　职能简述
    6.2.3　团队人员简介
    6.2.4　未来3年内公司成员情况
6.3　人力资源管理
    6.3.1　招聘制度
    6.3.2　培训制度
    6.3.3　考核制度
    6.3.4　激励制度

6.4 连锁门店监管
    6.4.1 督导体系建设
    6.4.2 督导检查门店
    6.4.3 督导巡查内容工作表

### 第七章 哈尼战略

7.1 SWOT 分析
    7.1.1 S/O(进击)
    7.1.2 W/O(补强)
    7.1.3 S/T(稳固)
    7.1.4 W/T(预防)
7.2 总体战略
7.3 战略实施
    7.3.1 品牌成立(2016年)
    7.3.2 稳固根基(第1—3年)
    7.3.3 深入拓展(第3—6年)
    7.3.4 覆盖全国(第6—10年)
7.4 产教融合战略
7.5 产业扶贫战略

### 第八章 哈尼财务

8.1 资本结构与规模
8.2 财务假设与方法
    8.2.1 会计主体
    8.2.2 持续经营
    8.2.3 会计期间
    8.2.4 货币计量
    8.2.5 资产计价与折旧办法
8.3 资产情况
    8.3.1 主要资产情况
    8.3.2 固定资产明细
8.4 营业收入构成
8.5 成本及费用
8.6 财务报表及预测
    8.6.1 资产负债表
    8.6.2 利润表
    8.6.3 现金流量表
8.7 财务报表分析
    8.7.1 赢利能力分析
    8.7.2 营运能力分析
    8.7.3 偿债能力分析
8.8 融资计划
    8.8.1 项目分析
    8.8.2 融资说明
    8.8.3 融资规划
    8.8.4 投资收益分析

### 第九章 哈尼风控

9.1 知识产权风险及策略
    9.1.1 商标权风险及应对策略
    9.1.2 专利权风险及应对策略
9.2 市场竞争风险及对策
    9.2.1 竞争对手行为
    9.2.2 消费者需求变动
9.3 食品安全风险及对策

### 附录

10.1 运营证明
    10.1.1 营业执照
    10.1.2 部分门店展示
    10.1.3 加盟合同
10.2 财务数据证明
    10.2.1 第三方审计报告
    10.2.2 国税局税务证明
10.3 知识产权证明
    10.3.1 商标注册
    10.3.2 外观设计专利
    10.3.3 作品登记证书
    10.3.4 食用油监测系统专利(智能炸锅)
10.4 供应链品质保证
    10.4.1 裹酱炸鸡团体标准
    10.4.2 门店用油检测报告 CMA 与 CNAS 双认证
    10.4.3 哈尼扶贫鸡苗放养及回收成鸡合同

| | |
|---|---|
| 10.4.4 宁夏回族自治区固原市西吉县扶贫鸡苗感谢信 | 战略合作协议 |
| 10.5 合作协议 | 10.5.4 哈尼裹酱炸鸡产业学院共建协议书 |
| 10.5.1 中央厨房战略合作协议 | 10.6 社会影响 |
| 10.5.2 江苏协同供应链管理公司战略合作协议 | 10.6.1 公司荣誉和个人荣誉 |
| | 10.6.2 新闻报道 |
| 10.5.3 中国击剑队运动员餐厅 | 10.6.3 各级领导视察 |

### 三、分工撰写商业计划书

商业计划书的撰写是一个系统工程，需要合理的分工与合作。

#### （一）选出撰写负责人

商业计划书撰写的负责人一般为参赛团队负责人或参赛项目的核心人员，对项目、市场、团队有比较系统的了解，有一定的组织领导能力。撰写负责人的职责是确定商业计划书的框架、每一章节的要点、人员分工，把控时间进度和检查每一阶段的完成情况。撰写期间，商业计划书负责人要多次召开会议，一般通过多次头脑风暴会议确定框架和要点，通过日会和周会来把控时间进度和检查反馈情况。

#### （二）组建撰写小组

项目背景、产品与服务分析、市场分析、商业运营管理、财务分析预算等可以分小组分工撰写，建议项目背景、市场分析或可行性分析等章节为一个小组，产品、服务和技术分析等章节为一个小组，其他部分可根据项目和团队情况而定。一般2~3人为一个小组。撰写小组最好每天都集中在一起，便于一边讨论一边撰写。最后，由项目负责人进行统稿，确保各小组撰写内容的风格一致。

#### （三）图、表、数据处理

完善的商业计划书要做到科学合理、有理有据，需要插入大量的图、表和数据。团队中有一名成员具有一定的图、表、数据处理能力，更有利于商业计划书的完成。

#### （四）建立任务清单

为了更好地完成各项任务，可以将任务列成清单，并以进度表的形式呈现出来（图7-2），这样就可以使众多任务的完成情况一目了然，非常清晰。

### 四、打磨商业计划书

对于参加创新创业大赛的同学来说，一份好的商业计划书一方面可以帮助你理清对创业项目的思路与看法，另一方面也可以帮助展现出项目的魅力，吸引评委的兴趣，获得评委的较高评分，为进入决赛打下基础。因此，对完成后的商业计划书进行打磨是非常重要的一环。

#### （一）给商业计划书穿一件漂亮的"外衣"

俗话说"人靠衣装马靠鞍"，商业计划书也是一样。给商业计划书进行适度的封面设

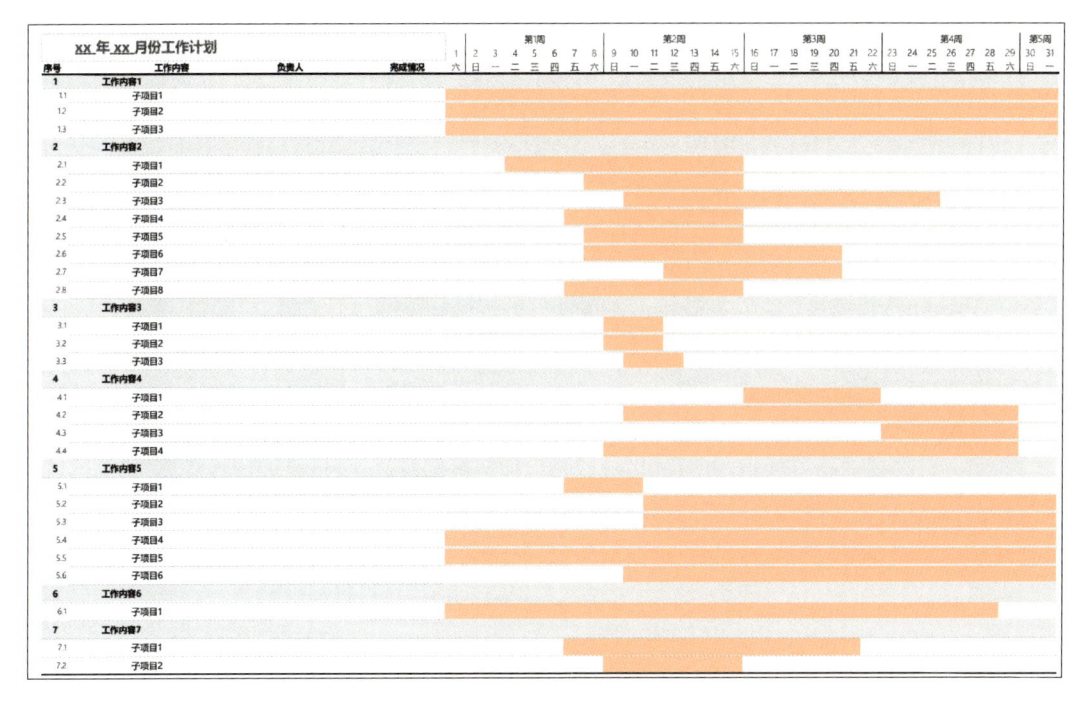

图 7-2 任务进度表

计和包装可以给人留下良好的第一印象。封面要尽可能设计得简约、大气、富有特色,最好图文并茂,注意色彩搭配。通过适当的文字描述将包括企业名称、企业的核心业务或理念等的重要信息反映出来,必要时加上企业的标志。如图 7-3 是"大国小酱——哈尼炸鸡"的商业计划书封面。

### (二) 巧妙运用图形、图示和图表

图形、图示和图表具有简洁明快、内容丰富和吸引注意力等作用,因此要想方设法地在商业计划书中对其进行运用。可以将文字做成图片,从而让评委快速了解你的项目与团队等主要信息,也可以将数据做成表格或柱状图、折线图等,方便进行对比分析。图 7-4 所示为"超能鹿战队"项目的商业计划书图表。

为了保险起见,在进行项目汇报时,务必准备好纸质商业计划书。在使用图形、图示和图表时,应注意纸质商业计划书的呈现效果。

图 7-3 "大国小酱——哈尼炸鸡"的商业计划书封面

### (三) 注意把握篇幅

商业计划书的篇幅要做到长短适中。通常情况下,商业计划书的篇幅(不包括附录)应控制在 15~30 页。对于大部分项目来说,20 页已经足够。对于比较复杂的项

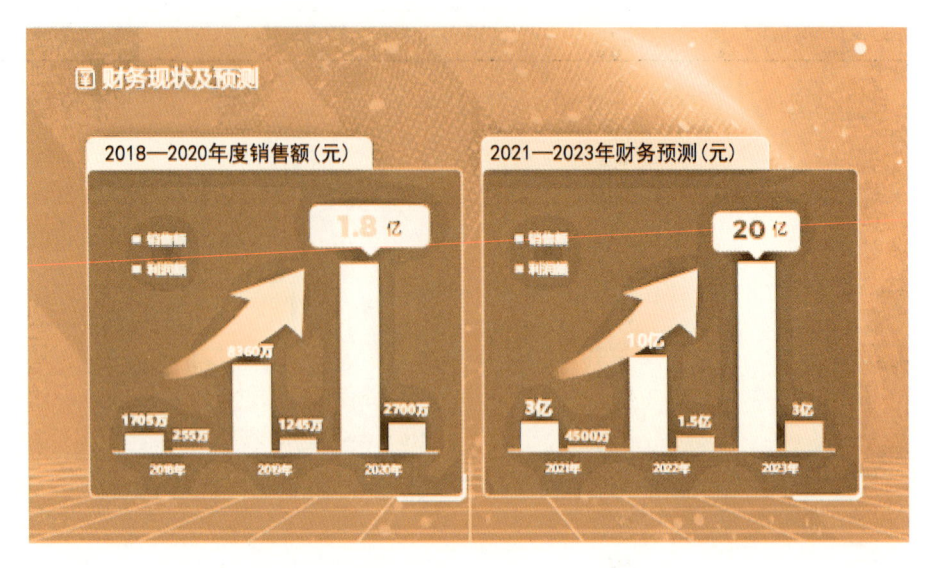

图 7-4 "超能鹿战队"商业计划书的图表

目,其商业计划书也不要超过 30 页。当然,如果是供企业内部使用的商业计划书,可以达到 40 页或更长。

用于参赛的商业计划书要注意详略得当,在罗列出全部内容并确保没有遗漏的基础上,不必进行过于完美的诠释,以免使评委觉得冗长,对项目失去好感。一般情况下,商业计划书后面的附录不要超过商业计划书主体的篇幅。

### 思考与练习

1. 职业院校学生小张参加了大学生创新创业大赛,并提交了一份商业计划书,他的项目是自助打印设备,为学生提供价廉物美的打印业务。他的商业计划书内容包括产品/服务、市场分析、行业分析、营销策略、收益分析,但他的指导老师认为其计划书存在很大的问题。

结合案例与所学知识,请你帮助小张修改一下他的商业计划书框架。

2. 根据撰写商业计划书的要求,针对你感兴趣的创业项目的产品或服务,参照商业计划书模板,编写一份商业计划书。

步骤如下:

(1) 了解商业计划书的格式和要素;

(2) 针对自己选择的创业项目,对其产品或服务进行研究和分析;

(3) 按项目计划书编写要求,明确任务分工,做好每日工作计划和工作总结;

(4) 根据要求进行修订和完善,确保商业计划书的内容完整、易懂、简洁、明了。

## 任务四　路演实务

### 导入案例

#### 卫星互联网测量中的"中国力量"

在第六届中国国际"互联网+"大学生创新创业大赛总决赛冠军争夺赛中,全球六个入围决赛的项目团队通过线上线下互联竞技。经过激烈角逐,来自北京理工大学的"星网测通"项目以1 310分夺得总决赛冠军。

2008年汶川地震后,灾区的大部分通信设施被毁坏,救援人员肩扛通信设备的场景深深触动了当时正在做本科毕业设计的宋哲(图7-5),她将毕业设计定位在了卫星互联网领域,以解决更多通信问题。"从2014年星链项目横空出世,再到我国提出新基建,卫星互联网正在带领着人类大踏步地进入太空Wi-Fi时代。"

图7-5　宋哲正在路演

宋哲认为,测量就是给卫星做体检,是卫星互联网产业链的关键一环。对卫星进行测量,说起来容易,做起来难。卫星的轨道高度高达数万千米,使得卫星上的微小偏差会被放大为地面覆盖区域的大幅偏离,而想要偏差小,就得测得准。"在准的基础上,卫星测量还要解决通信场景多,通用设备功能弱,测不了;测量流程长,设备效率低,测不快;产线规模大,设备售价高,测不起等问题。"为了解决这些问题,宋哲用12年的时间开拓创新,发明了系列卫星通信测量仪,用一台仪器就能在数百种场景下进行测量,测量效率提升了100倍,为客户节省了90%的成本,真正做到测得了、测得快、测得起。

宋哲介绍，目前，"星网测通"的设备已可满足国家多个重大型号的研制急需，保障了神舟飞船宇航员与地面之间天地通话链路的畅通，保证了天通一号卫星能按时飞向太空，填补了北斗系统测量手段的空白。宋哲说："我的梦想就是想成为像邓稼先一样的科学家，为国家献身，为国家尖端科技助力。"宋哲一直将这个梦想铭记在心，践诸于行，让世界见证了"中国力量"。

（资料来源：徐德锋，陈群，江一山. 大学生创新创业实践与案例[M]. 武汉：华中科技大学出版社，2021）

案例点评：这是来自北京理工大学的"星网测通"项目在第六届中国国际"互联网+"大学生创新创业大赛总决赛冠军争夺赛中获得冠军的案例。这一成绩的取得固然与项目本身的价值与发挥的作用有关，但也离不开比赛时项目负责人宋哲在路演时的突出表现，无论是着装、举止、言谈，还是展示的PPT，都给评委及观众留下了深刻的印象。

## 一、制作路演 PPT

PPT 能以简洁、形象的表达形式，丰富的多媒体手段吸引观看对象的兴趣，提高沟通的效率。在创新创业比赛中，参赛者往往需要制作路演 PPT 来展现自身项目的内容及特点，PPT 的制作在比赛中起到了至关重要的作用。参赛者在制作路演 PPT 时，需对 PPT 在内容和形式两方面进行相应的把握。

微课 17：制作路演 PPT

### （一）路演 PPT 的内容

路演 PPT 的具体内容是评委专家及投资者关注的重点，也是参赛者最终能否获得投资、取得成功的关键。想要呈现出一份优秀的 PPT，参赛者不仅需要对项目非常清楚，而且需要知道专家、评委及投资者想要从你的 PPT 中了解到哪些内容。

一般而言，路演 PPT 需要参赛者在规定时间内完整、全面地向观众展示以下内容。

**1. 项目背景**

参赛者需要有层次、有条理地向观众讲解参赛项目的背景。项目背景大致可以从两个方面介绍。一是创业团队选择这个项目的原因。具体原因需要参赛者提前思考，并在路演 PPT 中进行简要阐述。二是这个项目采用的关键技术及未来的发展趋势。每个项目和产品都有自己的关键技术，参赛者需将自己的关键技术及该项目的未来发展趋势呈现在 PPT 上，让观众一目了然。此外，参赛者还需注意，在项目背景展示时应当讲解得通俗易懂，最大限度地激起观众的共鸣。同时，应能够描述清楚问题的现状及产生问题的根本原因。

**2. 项目简介**

项目简介又称为项目概述，即对项目进行简要的介绍，主要包含项目的主要内容、创新点、技术水平及应用范围等。参赛者需将上述内容整理到路演 PPT 中，并在路演讲述时将产品技术、产品功能、解决方案等问题讲解清楚，从而加深观众对参赛者创业项目的了解。图 7-6 为"超能鹿战队"项目路演 PPT 的项目简介部分。

图 7-6 "超能鹿战队"路演 PPT 的项目简介部分

### 3. 市场需求及行业现状

参赛者需根据前期的市场调查状况及市场的需求预测描述市场增长的趋势,让观众明白该项目在未来会拥有较大的市场需求及良好的发展前景。同时,参赛者还需介绍行业的发展历史、发展趋势,行业内的代表性公司的经营方式,该行业面临的相关问题及当前的解决方案。图 7-7 为"全锐科技"路演 PPT 的行业现状部分。

图 7-7 "全锐科技"路演 PPT 的行业现状部分

### 4. 核心竞争力

核心竞争力是指参赛项目能够长期获得竞争优势的能力,是参赛项目所特有的、能够经得起时间考验、具有延展性、竞争对手难以模仿的技术或能力。参赛者在阐述项目的核心竞争力时,首先要对在技术壁垒、优势资源等方面做的工作和准备进行说明,从而证明该项目是别人无法模仿、复制的;其次,要对市场上的直接竞品、替代品进行分析,阐述该项目产品的性价比,从而有力地说服专家、评委及投资人。图 7-8 为"全锐科技"路演 PPT 的核心竞争力部分。

图 7-8 "全锐科技"路演 PPT 的核心竞争力部分

### 5. 销售策略

销售策略是指实施销售计划的各种因素,包括产品、价格、广告、渠道、促销及立地条件,是为了达成销售目的的各种手段的最佳组合。参赛者需要注意的是,销售策略须具体、有效,要对销售策略进行详细的介绍,例如该销售策略预计达到的效果、已经产生的实际效果,并辅以相关真实数据进行阐述,从而增强该项目的真实性及销售策略的有效性、可行性。

### 6. 财务分析及融资需求

财务分析是指以会计核算和报表资料及其他相关资料为依据,采用一系列专门的分析技术和方法,对该项目过去和现在有关筹资活动、投资活动、经营活动、分配活动的赢利能力、营运能力、偿债能力和增长能力状况等进行分析与评价的经济管理活动。它能够为项目的投资者、债权人、经营者及其他关心该项目的组织或个人了解项目过去、评价项目现状、预测项目未来、做出正确决策提供准确的信息或依据。参赛者需利用相关财务数据对该项目进行财务分析,从而体现项目的经济潜力。

在融资需求部分,应根据项目的未来规划,预计需要募集多少资金。参赛者需说明资金的用途,如研发、市场开拓、生产设备或其他投资,以及资金的预测回收周期,同时,还需说明出让股份的比例。一般而言,创业阶段单次出让股份的比例不应超过 20%。

图 7-9 为"全锐科技"路演 PPT 的财务分析及融资需求部分。

### 7. 创业团队

该部分所呈现的内容主要包括项目的主要成员、指导老师、行业专家顾问。此外,参赛者还需紧紧围绕项目介绍团队成员的所学专业、履历、经验、在项目中承担的主要职责、为项目做出的实际贡献等。同时,为增强 PPT 的丰富性,还可以加入团队成员的证件照

图 7-9 "全锐科技"路演 PPT 的财务分析及融资需求部分

及为该项目工作时的照片。

在介绍团队时,需遵循主次有别、轻重区分的原则,突出宣传团队的带头成员及对该团队项目贡献较大的成员,在体现出团队过硬的综合素质的同时,还要注意团队成员应分工明确、构成合理、互补性强。图 7-10 为"全锐科技"路演 PPT 的创业团队介绍,包括团队核心成员。

图 7-10 "全锐科技"路演 PPT 的创业团队介绍部分

**8. 教育维度**

近年来,中国国际"互联网＋"大学生创新创业大赛、"挑战杯"中国大学生创业计划竞赛、中华职业教育创新创业大赛等职业院校创新创业大赛主体赛事都特别关注学校教育教学改革对参赛项目、学生成长成才的支撑与支持。中国国际"互联网＋"大学生创新创业大赛更是提出了明确要求,将大赛总体目标确定为"更中国、更国际、更教育、更全面、更创新"。大赛文件特别强调要落实立德树人根本任务,推动思想政治教育、专业教育与创新创业教育深度融合,弘扬劳动精神,加强学生创新实践能力培养,造就理想信念坚定、勇于创新创造的新时代青年奋斗者,提升高等教育新时代的塑造力。第八届中国国际"互联网+"大学生创新创业大赛进一步将"引领教育"改为"教育维度",并将其排在评审标准的第一位,分值由原来的 15 分增加至 30 分。

教育维度着重考察三个方面:一是项目应弘扬正确的价值观,体现家国情怀,恪守伦理规范,有助于培育创新创业精神;二是项目应体现学校专业教育、创新创业教育对学生创新创业实践的支撑,体现多学科交叉、专创融合、产学研协同创新、产教融合等模式在项目的产生与执行中的重要支撑作用;三是项目应体现团队对创新创业所需知识(专业知识、商业知识、行业知识等)与技能(计划、组织、领导、控制、创新等)的娴熟掌握与应用,体现团队解决复杂问题的综合能力和高级思维,体现项目成长对团队成员创新创业精神、意识、能力的锻炼和提升作用,也要充分体现院校在职业教育建设方面取得的成果。

### 9. 项目展望

项目展望是指参赛者对团队项目的未来设想及想要达成的目标。参赛者需要在路演 PPT 中呈现出其项目的未来发展方向、期望达成的目标,以及对市场及项目的展望,从而让评委及投资者了解该项目的具体规划,对该项目怀有期待。

### 10. 证明材料

参赛者需要在 PPT 的末尾向观众呈现能够支撑其论述的相关证明材料。证明材料是指可以证明该创业项目真实性的证书、报告等具有公信力的文件。例如该项目的专利证书、检测报告、用户报告等,证明团队项目获得了权威机构、专家、客户、合作伙伴、投资人的认可等,从而进一步证明团队路演内容阐述的真实性和可靠性。

## (二)路演 PPT 的形式

一份制作精美的路演 PPT 不仅可以迅速吸引专家、评委及投资者的眼球,提升路演的效果,而且可以帮助参赛者捋清思路,抓住项目重点。参赛者须遵循以下原则对路演 PPT 的形式进行设计。

### 1. 逻辑构建

在着手制作 PPT 时,首先应该对项目内容逻辑进行整体梳理,将文字脉络经过分析、提炼,转化为可视的逻辑线索。同时,将具体内容按照一定的逻辑展示在 PPT 中。通过逻辑关系,可以将多个分散的素材有效地衔接在一起,方便阅读和凸显关键内容,使观众及评委、投资者能够抓住项目重点、一目了然。

一般而言,PPT 可划分为项目背景、项目简介、市场需求及行业现状、核心竞争力、销售策略、财务分析、项目展望等部分,参赛者需根据自身项目的特点对 PPT 进行整体的构建。

### 2. 风格选择

参赛者在制作 PPT 时,需要对 PPT 的整体风格进行把握。一般而言,PPT 中的图形、字体、颜色、图片等元素风格应保持统一,避免出现不同风格的元素。参赛者也应尽量避免在路演PPT中混用平面图形和立体图形,元素颜色尽量不要超过三种。参赛者还应根据自身项目的特点确定PPT的整体风格。可采用明亮、活泼、鲜艳、有张力的风格,也可采用简约、淡雅、大方的风格。

#### 3. 字体选用

用于路演的PPT一般由文本和图片组成,因此,选择适合的字体对于路演PPT的制作非常重要。参赛者需精挑细选,选择具有设计感和商务感的字体。例如,字体纤细的有微软雅黑、微软雅黑Light、方正兰亭细黑、方正正纤黑简体等;字体较粗、适合做标题的有方正大黑简体、方正综艺简体、汉仪力量黑等。

为了获得较好的展示效果,参赛者需注意的是,整个PPT最好只使用两种字体,尽量不要超过三种,在对应位置一般使用相同的字体。另外,自行设计的字体或生僻、不常用的字体有时不方便在不同的电脑上展示,可以将这些字体嵌入PPT,或将文本转为图片格式。

#### 4. 素材选取

路演PPT中的素材将对PPT的质量有着直接的影响。PPT的素材一般分为图片素材和图标素材。参赛者在选择素材时,须选用与参赛项目主题相关的,切忌插入与内容无关的素材。参赛者可将该项目的相关工作过程以图片的方式记录下来,并呈现在PPT中。通常情况下,参赛者应选用高清、无水印、切合主题、有意境的素材。

#### 5. 色彩搭配

PPT中的色彩主要有四种:字体色、背景色、主色和辅助色。其中,字体色通常采用灰色和黑色;背景色通常采用白色和浅灰色;主色通常为主题色或者项目标志色,需根据项目主题进行确定,如医疗主题往往用绿色,党建主题往往用红色;辅助色是指作为主色的补充的颜色。需注意的是,路演PPT的页面颜色需控制在三种以内,色彩的选取不应过于跳跃。

#### 6. 动画制作

参赛者为增强路演PPT的丰富性,往往会在PPT中插入相关动画。值得注意的是,参赛者在选取动画时,应尽量选择过渡自然、流畅生动的动画。需尽量避免采用那些复杂的动画,防止在路演过程中机器、设备等外在原因导致在动画播放时产生卡顿现象,进而影响路演效果。

#### 7. 排版

PPT的排版是指参赛者将PPT中所包含的文字、表格、图片、动画、图标等元素按照一定的原则进行组合。参赛者需注意相关元素之间的协调性及统一性,同时要突出项目的关键信息,做到详略得当、排列有序、美观自然。

## 二、路演的流程和技巧

### (一) 路演的流程

路演是创新创业大赛中至关重要的一个环节,掌握路演流程有助于参赛者更好地了解路演、把握比赛。一般而言,路演往往具有以下流程。

第一,选手汇报展示创业项目。在正式路演前,比赛的主办方通知每个参赛团队答辩时间及评审标准。正式路演时，每个参赛团队需要在比赛的规定时间内向评委及投资人介绍自己的项目。

第二，评委及投资人提问。在参赛者介绍完其创业项目后，评委或投资人会对其项目进行提问，提问的内容大多与项目有关，参赛者需要对评委或投资人提出的问题进行详细的解答。

第三，公布比赛结果。路演结束后，由赛事主办方会及时公布每个参赛项目的比赛得分。所有比赛项目结束后，主办方会举行大赛颁奖典礼。

### (二) 路演的技巧

从本质上来看，路演也是一种演讲。为了增强路演的展示力、提高项目的竞争力，参赛者在进行路演时可参考一些演讲技巧，使路演时的表现更加精彩，从而收获良好的路演效果。具体而言，参赛者需掌握以下路演技巧。

#### 1. 精心准备演讲稿

俗话说："凡事预则立，不预则废。"参赛者需提前拟出一份路演时的演讲稿。一方面，演讲稿能够帮助参赛者确定路演时演讲的目的及主题，起到梳理思路、提示内容的作用。另一方面，演讲稿的存在能够帮助参赛者消除恐惧心理，防止因过于紧张恐惧而中断演讲的现象发生。除此之外，参赛者还可根据演讲稿提前进行演练，从而在正式路演时控制好演讲时间。

一般而言，演讲稿分为开场白、正文、结尾三个部分，参赛者需精心设计内容，站在评委及投资者的立场认真考虑、反复推敲，从而收获评委及投资者的认可。

#### 2. 提前熟悉路演场所

路演场所是参赛者进行路演的具体地点，参赛者可以在正式路演的前一日或当日提前到达路演场所，熟悉路演场所的情况，想象自己站在场所中进行路演时的情景，让自己尽快适应路演状态，从而缓解自己的紧张情绪。除此之外，提前熟悉路演场所还能使参赛者有充分的时间调试、检查相关电子设备，防止在正式路演时出现设备故障等突发问题。

#### 3. 保持良好的演讲姿态

在路演时，参赛者需拥有良好的演讲姿态，从而获得良好的路演效果。演讲姿态包括参赛者的体态、精神面貌、举止动作、表情等。参赛者需注意保持良好的姿态，从而给评委及投资人较好的感受。

首先，参赛者应注意上下台的步伐，要大方自然、稳健有力、充满自信、稳重沉着，上身要挺拔向上，双臂自然摆动，目光要正视前方。其次，参赛者在台上站立时，应注意双腿不要紧贴在一起，把全身重量放在脚上，保持身体的平衡，两手不做动作时，保持自然下垂，微微弯曲。最后，参赛者的动作及表情要配合所讲的内容，适宜地使用肢体语言。除此之外，演讲者在演讲空间中可以有目的地进行适当移动，切忌来回踱步或摇摆不定。

#### 4. 注意眼神交流

眼神交流是人际间能传神的非言语交往形式。罗恩·克拉克在《优秀是教出来的》一书中说："用眼睛和他人沟通。有人对你说话时，眼睛要注视着他；有人发表意见时，你的身体和脸要正对着他。用眼睛盯着一件东西看，这对有些人来说有点困难。但是，如果你正在努力赢得人们的好感，并且想表示你所说的话很认真，这就显得很重要了。"参赛者在路演时应当与观众及评委进行眼神交流。一方面,眼神交流能够增加互动,吸引评委及投资者的兴趣;另一方面,坚定的眼神也能展现出参赛者的从容、自信,赢得人们的好感。

### 5. 注意变换语调

语调即说话的腔调,就是一句话里快慢轻重的配置和变化。一句话除了词汇意义,还有语调意义。语调意义是指说话人用语调所表示的态度。同样的句子,语调不同,意思就会不同,有时甚至相差甚远。参赛者在演讲时想要获得良好的演讲效果,就必须注意变换语调。语调变换可采用以下三种方式进行。

第一,轻重变换。对参赛者而言,利用轻重音起伏跌宕的变化能够有效地传情达意,这是非常必要和重要的,它既能突出演讲中某些关键的词、句和段,从而突出地表现某种思想感情,又能加强语言的感情色彩,美化语言。

第二,语速变化。参赛者语速的变化应当是自然、顺畅的。只有音速适宜、快慢有致,才既能有效地传情达意,又能令观众及评委感到优美入耳。如果语速不当,缺乏快慢变化,始终保持一个速度,就很难准确、恰当地表达出演讲者内心的思想感情,也使他人感到厌烦。

第三,抑扬变化。在语调的抑扬变化中,高音为升调,即句子的调值由低到高,句尾发音往往最高,一般用于疑问句;低音为降调,即句子的调值由高到低,句尾发音往往最低,一般用于陈述句、祈使句和感叹句。在路演演讲中,为了更有效地表达思想感情,就不能不对语言做高低抑扬的变化处理,既不能一味地高,破嗓裂喉;也不能一味地低,有气无力。只有使音调的高低随意而变、随情而变,才能收获最佳效果。除此之外,参赛者还需注意,不应照读PPT的内容,否则会使人丧失兴趣。

### 6. 预设评委提问

在路演汇报结束时,评委及投资人往往会问参赛者关于其团队项目的有关问题。因此,在平时的路演训练时,参赛者需预设评委问题,并提前准备好答案。一般而言,评委往往会从以下角度对参赛者进行提问。第一,项目的竞争分析。例如该项目的优势或创新点是什么。第二,产品技术。例如该项目是否申请了专利。第三,销售策略。例如该项目采用何种销售策略最为有效。第四,风险应对。例如若遇到问题,该采用何种解决方案。第五,财务及融资问题。例如该项目一年的净利润如何,需要多少融资。第六,其他与项目有关的问题。参赛者可从这六方面进行准备,从而在路演时从容不迫、条理清晰地回答评委的提问。

若评委提出的问题的确难以回答,参赛者应当保持沉着冷静,不要答非所问,应采用灵活的说话方式承认不懂。此举不仅能化解危机,而且能给人留下诚实的印象。若评委关于某个问题提出不同看法,参赛者不要选择直接反驳,应当首先感谢评委的意见,再提出自己的见解,让评委觉得参赛者既有礼貌,又有自己独立的见解和主张,这正是创业者必须具备的素养。

## 三、进行路演训练

在正式比赛前进行必要的路演训练是比赛取得优异成绩的基础。参赛者可以通过多次路演训练发现当前路演环节中存在的问题,并对PPT进行反复打磨和完善,从而确保在正式路演时能够更加圆满、顺畅。掌握路演训练的方法对参赛者而言至关重要,可以采取以下几个辅助方法提高训练的效果。

### (一) 邀请团队外人士观摩

参赛者可邀请团队外的人观看路演。团队外人士事先对参赛项目并不了解,邀请他们观看参赛者的路演,能够帮助参赛者判断自己在路演过程中讲解得是否清楚、逻辑是否清晰,以及他人是否能感受到项目的亮点或优势,从而帮助参赛者解决在路演过程中出现的普遍性、基础性的问题,并提出有价值的意见,帮助参赛者进一步完善路演。

### (二) 听取专家意见

参赛者在邀请团队外人士进行观摩并解决了路演过程中存在的普遍性、基础性问题后,还需要邀请相关领域的专家或者有过评审经历的专家对路演进行观摩并提出意见。专家往往是行业领域内的精英,他们能够对参赛者的项目提出更加专业的意见和建议。参赛者通过汲取专家意见和建议,再次对路演过程进行相关修改或调整,从而使路演质量获得进一步的提升。

### (三) 整理问题清单

采用问题清单的方式可以清晰地呈现目前存在的问题,进而找到有针对性的解决方法,达到事半功倍的效果。参赛者需要对上述相关人士提出的意见和建议进行汇总,将其整理为一张完整的问题清单,针对问题清单上的问题进行深入思考,并找到可行、合理、有效的解决方法,从而将问题逐一解决,逐步达到完善路演流程、提升路演成效的目的。

### (四) 反复刻苦演练

为了在决赛中取得优异成绩,参赛团队核心成员需要反复打磨路演PPT,并每周进行路演训练,直到熟练地掌握路演的所有环节。对路演进行反复演练不仅能检验路演的细节,而且能让自己在正式路演时尽可能降低差错出现的概率,从而取得理想的路演效果。

## 思考与练习

1. 简述路演的概念及路演时需注意的要点。

2. 请根据前期自己选择的赛事项目做出相应的路演PPT,并进行模拟路演。邀请同学或相关教师观看你的路演,并提出相关意见。

具体步骤:

(1) 根据所选择的项目,确定路演的主题和内容。

(2) 根据商业计划书内容和大赛评分标准制作PPT,注意PPT的构造、布局,文字、图形、音频、视频的使用。

(3) 准备模拟路演,注意言语表达、语速、语调、姿态、动作等。

(4) 根据评测结果进行反馈和改进,完善路演PPT,提升表达能力。

# 主要参考文献

[1] 刘晓红,王志臣.大学生创新创业基础[M].北京:首都师范大学出版社,2022.
[2] 陈申.创业基础与实训[M].北京:机械工业出版社,2019.
[3] 王涛,严光玉,刘丽华.创新创业实践能力训练[M].上海:上海交通大学出版社,2016.
[4] 江苏省高校招生就业指导服务中心.大学生创业教育[M].南京:江苏教育出版社,2008.
[5] 杨京智.大学生创新创业基础[M].大赛案例版.北京:人民邮电出版社,2020.
[6] 张雷.创新创业教育实训教程[M].镇江:江苏大学出版社,2018.
[7] 奚国泉,徐国华.创新创业战略规划实训教程[M].北京:清华大学出版社,2018.
[8] 阳飞扬.从零开始学创业大全集[M].北京:中国华侨出版社,2011.
[9] 李家华,郭朝辉.大学生创新创业基础[M].北京:高等教育出版社,2020.
[10] 冯天亮,何煌.创新创业基础教程[M].北京:电子工业出版社,2021.
[11] 郑懿,熊晓曦.大学生创新创业基础[M].微课版.北京:人民邮电出版社,2020.
[12] 张立峰,柏文静,李红艳.创业基础:大学生的创新创业之道[M].北京:中国人民大学出版社,2021.
[13] 张敏华,李栋.大学生创新创业基础[M].北京:人民邮电出版社,2021.
[14] 梅强.创业基础与实务[M].南京:江苏凤凰教育出版社,2015.
[15] 谢梅成,陈美中,谷利民.大学生创新创业基础教程[M].长沙:中南大学出版社,2022.
[16] 韩树杰.创业地图:商业计划书与创业行动指南[M].北京:机械工业出版社,2020.
[17] 苏世彬.创业管理[M].北京:高等教育出版社,2015.
[18] 李家华.创业基础[M].北京:北京师范大学出版社,2013.
[19] 张玉利,陈寒松,薛红志,李华晶.创业管理[M].4版.基础版.北京:机械工业出版社,2017.
[20] 杨芳,刘月波.大学生创新与创业教程[M].天津:南开大学出版社,2013.
[21] 徐德锋,陈群,江一山.大学生创新创业实践与案例[M].武汉:华中科技大学出版社,2021.

# 后 记

癸卯年正月初十，即2023年1月31日，在苏州美丽的石湖，《职业院校创新创业教育项目化教程》编写组对书稿进行了最后的研讨和审定。从2022年9月初起，这样的研讨已有三次线下、两次线上，还有更多的微信、电话的沟通和商议。在基本明确总体框架结构的安排、样章的确定、案例的选择、栏目的设立等的基础上，这次集中研讨进一步明确了要在这本教材中更好、更充分、更突出体现党的二十大精神，习近平总书记对职业教育工作的重要指示，党中央、国务院深入推进职业教育高质量发展、深化创新创业教育和实践的一系列文件精神，新修订的《中华人民共和国职业教育法》等内容。

党和国家高度重视创新驱动发展战略，坚持"科技是第一生产力、人才是第一资源、创新是第一动力"，全面推进"大众创业、万众创新"。新时代职业院校的创新创业教育旨在培育更符合中国式现代化建设需要的高素质技术技能型人才。多年来，江苏省一直高度重视职业院校创新创业工作，先后出台一系列文件，持续探索解决职业院校创新创业教育中存在的问题，努力将创新创业教育与发展适合的职业教育、建设技能型社会、深化产教融合结合起来，将创新创业作为职业教育高质量发展的一个重要组成部分，将创新创业教育融入"三教"改革，实现专业教育与创新创业的有机结合，改革创新创业的教育教学工作，使创新创业的学习更加有趣、有用，在指导在校学生运用现代科学技术，数字化、智能化、信息化改造区域内传统产业、非遗产业和家族产业，服务专精特新企业、小微企业等方面取得了斐然成效。江苏省选手在中国国际"互联网＋"创新创业大赛中多次取得全国第一的优异成绩，创新创业教育成为江苏职教高地上一面鲜艳的旗帜。从某种意义上说，江苏省职业院校的创新创业教育培养了职业院校学生敢想的思想、敢闯的品质、敢创的精神、敢为的气概。

正是在江苏省成功的实践下，才有了这本注重科学性、规范性、系统性、实用性、时代性的教材。参与本教材编写的人员都是具有坚实的创新创业理论功底和丰富的创新创业实践指导经验的职业院校领导和教师。本书由李振陆任编委会主任，尹伟民任主编，李德方任副主编。具体编写分工如下：项目一、项目二由扬州工业职业技术学院颜正英编写，项目三由苏州经贸职业技术学院徐锋编写，项目四、项目六由无锡商业职业技术学院李淑娟编写，项目五由江苏理工学院应用技术学院吴济慧编写，项目七由江苏理工学院教育学院李德方编写。本书由尹伟民、李振陆、李德方负责统筹、统稿和定稿。周向峰、卞凌晶也参加了本书的有关工作。

本书在编写和出版的过程中，得到了扬州工业职业技术学院刘金存书记、陈洪院长，苏州经贸职业技术学院苏益南书记、赵驰轩院长的大力支持和帮助，在此表示衷心的

## 后　记

感谢！

　　石湖依山傍水、山清水秀、人文荟萃、风光秀丽，凝聚着江南的山水精华。徜徉在"半湖碧玉"的石湖畔，我们心中另有一种风景：职业院校青年学子们的创新创业事业正承载着光荣与梦想，昂首阔步前进在新时代中华民族伟大复兴的征程上。

尹伟民
2023 年 2 月 5 日于南京

**郑重声明**

　　高等教育出版社依法对本书享有专有出版权。任何未经许可的复制、销售行为均违反《中华人民共和国著作权法》，其行为人将承担相应的民事责任和行政责任；构成犯罪的，将被依法追究刑事责任。为了维护市场秩序，保护读者的合法权益，避免读者误用盗版书造成不良后果，我社将配合行政执法部门和司法机关对违法犯罪的单位和个人进行严厉打击。社会各界人士如发现上述侵权行为，希望及时举报，我社将奖励举报有功人员。

反盗版举报电话　（010）58581999　58582371
反盗版举报邮箱　dd@hep.com.cn
通信地址　北京市西城区德外大街 4 号　高等教育出版社知识产权与法律事务部
邮政编码　100120

# 教学资源服务指南

感谢您使用本书。为方便教学，我社为教师提供资源下载、样书申请等服务，如贵校已选用本书，您只要关注微信公众号"高职素质教育教学研究"，或加入下列教师交流QQ群即可免费获得相关服务。

"高职素质教育教学研究"公众号

**资源下载：** 点击"**教学服务**"—"**资源下载**"，或直接在浏览器中输入网址（http://101.35.126.6/），注册登录后可搜索下载相关资源。（建议用电脑浏览器操作）
**样书申请：** 点击"**教学服务**"—"**样书申请**"，填写相关信息即可申请样书。
**样章下载：** 点击"**教材样章**"，可下载在供教材的前言、目录和样章。
**师资培训：** 点击"**师资培训**"，获取最新直播信息、直播回放和往期师资培训视频。

## 联系方式

职业素养和创新创业教师交流QQ群：310075759
联系电话：（021）56961310　　电子邮箱：3076198581@qq.com